法 治 实 践 前 沿 丛 书

深圳市福田区法学会 主编

证券侵权救济制度研究

——以群体诉讼为视角

雷桂森 著

法 律 出 版 社 ｜ 北 京

百舸争流，奋楫者先。深圳作为改革开放的前沿阵地，在国家战略的支持下，率先进行发展理念的革新和发展方式的变革，取得了举世瞩目的成就。从法治进程的角度来看，深圳特区的建设和发展，本身就是一场中央授权、地方先行的制度变革与法治实践，对国家经济制度及整个社会生产方式的变革产生了巨大而深远的影响。在新一轮深化改革和法治建设进程中，深圳先后提出了建设“一流法治城市”“法治中国示范城市”，勇当法治建设的“排头兵”“试验田”等法治追求，在制定法治政府建设指标体系、权责清单改革、司法体制改革、商事登记制度改革等领域，继续领跑全国并保持了亮眼的成绩单。其中，福田区作为深圳市辐射能力、综合环境、现代化水平最突出的中心城区，基于辖区在总部经济和现代服务业、金融产业、公共服务、人才交流、国际交往等方面的先发、集聚和辐射优势，法治实践活动呈现出很强的前瞻性、创造性和引领性，展现出法治实践前沿领域的蓬勃生命力，审判权、检察权运行机制改革等做法开全国司法责任制改革之先河，政法工作实务、金融、知识产权等领域的创新和纠纷解决，也都走在了全国法治实践的前沿，为法治中国建设提供了许多有价值的探索和经验。

“自古圣贤之言学也，咸以躬行实践为先。”国家法治进程的推进，既需要法学理论的蓬勃发展，更离不开法治实践的检验、磨砺与融合。鉴于此，深圳市福田区法学会策划和出版“法治实践前沿丛书”，希望从地方法治实践前沿的视角，对相关问题进行梳理与研究，进一步丰富法治中国实践和理论研究的素材和领域，以期为国家法治和制度现代化的整体发展提供有益的经验和研究样本。

“大鹏一日同风起，扶摇直上九万里。”愿在法治中国建设这一宏伟目标的统领下，各地法治实践的创新之泉和智慧成果持续喷涌，支撑国家法治建设的航船昂首致远！愿福田区新时期的法治事业取得更加辉煌的成绩！

 *

2018年1月10日

---

* 吴汉东，中南财经政法大学原校长、文澜资深教授、博士研究生导师、教育部和外国专家局“111”引智项目中方首席专家，中国版权事业终身成就者，法学博士。

序

当今世界的竞争与其说是国家之间的竞争,不如说是公司之间的竞争。证券市场无疑是培育强大公司的土壤。这也是为什么1602年世界上最早的股份公司荷兰东印度公司产生,而200多年后股份公司才成为强大的商业组织的重要原因。我国的证券市场在曲折中发展,与我国的证券侵权救济制度不完备不无关系。

我国1993年《公司法》第111条首次规定股东直接诉讼制度。其不足是:它仅规定了对违反法律、行政法规,侵犯股东合法权益的侵权行为可以提起诉讼,对违反公司章程、股东会决议、董事会决议的行为却未作规定;它仅规定了股东要求停止违法行为和侵害行为的权利,没有规定股东要求损害赔偿的权利;它仅规定股份公司股东的直接诉讼权,却没有规定有限责任公司股东的直接诉讼权。实际上,该法确认的股份公司的股东诉权在2002年之前也没有实施。2002年和2003年最高人民法院先后发布的《关于受理证券市场因虚假陈述引发的民事侵权纠纷案件有关问题的通知》和《关于审理证券市场因虚假陈述引发的民事赔偿案件的若干规定》,确认了上市公司作为股份公司的股东诉权,这是一个进步。上述两份司法解释对虚假陈述民事赔偿案件的受理作出明确规定,而且规定损害赔偿也能成为诉讼请求。但两者仍存在不足:首先,其为诉讼设置了严格的行政处罚或刑事判决的前提条件;其次,其仅仅允许将虚假陈述作为诉因,排斥了内幕交易等诉因。2005 年《公司法》的重大进步之一是在股东诉讼制度的基础上,首次规定了股东代表诉讼制度,并且规定了股东直接诉讼的五种类型。2005 年《公司法》的不足之处在于没有回应资本市场对证券群体诉讼的需求。

2002 年和 2003 年最高人民法院先后发布的《关于受理证券市场因虚假陈述引发的民事侵权纠纷案件有关问题的通知》和《关于审理证券市场因虚假陈述引发的民事赔偿案件的若干规定》的遗憾之处在于诉讼模式的选择,其选择的是单独诉讼和共同诉讼,排斥了我国 1991 年《民事诉讼法》规定的代表人诉讼。

2019 年 11 月 14 日最高人民法院发布的《全国法院民商事审判工作会议纪要》规定,在认真总结审判实践经验的基础上,有条件的地方可以选择个案以《民事诉讼法》第 54 条规定的代表人诉讼方式进行审理,逐步开展试点工作。2019 年 12 月 28 日,我国《证券法》第二次修订通过,其第 95 条规定确认了我国的证券群体诉讼采用人数不确定的代表人诉讼方式。2020 年 7 月 30 日最高人民法院发布的《关于证券纠纷代表人诉讼若干问题的规定》就以 42 项条文对证券纠纷代表人诉讼的类型、管辖、代表人选任、通知公告等问题作出规定。

我国最高立法机关和司法机关终于选择了人数不确定的代表人诉讼方式,带来了“山重水复疑无路,柳暗花明又一村”的欣喜。本人在《江苏社会科学》2013 年第 4 期发表的拙文《证券群体诉讼:路径与模式》,较早提出了将人数不确定的代表人诉讼作为我国证券群体诉讼模式的观点,此后在多个场合的研讨和交流中就此呼吁,但是响应者寥寥。

雷桂森的著作《证券侵权救济制度研究》令人信服地阐述了选择人数不确定的代表人诉讼方式的必要性和合理性，深入研究了集团诉讼制度和相关国家本土化的立法经验，详细解读了最高人民法院的相关规定。更值得肯定的是，其对我国现行的人数不确定的代表人诉讼如何更好地适应证券群体诉讼的规则构建提出了可行的方案。本人深信本书对我国资本市场的法治建设具有重要学术价值和参考意义。本人以此序为其研究击节。

张国平*

2021 年 10 月

* 张国平，南京师范大学法学院教授、博士研究生导师，江苏省商法研究会副会长。

目　录

导　论

一、本书研究的基础

随着我国证券市场的发展，暴露出诸多证券违法行为。完善证券法上的侵权民事救济制度，以实现对证券市场投资者的有效保护，是促进证券市场发展的根本动力，在我国已经达成广泛共识。针对我国通过司法解释方式确立的证券侵权诉讼规则在诉讼方式和起诉条件上的不合理规定，探索既适合证券侵权自身特点，又能够实现对投资者损害有效救济的合理诉讼方式，就成为我国证券侵权民事救济制度完善中亟待解决的一个关键问题。总体来看，对证券侵权救济的诉讼方式研究，我国学者基本是在群体诉讼的框架下探讨其完善的路径和模式。但是客观来看，目前这方面研究还存在以下特点或者问题。

第一，群体诉讼的一般性研究多，具体类型的群体诉讼的研究少。证券侵权纠纷属于现代型纠纷之一种，理论上应当使用群体诉讼方式处理。但是群体纠纷的类型具有多样性，特别是在我国，不同群体纠纷的性质甚至存在根本差别，能否适用群体诉讼方式处理不能一概而论。证券侵权纠纷具有不同于其他群体性纠纷的自身特点，因此也必然会存在一些需要特别研究的问题。虽然有关群体诉讼的研究结论对证券群体诉讼原则上也具有适应性,但在群体诉讼的一般研究中,证券纠纷特殊性很难被照顾到,因此有单独研究的必要。根据笔者检索,虽然我国有关群体诉讼的研究论文和专著近年来呈现繁荣景象,但系统研究我国证券群体诉讼原理和制度构建的专著和博士学位论文目前还很稀少。①

第二,从诉讼法角度研究的多,从实体法与程序法相结合的角度研究的少。国内学者关于群体性纠纷解决的研究,通常以某项民事诉讼制度的弊端作为出发点,而以这一制度的改革作为落脚点。② 从证券侵权诉讼的重要意义角度分析切入的多,从证券法、侵权法的政策目标、制度功能实现等方面切入的少,理论研究的视角比较单一,缺乏实体法与程序法相互贯通的研究视角。证券法中既包含实体法规范,又包含程序法规范,并且这两类法律规范在证券法中的地位与比重相当。证券法是实体法与程序法的结合,受证券法规范的证券市场活动在许多方面自然表现为程序性。③ 根据证券市场运行机制的特点,在证券法学研究领域只有重视实体规则与程序规范的结合,才能克服我国证券市场长期重实体规范、轻程序规范之弊,确保证券市场公平性和秩序性的实现。④ 有学者也指出,关于群体性纠纷解决的研究可以有多种进路:人们可以从诉讼程序出发,对群体性纠纷解决的内在机理进行考察;也可以从某种具体的纠纷类型出发,对这种纠纷涉及的所有实体法和程序法问题进行综合分析。现有研究以第一类居多,相关制度建言也多是从民事诉讼立法的角度考虑。但是许多时候,后一种进路也许更有建设性意义。因为,每一种纠纷类型所处的制度环境不同,经常涉及的实体法争点不同,对纠纷解决机制的要求也不同。比如,消费者侵权导致的群体性纠纷与证券欺诈群体性纠纷存在重大

① 参见杨峰:《证券欺诈群体诉讼制度研究》,中国社会科学出版社2007年版;罗斌:《证券集团诉讼研究》,法律出版社2011年版;任自力:《证券集团诉讼:国际经验&中国道路》,法律出版社2008年版。

② 吴泽勇:《瑞典的群体性纠纷解决机制分析》,载《法学》2010年第7期。

③ 陈甦:《证券法专题研究》,高等教育出版社2006年版,第43页。

④ 陈洁:《转型时期我国证券法学研究的特点及趋势》,载桂敏杰主编:《证券法苑》第8卷,法律出版社2013年版。

差异,而环境侵权导致的群体性纠纷,更是在许多方面呈现特殊之处。但在民事诉讼法导向的研究当中,这些细节差异一般很难照顾周全。

第三,对我国证券侵权救济方式的研究,完善规则建议的多,有关原理方面的研究少,与实体法理论和规定相脱离,缺乏理论基础的探讨。这与我国证券法学的基础理论研究薄弱有关。[①] 一般是采用诉讼法上的理论(接近司法和司法效率)论证证券群体诉讼的合理性基础,对证券侵权救济的群体诉讼制度建构在实体法上的理论基础,缺乏深入的与证券法、侵权法等实体法理念和规定相关的细致分析。从成熟市场法学研究的发展轨迹来看,规则的建构通常是以充分的基础理论研究成果作为基石,规则内容是在基础理论的指引下经过充分论证而形成的,这样的规则形成无疑有利于克服和抑制规则构建的盲目性及非理性因素。[②] 从现有研究来看,认为人数不确定代表人诉讼应当在我国证券侵权救济诉讼中得到适用的观点,得到了较多人的赞同,但在诉讼实践中的推进仍然缺乏时间表。原因在于:一方面,这与对我国人数不确定代表人诉讼制度本身存在问题的深入研究不够有关,相关建议措施往往缺乏原理支撑,也不系统。因此,虽然人数不确定代表人诉讼制度具有的理论价值已经为越来越多的人赞同,但具体合理的操作方案还未形成。因此,我国对证券侵权救济应采用哪种群体诉讼模式还没有达成共识,对具体技术规则的完善,也有不同主张。特别是技术规则完善的不同主张往往体现了对证券群体诉讼合理性基础的不同认识,如果不能在证券侵权赔偿诉讼模式建构的理论基础——合理性上达成共识,则难以在诉讼模式选择上达成共识,我国的证券群体诉讼模式的争议也将一直存在下去,有关技术规则的完善也将缺乏坚实基础而沦为毫无意义的空谈。另一方面,我国证券法反映的立法理念离投资者保护的要求还有差距,在具体制度方面表现为公法规范远远多于私法规范,民事赔偿制度的内容还很单薄,不能适应有效规范和救济证券市场侵权行为的需要。虽然证券侵权救济的诉讼方式在形式上表现为诉讼法的问题,其根源却在于

---

① 陈洁:《转型时期我国证券法学研究的特点及趋势》,载桂敏杰主编:《证券法苑》第 8 卷,法律出版社 2013 年版。

② 舒瑶芝:《多元'法律'构成与法学研究多元化》,载《法学研究》2012 年第 5 期。

证券法的理念及具体规范,诉讼方式只是通过当事人的起诉和法院的审理,将证券法的理念和具体规范具体呈现于社会。易言之,诉讼方式只是实现证券法的理念和具体规范的技术工具,离开对证券法理念和具体规范的分析和把握,探讨证券侵权救济方式的选择和完善,无异于将证券侵权纠纷当作普通的民事纠纷,将传统的个案诉讼和共同诉讼当作现代社会才出现的群体诉讼。因为传统的诉讼方式建立在对过去社会中一般民事纠纷解决的经验总结及理性认识基础上,而群体纠纷是现代社会才出现的新型纠纷,对其纠纷解决机制的经验总结及理性认识尚在进行当中,并没有形成如传统民事诉讼那样的统一的原理和规则。因此,证券侵权引发的群体性纠纷的解决,目前并没有统一的原理和规则可资遵循,必须从该纠纷特征、性质及实体法理念和规范出发,在诉讼法理的指引下,结合司法实践中的诉讼形式和存在的问题,进行具体的探讨。由此决定,我国证券法的立法理念和制度设计都需要立足于恢复投资者本位这一应有定位上,这是投资者保护理念与我国证券侵权救济制度合理化的必然要求。应当看到,现阶段我国政府对证券市场发展的高度重视以及依法治国的全面推进,为我国证券法理念和制度的改变提供了难得的契机。

第四,偏重借鉴其他国家的理论和规范,对本土资源的价值不够重视。具体表现在:对美国集团诉讼的比较分析多,有的学者倍加推崇其价值和功能,而对于同属大陆法系的欧洲国家群体诉讼模式的比较研究不够,①研究视野不够开放、主观建构倾向比较明显;对我国证券侵权救济的诉讼方式与法律规定有所背离,批评意见居多,但学理分析偏少,对人数不确定代表人诉讼制度的理论价值和制度完善不够重视,深入分析其利弊成因、与具体纠纷类型对应关

---

① 吴泽勇教授指出,群体性纠纷解决是最近中国民事诉讼法学界的热点话题,一批论文和专著的发表,让这一领域的研究水准较几年前有了明显推进。不过从整体上看,这些研究仍有明显缺陷。就外国法而言,到目前为止,我们只是对美国集团诉讼的研究比较深入,而对欧洲各国的群体性纠纷解决机制,至今谈不上有完整、清晰的认识,对这些国家群体性纠纷解决立法的最新动态,更是缺乏最基本的了解。由于经验材料的匮乏,一些论著中表达的观点明显缺乏说服力,论者在此基础上提出的改革建言,也自然难从正面影响我国群体性纠纷解决的制度实践。参见吴泽勇:《瑞典的群体性纠纷解决机制分析》,载《法学》2010 年第 7 期。

系的少；对我国诉讼实践形式的成因分析，偏向对法院的司法政策分析，缺乏对证券法立法政策的分析，对司法机关自我限缩抱有现实同情态度的多、从法理角度分析制度成因的少。我国人数不确定代表人诉讼被搁置的现状，是许多学者建议引入新的群体诉讼机制的出发点。但是，诚如学者所言，如果该制度被搁置是因为我国法院司法环境不佳，那么谁能保证新引入的群体诉讼机制就不会招致同样的命运呢？① 因此，在证券侵权救济的群体诉讼制度构建中，必须充分重视现有制度资源的利用和改造。

二、本书研究的思路

鉴于上述研究现状，本书拟从实体法上证券侵权救济制度的功能角度切入，研究证券侵权救济的诉讼方式如何选择和制度如何建构的问题。首先，证券侵权救济诉讼属于新类型诉讼，应当有相应的诉讼方式来满足该种救济的需要。诉讼方式是证券侵权救济制度的有机组成部分，证券侵权救济制度法律功能的全面实现需要合理的诉讼方式。因此，证券侵权救济的诉讼方式问题，并不仅仅是一个程序法上的问题，或者只具有程序法上的意义。诉讼方式合理与否直接关系证券侵权救济制度的作用能否得到充分发挥。那么，研究证券侵权救济的诉讼方式问题，首先，应当搞清楚证券侵权救济制度的功能定位是什么。诉讼方式的选择与制度构建是为实现证券侵权救济制度的功能服务的，必须要以能够充分有效实现证券侵权救济制度的功能为目的。因此，在研究角度上，本书选择从分析证券侵权救济制度的功能开始，并以诉讼方式合理选择和群体诉讼制度的构建为视角，研究我国证券侵权救济制度的完善问题。这与以往研究证券侵权救济制度的角度以及研究群体诉讼制度的角度都有所不同。其次，在诉讼方式的选择和群体诉讼的构建上，应当以能够实现证券侵权救济制度的功能为主要依据，诉讼效率不应作为诉讼方式选择的主要标准。证券侵权赔偿诉讼应当采用不同于单独诉讼或者共同诉讼的群体诉讼方式，其合理性基础并非在于群体诉讼在提升司法效率方面的价值，而是在于

---

① 王福华：《法院的司法能力与代表人诉讼》，载《烟台大学学报》2006年第4期。

群体诉讼是全面实现证券侵权赔偿制度具有的补偿功能和预防功能的必然要求,司法效率价值只是一个次要的目标,而且不能以损害补偿功能的实现为代价追求司法效率的提升。如果单纯以提高司法效率作为价值目标,则人数不确定的代表人诉讼完全可以被实践中的共同诉讼方式与合并审理技术替代,其独特价值难以体现。

我国法院在处理已经起诉到法院的证券侵权纠纷时非常重视效率的提升,强调调解结案。从实际来看,要实现案件处理效率的提升,并非必须采用人数不确定代表人诉讼方式,还有很多可以灵活运用的审理技术和司法措施可以采用。笔者认为,法院受到批评的真正原因是,由于拒绝采用人数不确定代表人诉讼方式,导致不能通过一个程序解决全部受害者的赔偿问题。也就是说,法院没有为所有因同一侵权行为遭受损害的投资者提供一个便捷的、能够救济整体损害的诉讼程序,使所有受害人能够积极地参加到诉讼中来,并得到合理赔偿。法院只是注重对已经起诉到法院的案件的处理,却没有提供一种从整体上解决同一侵权行为引发的全部损害的赔偿问题的群体诉讼模式,导致实际上只有少数受害人的权利得到救济。而且由于前置程序的存在,使投资者从权利受侵害到获得赔偿之间的时间太久,给社会大众造成司法效率很低的印象。因此,虽然法院在具体案件中通过灵活的处理方式尽量提高司法效率,但并没有获得社会和当事人的称赞,因为证券侵权纠纷的群体性决定了如果不能从整体上设计一个合理的诉讼方式,让所有受害人的权利都能得到及时有效救济,而只是部分敢于承担诉讼成本和诉讼风险的人有机会获得赔偿和救济,那么作为实现社会公平正义的最后一道防线的法院就必然会被认为是权利实现受阻的主要因素。这也说明,对证券侵权的诉讼救济,要满足我国投资者权益保护的需要且符合社会的公平正义观念,就一定要着眼于整个损害群体的有效救济,而不能只是救济其中的一部分人,这就需要创造出不同于传统诉讼方式的、与证券侵权特点相适应的群体诉讼制度。

长期以来,我国对侵权责任法的研究主要集中在传统民事领域,对于商事交易中的侵权行为及其救济问题缺乏足够关注。证券侵权救济诉讼的特殊性根源于证券法的原理与制度构建的特殊之处。证券的特殊性和证券市场的复杂性决定了对证券违法行为的打击和惩处须依赖于特殊的制度规则。证券法的基本原理就是通过公开的手段来达到保护投资者的目的。证券作为一种不同于普通商品的信息产品,其质量及价格的判断依赖于与其有关的特定信息。投资者正是依据这些信息进行投资判断。出于对投资者的保护,各国证券法均规定了上市公司等主体的强制性信息披露义务,公开成为证券法的核心和灵魂。然而,当与公开理念背道而驰的证券欺诈行为充斥着整个证券市场时,打击证券违法行为就成为证券法的一个重要任务。①

因此,对证券侵权救济制度的研究,需要采取实体法和程序法融合的角度。诉讼方式作为证券侵权救济制度的重要内容,在内容上虽然表现为程序性规则,但实际上对证券侵权救济能否有效实现有关键的意义,所以不能就程序论程序,而应探究证券侵权救济制度的立法目的和功能地位,并据此选择有利于证券侵权救济制度功能实现的诉讼方式。如果将证券侵权救济制度与诉讼方式的选择分开研究,必然导致在诉讼方式合理性的判断问题上缺少实体法的视角,也将导致在诉讼方式的研究上,仅仅将群体诉讼与单独诉讼或者共同诉讼进行比较研究,或者在不同的群体诉讼方式之间进行规范比较,对群体诉讼本身的理论基础何在,群体诉讼与具体纠纷类型的解决需求存在何种关联等基本问题,不会进行深入探讨。对证券侵权救济制度的研究,以往主要体现在对责任构成要件等微观问题的探讨,而对其与传统侵权救济制度的不同之处,以及由此造成的诉讼救济上的困难如何解决等问题缺乏深入研究。正是因为证券侵权救济制度与传统侵权救济制度在内容和功能上存在的显著不同之处,导致其在诉讼方式的要求上也明显不同于传统侵权的诉讼救济。通过对证券侵权与传统侵权的比较分析,发现证券侵权具有不同于传统侵权的特性。诞生于传统侵权制度中的传统诉讼方式对证券侵权的不适应性,主要体现在传统诉讼模式将导致证券侵权救济制度的法律功能难以有效实现。在传统诉讼方式下的司法实践也表明,证券市场的侵权行为不仅得不到有效遏制,侵权人也无须对其造成的全部损害承担赔偿责任,反而可以非法获利,所

① 沈贵明:《证券诉讼的证券法规范》,载《法学论坛》2013 年第 4 期。

以对证券侵权救济法律制度的存在毫无畏惧之感。因此,基于证券侵权的特殊性,为了全面实现证券侵权救济制度的法律功能,必须创设群体诉讼的救济方式,以使侵权人吐出全部非法所得。

可以看到,证券侵权救济制度中的诉讼方式问题,是我国证券侵权救济制度完善中的关键内容,也是亟须解决的一个关乎投资者利益有效保护和证券市场长远发展的重大制度建设问题。从本质上看,证券侵权救济的诉讼方式并不只是一个司法政策的选择问题,或者说是一个诉讼法上的问题,而是一个立法政策的选择问题,或者说是一个证券法上的问题。因此,如果我们将证券侵权救济方式问题的研究视野延伸到证券法这一实体法领域,就会发现,我国证券法学者对证券法理念和规范设置上存在问题的分析,不仅能够为证券法的修订完善提供帮助,也能够很好解释我国司法解释规定的证券侵权救济方式存在不足的根源所在。具体而言,如果证券法本身对证券投资者权益保护的理念不重视,对证券侵权民事赔偿制度不重视,要求司法机关创造出能够有效实现投资者权益保护的理念、证券侵权救济制度法律功能的诉讼方式,在我国这样一个成文法国家是不具有合理性的,对司法机关来说,这也是一个过高的要求。这种要求与司法机关本身的独立性、司法能力及人员素质无关。因此,在指出我国现行的证券侵权救济方式不具有合理性的同时,也必须要检讨我国现行证券法存在的诸多问题。正是因为我国证券法还存在的诸多不符合我国证券市场发展要求、不符合投资者权益保护理念的许多问题,导致司法机关在民事诉讼法已经规定了人数不确定代表人诉讼方式的情况下,未能在司法实践中大胆适用,使我国证券市场发展和投资者保护遭受立法和司法的双重制约。

与此同时,我国的人数不确定代表人诉讼制度主要是通过程序法建立的,关注的主要是案件审理效率的问题,并未充分考虑具体的案件类型及其与实体法的关系。从我国人数不确定代表人诉讼制度的立法理由来看,当时仅仅是根据有关共同诉讼的经验总结,并在借鉴其他国家的相关制度规范的基础上,为了方便法院审理和当事人参加诉讼作出的关于群体诉讼制度的原则性安排,很多实体法的法律规范在当时尚未建立。例如,当时我国证券市场刚刚建立和起步,证券法尚未制定,证券侵权纠纷并未发生,亦未进入法院。因此该制度的建立,只是依据诉讼法原理进行的,并未考虑相关实体法的需求。既然当时的立法理由并未涉及实体法规范的相关要求,那么随着我国证券市场的建立及相关法律规范的出台,在证券侵权纠纷发生时,能否或者应否采用人数不确定代表人诉讼方式解决,就是一个需要进一步明确和研究的问题。我国的已有研究,从诉讼法的现有规定及诉讼法原理出发,往往把人数不确定代表人诉讼对证券侵权纠纷的适用看作理所当然。这种现象既反映研究者对当时的立法背景及理由未予以充分理解,也说明其在证券侵权救济方式问题的研究上缺乏实体法的视角。

客观来看,要在我国构建一种合理的证券侵权救济的群体诉讼制度,不仅在理论和技术层面还存在一些需要我们着力研究和解决的问题,而且目前面临司法政策层面的限制问题,因此该方面的研究不仅涉及法理的阐述,也与我国政府对证券市场的发展政策和司法在经济生活中的作用密切相关,研究起来具有相当的难度。但是,社会发展、社会稳定要求我们必须用法治思维、法治方式化解矛盾,坚持法律至上,只要是法律上的争议就应当尽量用法律的方式和手段解决,而不是回避法律。因此,无论是从对我国证券市场欺诈行为的惩治出发,还是为了证券市场的长远发展考虑,对证券侵权行为给投资者造成的损害予以有效司法救济都具有重大意义。这也是我国立法和司法机关终究不能回避的重大法律问题。我国证券市场欺诈行为猖獗、受害者损失无法挽回,乃至“状告无门”的现状,与现行的证券侵权救济机制不畅通、诉讼方式不合理、司法的介入不够,有相当大的关系。尽管这并非由于司法机关本身的原因,但司法机关应当成为着力推进问题解决的主要力量。因此,在现有研究的基础上,找准问题所在,并对我国法律规定的人数不确定代表人诉讼制度作出合乎理性及各方需求的改进,使其能够在证券群体纠纷的处理中发挥应有的作用,无疑对救济证券市场上的广大投资者,惩治市场主体的违法行为,促进我国证券市场的加快发展,都有重要的意义和价值。

三、本书结构及创新

本书主体由六大部分组成,第一部分为证券侵权救济制度的法律功能分析。该部分是本书的逻辑起点,也是本书研究群体诉讼制度构建的切入点,体现了本书以实体法相关理论和制度为出发点进行群体诉讼制度研究的视角。重点分析了立法规定证券侵权赔偿救济制度所蕴含的三种功能追求,即救济投资者权利,预防侵权行为发生,促进法律有效实施。三种功能具有内在统一性,即统一于证券侵权损害赔偿责任的运用和实现之中。救济投资者权利是证券侵权救济法律制度最基本和最核心的功能追求,后两项功能的实现,其目的也是投资者权利保护的需要,并且是以前一项功能的实现为基础。在该部分,笔者从侵权法、证券法和民事诉讼法相关理论出发,论证了证券侵权救济法律制度为何会具有上述三种法律功能,以及功能实现对证券市场发展和投资者保护的重要意义和必要性。

第二部分为证券侵权救济的传统方式研究。该部分从我国证券侵权救济诉讼的实践出发,分析在单独诉讼和共同诉讼方式下投资者损害难以得到有效救济的原因所在,提出诉讼方式的合理与否对证券侵权救济的实现具有关键意义的主张:只有创新诉讼方式,才能全面实现对投资者损害的有效救济,才能实现证券侵权救济制度各项功能。证券侵权救济的群体诉讼制度之所以必要,从根本上是源于证券侵权行为与传统的“一对一”的侵权行为在侵权结构和损害后果等方面存在诸多不同,基于传统侵权行为解决需要而创造的单独或者共同诉讼模式,与证券侵权这种现代社会才发生的现代型纠纷不能有效“对接”,相互之间存在不适应。与此同时,证券市场侵权行为本身的复杂性以及所涉利益关系的多元化,导致证券侵权赔偿诉讼的模式创新比其他群体纠纷诉讼模式的创新要更加复杂、更具难度。因此,在群体诉讼的构建理念上必须要把握好三对平衡关系。一是要处理好个体权利保障与司法效率提升的关系;二是要处理好激励起诉与抑制滥诉的关系;三是要处理好诉讼自治与法院监督的关系。

第三部分介绍了证券侵权救济的多种群体诉讼模式。各国针对证券市场的侵权纠纷,都在积极探索群体诉讼的解决之道。由于证券侵权行为的复杂性以及所涉利益关系的多元化,各国基于不同的群体诉讼立法目的建立的证券群体诉讼制度也都有自己的特色,存在较大差异,并且都还在不断完善当中。在本部分,笔者在学者现有研究成果的基础之上,首先简要介绍和归纳群体诉讼的概念、特征和目的,然后选取美国集团诉讼模式进行分析,鉴于我国学者对此的研究已经相当深入,本部分主要是对我国学者的有关评价进行了归纳,并简要谈了笔者的看法。本书第五部分将结合我国证券侵权救济的群体诉讼制度构建,分析我国为什么不应借鉴美国的选择退出规则,而应坚持现行的选择加入方式。而本部分则对德国、英国、瑞典的有关证券纠纷解决的群体诉讼制度做了简要介绍。

第四部分主要论述人数不确定代表人诉讼是我国证券侵权救济的合理方式。我国民事诉讼法规定的人数不确定代表人诉讼制度,属于典型的群体诉讼模式。证券侵权救济之所以需要群体诉讼模式,是由其纠纷本身的性质以及证券法的投资者保护理念决定的,所以必须从上述两方面的实际情况出发,选择和构建群体诉讼制度。各国建立的群体诉讼制度都具有本国特色,人数不确定代表人诉讼的合理性体现在其符合证券侵权纠纷的特点,能够实现对投资损害的整体性救济,符合我国实际需求。我国法律对人数不确定代表人诉讼方式已经有原则性规定,对其制度内容加以充实,便能在证券侵权救济诉讼实践中得到适用,具有可操作性,遇到的改革阻力较小。

第五部分为我国证券侵权救济的群体诉讼制度构建。为了使人数不确定代表人诉讼制度能够有效运转,首先,应当增设诉讼提起的确认程序,以形成审判权与诉权相互制衡的格局,从而既保障应当提起的证券群体诉讼得以提起,也防止滥用诉权轻率启动群体诉讼,很多国家对此都有规定。群体诉讼是复杂诉讼,不同于单独诉讼或者共同诉讼,增设确认程序是平衡各方合理需求的必要程序。其次,应当完善诉讼代表人规则,使我国的诉讼代表人成为群体诉讼启动和运作的基本力量,改变代表人的产生方法。与此同时,明晰法院对代表人诉讼行为的监督地位和职权,授予法院对代表人诉讼广泛的程序管理权限,以协调诉讼各方的利益关系,保障群体诉讼的有序运行。最后,在群体成员参加人数不确定代表人诉讼的方式上,针对有学者要求引进美国集团诉讼"选择退出规则"的主张,本书分析了该规则的作用机理及对我国的不适应性,主张我国应当坚持现行立法所规定的公告和登记方式。

第六部分为我国证券纠纷代表人诉讼制度述评。在本书修改过程中，幸逢我国新《证券法》2019年修订通过，故在保持博士论文基本观点和风格的基础上，本书新增设了一章，专门评述我国新建立的证券纠纷代表人诉讼制度。从新《证券法》第95条以及最高人民法院于2020年7月发布的《证券纠纷代表人诉讼规定》来看，具有中国特色的证券集体诉讼制度无疑是对我国民事诉讼法建立的代表人诉讼，尤其是人数不确定代表人诉讼规则的重大完善，其中既有基本遵循，也有重大创新。该部分述评主要包括证券纠纷代表人诉讼制度的立法引入、主要内容和法理分析，并就我国证券纠纷代表人诉讼制度的完善路径提出建议。

本书的创新可能有以下几处：一是对证券侵权赔偿救济制度的功能分析，该部分既是本书逻辑结构的起点，也是本书的立论基础。笔者从侵权法、证券法、民事诉讼法的相关理论出发，分析探讨了证券侵权赔偿救济制度具有的三项重要功能，即对受害者损害的补偿功能，对侵权行为的预防功能，对证券法律规范的有效实施功能。这三项功能既具有不可分割性，在层次上也具有递进关系。补偿功能的实现是后两项功能实现的基础，后两项功能的实现要求，对补偿功能的实现方式提出了新要求；与此同时，由于证券侵权损害的分散性和受害者众多的特点，补偿功能的充分实现本身具有极大的不确定性，在传统诉讼方式下几乎不可能完成。因此，在证券侵权行为发生的情况下，通过侵权救济制度充分实现对所有受害者的补偿功能，既是侵权法中完全赔偿理念的要求，也有利于预防功能和法律有效实施功能的实现，是证券侵权救济制度立法目的实现的必然要求。所以，构建一种合理的群体诉讼制度就成为证券侵权救济制度各项功能能否实现的关键。对证券侵权救济制度的完善而言，群体诉讼模式的重要性并非如一般观点认为的主要体现在接近司法和司法效率方面，而是关乎证券侵权救济制度各项功能能否实现这一实体法上的重大问题。因此，笔者认为，证券侵权救济的诉讼方式之所以要创新，其法理基础就在于证券侵权救济制度的各项功能实现需要，证券侵权救济的群体诉讼制度之所以必要，其合理性基础并不只是体现在与传统的单独诉讼相比具有更低的诉讼成本和更高的司法效率，而是因为其适应了现代社会发生的证券侵权纠纷的解决需要,能够有效实现对众多受损权利的整体性救济,而单独诉讼则难以达到该目的,因为单独诉讼只适用于传统的“一对一”的侵权纠纷,一次只能救济个别损害。

二是对为什么在证券侵权救济的群体诉讼制度构建上要选择我国的人数不确定代表人诉讼方式进行了比较充分的论证,提出了自己的一些观点。我国的人数不确定代表人诉讼虽然不是针对我国证券市场上发生的侵权纠纷设计出来的,但通过对其制度价值的分析,发现其具有较强的包容性和可塑性,总体上能够适应我国证券市场侵权群体纠纷的解决需要,能够满足整体救济证券侵权损害的实际需要。本书以证券法制本土化、制度经济学上的路径依赖理论为基础,论证了选择适合我国证券市场实际情况、符合有关各方实际需求的证券侵权救济群体诉讼方式的必要性和重要性,对美国集团诉讼模式特别是其中的选择退出规则对我国的不适应性进行了具体分析。另外,对代表人产生规则和扩张效力规定在法理基础上存在的问题、冲突及其解决,本书进行了比较深入的分析,主张通过扩大诉讼代表人权限、改变代表人产生方法、增设确认程序、明晰法院监督地位和职权的方式来化解两者之间的法理冲突。

三是对我国司法机关在证券侵权救济诉讼中的实践做法是否具有合理性进行了分析。笔者认为,司法机关的实践做法并不违反提升司法效率的要求,其广受诟病的真正原因在于,司法机关只注重个案的解决和已经进入到法院的具体案件的妥善、高效解决,没有为遭受同一侵权行为侵害的投资者,提供一种能够进行整体性救济的诉讼方式,导致侵权人无须对造成的全部损害予以赔偿,而可以从其侵权行为中获取非法利益。司法是社会正义的最后一道防线,鉴于此,人们将证券侵权造成的这种不公平的现象归咎于司法机关的不作为。这也说明对证券侵权的赔偿救济而言,真正的关键问题不是司法效率的提升问题,而是整体救济全部损害(尽管该种损害是由众多的受害人分担)的必要性和重要性问题以及构建能够实现整体救济全部损害的群体诉讼制度问题。因此,问题就归结为,我国的人数不确定代表人诉讼是否属于解决证券侵权损害赔偿问题的合理诉讼方式,我国司法机关拒绝适用是否具有合理性。笔者认为,我国司法机关对证券侵权赔偿的起诉设置前置条件的做法显然缺乏合理性,这实际也是我国证券侵权救济制度的法律功能无法发挥、证券市场的强势主体敢于明目张胆实施侵权行为的重要原因。但在关于诉讼方式的限制上,最高人民法院的谨慎做法在当时看来还是具有现实合理性。理由在于:群体诉讼是复杂诉讼,特别是对我国当时的证券市场而言,其涉及的利益关系更加复杂,我国之前并无处理证券侵权赔偿的诉讼实践,要毫无经验的法院对证券侵权造成的损害通过一个诉讼程序进行整体救济,显然不合实际;而我国的人数不确定代表人诉讼的立法,确实还存在不够完善的地方,具体规则之间也存在法理冲突,尚不足以称之为一项完整的制度。所以,无论从法院自身的能力和当时法院可以利用的制度资源而言,法院都难以有效适用民事诉讼法中的人数不确定代表人诉讼规定来处理证券市场的侵权纠纷。但是,经过10多年的发展,各方面的因素都发生了变化。无论是从学界的研究、司法实践经验的积累,还是从证券市场发展对投资者利益保护的迫切要求等方面来看,加快构建适合我国证券市场实际需要的、能够对投资者遭受的损害进行整体救济的群体诉讼制度,都具有紧迫性,并已具有较强的可行性和现实基础、理论基础。司法机关无疑应当在其中发挥重要的推动作用,在尽快取消前置程序的基础上,积极研究和完善现有的人数不确定代表人诉讼制度,尽快推动其在司法实践中得到适用,早日实现我国证券侵权救济方式的合理化,以充分保护投资者利益、促进证券市场的繁荣发展。

第一章　证券侵权救济制度的法律功能分析

关于证券侵权救济制度的完善，我国学者从责任主体、因果关系、过错判断、侵权类型等具体规则方面进行研究的比较多，[①]而对证券侵权救济制度具有何种价值或者功能定位等基础理论问题的研究还很不够。由于证券侵权行为的复杂性，前一方面的研究固然很重要，但关于证券侵权救济制度法律功能的研究也具有重要的理论和实践价值：不仅能够为相关具体规则的完善指明方向，对证券侵权救济方式的合理选择也具有很强的指导意义。笔者认为，立法规定的证券侵权救济制度蕴含三种法律功能追求，即保护投资者利益，预防侵权行为发生，促进法律有效实施。三种功能具有内在统一性，即统一于证券侵权损害赔偿责任的运用和实现之中。证券侵权救济方式的合理与否，直接关系证券侵权救济制度的功能能否全面实现。因此，对证券侵权救济制度的研究，必须从其法律功能的研究开始，也必须研究其实现方式，两者之间具有不可

---

① 周荣祥：《中国民法学研究会会长王利明：证券法应明晰证券侵权责任制度》，载《证券时报》2011年11月28日。

分割性。

一、保护投资者利益

(一)证券市场对经济发展具有深远意义

证券市场是现代金融体系的基石和核心,证券市场的发展是推动金融结构变革的重要力量,①成熟高效的证券市场是孕育强大公司、培育新兴产业的土壤。在市场经济条件下,没有强大的公司,就没有强大的国家。证券市场是企业成长的资本保障。在发展中国家,证券市场的这一作用表现得尤为突出。② 英国经济由强至衰的一个重要原因就在于:在一个国际金融中心,没有一个有助于新兴产业发展的融资市场。这是英国经济留给世界的一个重要的经验与教训。③ 因此,只有建立一个强大而繁荣的证券市场,才能为我国经济增长模式的转型和实体经济的持续稳定增长奠定坚实基础,才能在我国产生世界级的大公司,发展起强大的新兴产业。④

中小投资者是我国证券市场上最大的投资群体,也是最广泛的资金提供者。法律能否对中小投资者的利益予以有效保护,直接影响他们的市场信心,

---

① 吴晓球:《深化改革 扩大开放 促进中国证券市场的健康发展——十二届全国人大常委会专题讲座第十四讲》,载中国人大网 2015 年 1 月 4 日,http://www.npc.gov.cn/npc/c541/201501/6edc3232b1b7448d86f34c12b0b45d6f.shtml。吴晓球在该讲座中指出,中国证券市场在推动中国经济发展和社会进步中至少具有六个方面的作用:1. 证券市场作为现代金融的重要基础,推动着中国经济的持续增长;2. 证券市场的发展,加快了社会财富特别是金融资产的增长;3. 证券市场为中国企业特别是国有企业的改革和机制转型提供了天然的市场化平台,从而极大地提升了中国企业的市场竞争力;4. 证券市场推动了中国金融体系的结构性变革,大大提高了中国金融的功能和效率;5. 证券市场发展培育了数以千万计的具有风险意识的投资者,从而极大地提高了中国投资者的政策意识、大局意识、金融意识和风险意识;6. 证券市场给全社会提供多样化的、收益风险在不同层次匹配的、可以自主选择并具有相当流动性的证券化金融资产。

② 罗美娟:《证券市场与产业成长》,商务印书馆 2001 年版,第 122 页。

③ 罗美娟:《证券市场与产业成长》,商务印书馆 2001 年版,第 236 页。

④ 已经有越来越多的国家认同了一个有效证券市场对一国经济发展的必要性。证明证券市场促进经济增长的文献较多,重要的包括:Raymond Atje & Boyan Jovanovic, *Stock Markets and Development*, 37 Eur. Econ. Rev. 632 (1993); Asli Demirguc-Kunt & Vojislav Maksimovic, *Law, Finance and Firm Growth*, 53 J. Fin. 2107 (1998); Ross Levine & Sara Zervos, *Stock Markets, Banks, and Economic Growth*, 88 Am. Econ. Rev. 537 (1998); Maurice Obstfeld, Risk-Taking, *Global Diversification and Growth*, 84 Am. Econ. Rev. 1310 (1994)。

也将影响证券市场的繁荣与稳定。在金融市场上，法律争议的公平、合理、及时解决除了有保障个体权利方面的作用之外，还能够降低整个市场的运行成本，从而促进交易的进行。① 过去10年国际金融学界最重要的研究，就是论证了法律体系对股市健康发展的重大意义。哈佛大学的安德烈·史莱法教授(Andrei Shleifer)及其团队通过大量的调查发现，以基层法官判案为基础的英美法律体系，比之于国家立法的欧洲大陆司法体系更能保护小投资者利益，因此股市配置资源的效率更高，企业的价值也更容易提高。②

要建立保护投资者权益的完善法律体系，具体可以从事前法律保护、事后法律救济和增加市场透明度等三个方面完善投资者法律保护的规定。事后的救济措施包括股东的派生诉讼、集体诉讼等，目前中国法律结构的一个薄弱领域就是缺乏完善的投资者事后救济法律体系——实体法和程序法规定。③ 虚假陈述、内幕交易、操纵市场是证券市场上的三大违法行为，它们均以非法牟利为目的。这三大违法行为践踏了证券市场的“公开、公平、公正”之“三公”原则，扰乱了市场秩序、损害了投资者的合法权益，为世界各国法律所禁止，是各国法律规范和证券监管的重点。但从我国实践来看，投资者在遭遇造假欺诈、内幕交易等违法行为侵害时，很难通过现有制度得到强有力的保护。④

我国司法机关对投资者向法院提起证券侵权赔偿诉讼，设置了以行政处罚或者刑事处罚已经作出为条件的前置程序，⑤并且在诉讼方式上只允许采用单独诉讼和共同诉讼，排除了人数不确定代表人诉讼这一群体诉讼模式的适用。⑥ 因此，根据现有的司法解释规定，只要监管部门对上市公司欺诈行为的

---

① 黄韬：《公共政策法院——中国金融法制变迁的司法维度》，法律出版社2013年版，第122页。

② 李稻葵：《重启：新改革时代的中国与世界》，中国友谊出版公司2014年版，第179页。

③ 栾天虹：《投资者法律保护的理论与实证研究》，浙江大学出版社2006年版，第177～178页。

④ 周俊生：《投资者维权何必他人代劳》，载《南方都市报》2013年3月18日。

⑤ 参见最高人民法院《关于审理证券市场因虚假陈述引发的民事赔偿案件的若干规定》(2003年1月9日)第6条规定。

⑥ 参见最高人民法院《关于受理证券市场因虚假陈述引发的民事侵权纠纷案件有关问题的通知》(2002年1月15日)第4条规定以及最高人民法院《关于审理证券市场因虚假陈述引发的民事赔偿案件的若干规定》(2003年1月9日)第12条规定。

监管稍有懈怠，投资者即使发现存在证券侵权行为，也无法向法院提起民事诉讼，无形中限制了投资者直接索赔的权利。而且，鉴于诉讼成本等因素考虑，在现有诉讼模式下很多遭受损害的投资者不得不放弃通过诉讼渠道向侵权者索赔。因此，我国的现有诉讼模式程序冗长、成本高昂，在处理证券侵权赔偿纠纷中显得十分乏力，无力肩负起有效保护投资者利益、维护证券市场秩序之重任。

正是因为我国证券市场发育不成熟，加之法律法规的实施缺乏力度，伴随中国上市公司的产生和发展，上市公司违法违规行为从未间断过，而且有愈演愈烈之势。仅2010年12月就有超过40家上市公司被证监会因违法违规行为查处，2010年全年有392条上市公司违规公告，涉及的公司有290家。[①] 从长远看，这将为中国金融、证券市场的健康发展埋下巨大隐患。[②] 因此，在证券侵权领域强化损害赔偿观念，优化损害赔偿救济程序，加大民事赔偿力度，无论是对投资者损害的有效救济，还是证券市场的繁荣发展，乃至我国经济结构的转型升级，都具有十分重要的意义，是我国在完善证券侵权赔偿责任制度中的一项重要而紧迫的任务。

（二）投资者是证券市场发展的根本动力

投资者作为资本市场的重要参与者，其利益能否得到有效保护，是关系整个证券市场能否持续稳定发展的重大问题。只有保护投资者的合法权益，树立投资者对市场的信心，证券市场才有源源不断的资金进入，才能更好地发挥筹资和资源配置的功效。[③] 在现阶段，我国证券市场违背诚信的行为有愈演愈烈之势，而人数众多的受到侵害的投资者却得不到应有的民事救济。如此下去，不仅有损受害者的利益，也将摧毁广大中小投资者对证券市场的信心。根据中国证监会投资者保护局的分析，现阶段我国投资者群体与资本市场发展呈现三个不匹配：一是投资者的信心与我国经济基本面的发展形势不匹配；二是投资者的结构与市场稳定运行的内在要求不匹配；三是投资者的预期与市

① 詹丽冬：《一月竟有逾40上市公司违规》，载《信息时报》2010年12月8日。
② 郭丹：《证券集团诉讼在中国的制度价值》，载《北方法学》2012年第2期。
③ 陈洁：《证券法变革与走向》，法律出版社2011年版，第9页。

场改革的实效进展不匹配。三个不匹配交织在一起，使市场波动和振幅较大，暴涨暴跌不利于市场功能的发挥，损害投资者利益，影响市场信心。因此，投资者利益受损而又得不到有效救济，必将严重损害公众对证券市场的信心。而通过切实有效的救济措施，对投资者遭受的损害进行赔偿，能够切实增强投资者信心，对我国资本市场的长远发展具有直接促进作用。有研究指出，由于德法等欧陆国家的小股东利益没有保障，故其证券市场的相对规模比英美等普通法系国家的小。从我国实际情况来看，由于有关法律与规则及历史的原因，我国上市公司中一股独大的情形普遍，而为上市公司与证券市场的发展投入巨额资金的往往是中小股东（平均占我国上市公司股本总额的35%）。因此，从发展资本市场、吸引社会投资的角度而言，保护我国上市公司的中小股东的利益更为必要。①

证券法的核心问题在于保护投资者的利益和维护投资者的信心。投资大众信心的维护对于资本市场的重要意义，已经为各国监管机构所认识并重视。国际证监会组织在《证券监管的目标和原则》中即将此作为监管目标的一个重要方面。在法律制度层面，各国维护投资者信心的具体举措之一则是建立民事责任制度。20世纪30年代的美国，因世界性的经济危机导致股市崩盘，其社会经济状况堪称“满目疮痍、百废待兴”。作为“罗斯福新政”的一项重要内容，进行系统的、成文化的证券立法，就是为了恢复投资大众对资本市场的信心。美国《1933年证券法》《1934年证券交易法》分别针对发行市场、流通市场的各种欺诈行为规定了相应的民事责任。此后，针对成文法的不足，1942年美国证券交易委员会根据《1934年证券交易法》第10条(b)款制定了“10b－5规则”，该规则成为一个“包罗万象”的规则。

（三）证券市场投资者利益容易受到侵害

证券市场的个人投资者的合法利益容易受到侵害，是必须加强投资者利益保护的根本原因。法律之所以必须保护小股东的利益，原因在于公司的小股东在公司治理中处于弱势地位。特别是随着公司规模的扩大，股权日益分

---

① 孙永祥：《公司治理结构：理论与实证研究》，上海三联书店、上海人民出版社2002年版，第55页。

散化,小股东的弱势地位更加突出。小股东利益的易损性,使国家采取法律措施保护小股东显得极为必要。而这种保护则依赖于相关法规的完备性及对法律的执行力度。或许是由于我国证券市场历史短,问题暴露不充分,我国现行证券法在立法上尚存在许多不足,其中重要的一个方面就是对投资者诉讼的规定并未明确化。① 为保护中小投资者的利益,确保证券市场的公正性,证券法也有一系列的制度设计,其核心的设计有两个:一个是信息披露制度,该制度是证券市场的基石;另一个就是证券法上的民事责任制度,其对保护投资者利益和维护证券市场的公平具有重要的意义。② 证券法上的民事责任制度主要是证券侵权民事责任制度。证券侵权行为背离了公正、公平和公开原则,也有悖于诚信,既损害了投资者的利益,也动摇了投资者对证券市场的信心。因此,对证券侵权违法行为加以规制,建立有效的民事赔偿制度是各国证券法律制度完善的重要内容。

正是因为投资者利益的易受侵害性,保护投资者利益也是证券市场监管的基本出发点。证券市场的投资者特别是中小投资者往往是分散的个体,在市场中处于弱势地位,属于证券信息传递的末端,容易受到信息不对称的侵害。在市场失灵或失控的时候,守法的投资者特别是中小投资者常常是市场中最大的受害者。③ 就我国而言,在经济转轨过程中,由于证券法律和监管往往滞后于证券市场发展,加上企业和金融机构的治理结构不完善,广大投资者的利益更加容易受到证券欺诈等违法违规行为的侵害。如果将监管的价值取向“异化”为维护市场稳定,势必会自觉或不自觉地默许或纵容违法违规行为,而且还会造成处罚标准和惩戒尺度的偏倚。④ 因此,在证券市场的监管理念方面,就是要牢固树立以保护投资者利益为基本宗旨的观念,将保护投资者利益视为我国证券市场监管长期的、根本性的任务。⑤

---

① 孙永祥:《公司治理结构:理论与实证研究》,上海三联书店、上海人民出版社2002年版,第51页。

② 刘道远:《证券侵权法律制度研究》,知识产权出版社2008年版,第1页。

③ 陈岱松:《WTO与证券监管理念》,载《上市公司》2003年第3期。

④ 罗培新:《随笔心情:在法律与金融之间》,法律出版社2012年版,第122页。

⑤ 陈洁:《证券法变革与走向》,法律出版社2011年版,第9页。

(四)诉讼救济是投资者利益的最终保障

民事赔偿制度是实现保护投资者利益的最重要的、最根本的途径。[①] 鉴于我国证券市场侵权行为的严重性,以及投资者利益受损得不到有效救济的现实状况,民事赔偿救济制度因其具有对投资者保护的重大实际作用而引起我国理论界和实务界的高度重视和广泛研究。对证券市场侵权违法行为的惩处而言,违法者往往最怕的既不是罚单也不是坐牢,而是民事赔偿责任缠身。因为民事赔偿责任的赔偿金额巨大,足以让其“吐”出全部非法所得,而行政罚款或者刑事处罚难以达此目的。对于投资者而言,其最关心的并不是违法者被罚了多少钱或被判了几年刑,而是如何才能索回遭受的经济损失。因为再严的罚单纵然讨还了公道,可终究不能弥补实际损失。因此,证券侵权民事责任的追究和私诉权的创设,不仅是对受害人的直接救济,而可能更重要的在于对违法违规者构成的广泛约束和从事违法行为所付出的高昂成本。[②]

从现实来看,现有的诉讼救济方式未能有效解决证券市场投资者损害的全部赔偿问题,这主要是我国现有的诉讼方式不合理导致的。概括而言,我国证券市场投资者权益保护方面存在的突出问题是:(1)证券欺诈引发的侵权行为大量存在,受损害的投资者的赔偿请求权在法律层面得到了明确,但得不到及时和有效的救济;(2)证券欺诈行为的监管和查处倚重行政处罚,不重视证券民事赔偿机制的建设,不鼓励证券民事诉讼的提起。鉴于该种现状及证券市场发展要求,迫切需要:(1)将证券法保护投资者利益的首要宗旨落到实处,为证券欺诈行为的受害投资者提供及时、有效的救济,补偿其受到的损害;(2)消除和控制证券侵权行为的发生和蔓延,增强投资者对证券市场的信心,为证券市场的发展提供根本动力。上述问题的有效解决,需要我们建立完善的证券侵权救济制度,采取合理的诉讼方式,以保护投资者、预防侵权行为。

针对我国投资者损害无法得到有效救济的严重性,我国也开始探索建立

---

① 陈洁:《转型时期我国证券法学研究的特点及趋势》,载桂敏杰主编:《证券法苑》第 8 卷,法律出版社 2013 年版。

② 刘慧敏:《投资公众保护水平的评价》,载郭锋主编:《证券法律评论》第 4 卷,法律出版社 2005 年版。

先行赔偿制度,督促违法责任主体主动赔偿中小投资者。目的是引导市场各类经营主体建立自主性投资者救济机制,设立专项风险准备金,拓宽赔偿资金来源,方便中小投资者充分、及时、便捷地获得赔偿。但是,在倡导和解与先行赔偿的基础上,还需解决目前证券民事赔偿诉讼的难点及障碍,使法律保护有更大的作用。否则,单纯依靠先行赔偿制度,在民事赔偿方面会留有"盲点",例如,光大证券就没有对"8.16 事件"采取主动赔偿的态度。① 这就说明,仅仅依赖上市公司经营者个人的操守和道德的约束是远远不够的。诉讼外的救济措施效果终究有限,而且不能强制执行,要净化资本市场,有效杜绝上市公司的欺诈等违法行为,更重要的是提升法律的威慑力。因此,对上市公司进行约束的法律体制与救济制度均不可或缺。② 一方面,《证券法》第 53 条已明确规定,内幕交易行为与操纵证券市场行为给投资者造成损失的,行为人应当依法承担赔偿责任。当前亟待做到有法必依,改变内幕交易、操纵市场这两类民事赔偿案不被法院受理、审理的状况。另一方面,解决诉讼成本高、证据获取难、索赔效率低等现实困难,提高中小投资者诉讼维权的积极性。从现实来讲,市场投资者的司法救济渠道不畅通也是造成当下中国金融市场监管结构扭曲的一个重要因素,原因就在于金融市场参与者的权益既然无法在事后得到充分有效的保护,那监管者就有理由要求立法者授权自己或者自己授权自己在事前设置严格的实质性审核标准和程序。但这种监管者的权力在实际行使过程中常常又是以付出极大的社会成本为代价的:一方面会为权力寻租带来巨大的空间,另一方面则是阻碍了高效市场交易机制的成熟。③ 因此,对我国证券侵权赔偿诉讼救济不足的指责,不仅仅是社会公正的应然要求,更是经济效率原则的必然体现。鉴于全体投资者利益是否能够得到很好的保护是衡量一个资本市场能否运行良好的最根本标志,尽快建立我国证券市场股东诉讼机制

---

① 张炜:《证券民事赔偿制度需尽快完善》,载《中国经济时报》2013 年 10 月 23 日。

② 李稻葵:《重启:新改革时代的中国与世界》,中国友谊出版公司 2014 年版,第 178 页。

③ 黄韬:《公共政策法院——中国金融法制变迁的司法维度》,法律出版社 2013 年版,第 123 页。

实际上是一个非常紧迫的课题。①

有观点认为，在商事侵权责任中，针对当前转型时期我国法制的不完备之实情，“有为政府”以及行政主导的救济机制具有现实意义。但笔者认为，无论是从证券侵权的私法属性来看，还是从成熟证券市场的发展经验来看，建立司法主导的民事救济机制无疑具有深远意义，更符合证券侵权行为的私法特点，是我国证券市场规范发展的必由之路。在证券侵权损害的法律救济上，我国尚未建立行政机关或者公益团体代投资者起诉赔偿的制度和机构，在该方面并无多少“本土资源”可以利用。基于经济人假设理论，在证券法中赋予投资者直接提起证券侵权诉讼的权利则不会产生这样的问题。2013 年召开的党的十八届三中全会强调让市场在资源配置中起决定性作用，并要求处理好政府与市场的关系。证券市场是我国市场经济的重要组成部分，对于我国经济社会的发展具有重大作用，更加应当注重发挥市场在资源配置中的决定性作用，对于证券市场中的欺诈行为，应首先通过市场自身来予以校正，只有在市场自身难以校正时，才可引入政府这一外部之手进行干预。在证券侵权的救济问题上，市场化的手段就表现为民事诉讼的方式。因此，在现有诉讼实践的基础上，构建起证券侵权救济的群体诉讼制度，是对我国证券侵权救济制度的重大完善，也是必由之路。

二、预防侵权行为发生

（一）证券侵权责任的预防功能

传统侵权法理论认为，侵权民事赔偿的主要功能是补偿受害人的损失，预防侵权行为是一个次要的、附属的功能。侵权法的价值在于对个人权益的保护，这决定了其责任制度预设的功能重心在于补偿受害人，而不是预防违法，虽然其亦有预防效果，但多是附带结果。② 但是，当代侵权法越来越强调对于

① 孙永祥：《公司治理结构：理论与实证研究》，上海三联书店、上海人民出版社 2002 年版，第 81 页。

② 刘水林：《风险社会大规模损害责任法的范式重构——从侵权赔偿到成本分析》，载《法学研究》2014 年第 3 期。

损害发生的预防功能。突出预防功能,正是现代侵权法与传统侵权法的重要区别之一。[①] 有观点指出,制定侵权责任法,是完善中国民法体系的重大立法工作,其目的是预防侵权行为发生,调整因侵权行为产生的社会关系,保护民事主体的合法权益,维护社会秩序,平衡各种利益关系,促进社会和谐发展。[②] 我国2009年通过的《侵权责任法》(已失效)第1条规定:"为保护民事主体的合法权益,明确侵权责任,预防并制裁侵权行为,促进社会和谐稳定,制定本法。"表明立法者将预防作为我国侵权法的重要职能之一予以彰显,这也是我国侵权法的现代性的重要表现之一。[③] 德国学者瓦格纳教授提出,应当强调损害赔偿法的多种功能,特别是预防功能。他认为,传统学说不仅忽视了民事损害赔偿责任制度在事实上发挥的重要预防功能,而且阻断了法律人去构想更好的损害赔偿法律制度的机会。无论是刑罚,还是损害赔偿责任,都将减损违法行为人的利益和幸福,构成从事特定违法行为的成本。只不过,刑事责任和民事责任给行为人带来的不利益在度量上存在差别而已。尤其是对责任人而言,刑事罚金和民事赔偿金几乎没有太大实质性的区别。但无论在哪一种责任制度下,当行为人面临的潜在利益减损超出其可能收获时,其一般就会因为此种威慑而克制自己从事该行为。刑事责任和民事责任都在事实上起到了损害行为预防功能。[④]

笔者认为,由于侵权行为的类型及其损害后果不同,侵权救济制度的功能既具有统一性,也会存在较大差异。预防功能和补偿功能的地位孰轻孰重,并不能一概而论。总体而言,因为证券侵权行为属于典型的现代型纠纷,具有不同于传统侵权行为的特点,证券侵权民事救济制度所具有的预防功能更应当得到强调和重视。证券市场上的侵权人实施证券侵权行为,往往是基于获取经济利益的动机,向不特定的对象实施,证券侵权行为造成的损害属于扩散性

---

① 石佳友:《论侵权责任法的预防职能》,载《中州学刊》2009年第4期。

② 刘士国:《制定侵权责任法的方法论思考》,载王利明主编:《中国民法年刊》(2008),法律出版社2009年版。

③ 石佳友:《论侵权责任法的预防职能》,载《中州学刊》2009年第4期。

④ [德]格哈特·瓦格纳:《损害赔偿法的未来——商业化、惩罚性赔偿、集体性损害》,王程芳译,中国法制出版社2012年版,第4页。

损害,受损权利人众多,但个体损害较小,侵权人获利巨大,而传统侵权行为并不存在上述特点。与传统侵权损害赔偿责任相比,证券侵权损害赔偿责任的预防功能特别明显,根本原因就在于侵权人实施证券侵权行为的动力就是以侵害投资人利益的方式获取经济利益,而损害赔偿救济通过向全体受害人补偿损害的方式,剥夺侵权人的非法所得,能够有效抑制其再次侵权的动力,改变其行为模式。

所以,从侵权法的一般原理上把握证券侵权民事救济制度的法律功能是不够的,还必须要研究它的特殊性。依据传统的侵权法理论,无法对证券侵权民事救济制度的功能定位以及功能实现问题作出全面、科学的分析。因为高度概括的侵权法一般原理体现的多是共性的东西,针对的是过去常见的侵权类型总结出来的规律性知识,而证券侵权行为是伴随我国证券市场的建立而产生的新类型的商事侵权行为,[①]时间较短,产生于传统侵权行为所不具备的经济环境且具有自身的法律特点。实践中,商事侵权诉讼的专业化程度也远不及一般的侵权诉讼。因此,要对其进行具体的探讨才能把握其规律,而不能仅仅从侵权法的一般原理出发对其进行理论推导。

证券侵权行为是证券市场发展的伴随物,由于证券交易的特点,难以从根本上加以杜绝,只能加大防范力度,尽量减少其发生。由于证券侵权行为侵害的对象众多、利益巨大、影响广泛,一个侵权行为的法律后果并不仅仅限于特定当事人之间,而是具有广泛的社会影响。因此,必须从宏观视角,将证券侵权现象作为一种不正常的社会现象,而不是仅仅涉及个别当事人利益的问题来对待,并且从侵权的宏观控制角度出发,制定和采取相应的法律对策,包括侵权救济制度的设计,以有效控制侵权现象发生的总体规模。所以,证券侵权救济制度的理念定位和制度设计必然要体现出预防功能的重要性,以符合证券侵权行为本身的特点和控制侵权行为发生的需要。

证券侵权救济的预防功能和补偿功能具有内在统一性,统一于损害赔偿责任的有效实现之中。但两者也存在区别:前者以救济具体的损害为中心,解

① 刘言浩:《中国商事侵权责任法的构建》,载《上海商学院学报》2013 年第 1 期。

决的是已经发生的侵权纠纷，而后者是以保护抽象的权利为中心，矫正的是市场主体的行为模式；前者针对的是过去事实，而后者面向的是未来行为。预防功能实现的基础在于对受害人损害的充分、有效补偿，即按照完全赔偿理念的要求，由侵权人对其给受害人造成的损害给予法律上的充分、合理赔偿。由于证券侵权行为及其损害的特点，要充分、有效地对受害人损害进行补偿，在法律上并非按照传统的诉讼方式即可实现。证券市场中的一项侵权行为，往往造成众多权利人的利益受损，按照完全赔偿的理念，侵权人应当对全体受害权利人遭受的全部损害均予以赔偿，而非对单个权利人或者单个损害进行赔偿。在传统诉讼方式下，一个诉讼只能解决单个损害的赔偿问题，在证券侵权行为发生的情况下，若采用传统诉讼模式，则需要每个权利人均向侵权人提起诉讼，才能实现侵权人对全部损害进行赔偿的目的。如此一来，诉讼程序之烦琐、重复自不用说，而且，证券侵权造成的损害金额有大有小，证券侵权行为比较隐蔽、复杂，提起诉讼往往需要聘请律师提供帮助，会发生不少的费用。由于诉讼成本的因素，并非每个遭受损害的权利人在现实中均会向侵权人提起诉讼，侵权人从而并不需要向每个受害人进行赔偿。因此，在证券侵权领域，由于传统诉讼模式的局限性，完全赔偿理念难以落实，补偿功能的实现存在客观障碍，并导致预防功能亦难以实现。因为，即便受害人的诉求可以通过传统诉讼模式获得完全赔偿，但并非所有受害人都会起诉赔偿。由于加害人不用为所有损害负责，其仍然有实施该行为的动力，从而使传统损害赔偿法呈现出“预防不足”的弊端。①

侵权行为法所规定的赔偿救济制度在适用上具有一定程度的任意性，即受害人有权决定是否要求行为人赔偿，而受害人是否决定起诉要求侵权人赔偿会受到很多实际因素的影响，其中救济成本是主要的考虑因素。因此，侵权救济制度在理论上具有的补偿功能和预防功能能否实现以及实现的效果如何，不仅取决于实体法上的法律规定是否科学、合理，也取决于权利人是否通过民事诉讼的方式进行司法救济。其中，法律所规定的救济方式是否合理，是

---

① ［德］格哈特·瓦格纳：《损害赔偿法的未来——商业化、惩罚性赔偿、集体性损害》，王程芳译，中国法制出版社2012年版，第10页。

否符合具体侵权行为的特点，是否在当事人的诉讼成本承受范围之内，直接关系到权利人诉讼的提起和进行，对侵权救济制度法律功能的全面实现具有关键作用。

如果仅仅把证券侵权救济视作侵权人对受害人损害的补偿，则基于私权自由处分原则，受害人放弃赔偿亦无不可；基于民事诉讼的不告不理原则，在当事人未提起诉讼的情况下，法院亦无给予帮助或激励之必要和理由。但是，如果大部分受害人因为诉讼程序不便捷之缘故，放弃对侵权人的赔偿请求权，则不仅对受害人不公平，有违社会关于公平正义的一般观念，更无从实现证券侵权救济制度的预防功能。完全补偿所有的损失不仅是公平补偿的需要，也是责任法与损害赔偿法规范功能的支柱。[①] 因此，从有效救济全部受害者，以及实现证券侵权救济制度的预防功能着眼，亦应让所有受害人的赔偿请求权能够通过合适的诉讼程序得以实现。正是因为侵权救济制度所具有的预防功能在证券领域愈加突显，且与补偿功能处于同等重要的位置，法律有必要对原本具有一定任意性的证券侵权救济制度加以干预，并改善诉讼方式促进其实现。各国对证券侵权赔偿的救济主要采取群体诉讼的方式，理由亦在于此，即群体诉讼能够降低受害人的诉讼成本，能够在一个法律程序内救济全部损害。我国立法对证券侵权救济制度的规定不够完善，特别是有关诉讼方式的规定缺乏合理性，根源就在于对证券侵权救济制度所具有的预防功能的认识不足、重视不够。就受害人而言，补偿的救济效果不仅是有限的，而且代价不菲，对社会来说补偿的救济功能是负的。“损害的预防总是优于损害的赔偿。”[②]因此，强调证券侵权救济制度的预防功能并设计合理的诉讼制度促进其有效实现，减少证券市场侵权行为的发生，才是对证券侵权行为受害人的最优救济和对证券市场投资者的最好保障。

综上所述，无论是从侵权责任的一般理论来看，还是基于证券侵权行为的特殊性，证券侵权救济的有效实现，既具有对受害人遭受的具体损害进行补偿

---

① ［德］格哈特·瓦格纳：《损害赔偿法的未来——商业化、惩罚性赔偿、集体性损害》，王程芳译，中国法制出版社2012年版，第33页。

② 王军：《侵权损害赔偿制度比较研究》，法律出版社2011年版，第163页。

的作用，又具有预防证券市场侵权行为产生的作用。可以说，我国证券市场欺诈行为多发的现实，与损害赔偿诉讼偏少，证券侵权救济制度难以落实，侵权者可以逃避其应当承担的经济赔偿责任有很大关系。因此，充分认识证券侵权救济制度的预防功能，是构建适合我国证券侵权特点的群体诉讼制度的重要理论基础。充分认识证券侵权救济制度所具有的预防功能及其实现路径，可以更有效地进行诉讼方式方面的制度建构，以预防潜在侵权行为的发生。如果只注重证券侵权救济补偿功能的发挥，由于补偿着眼于实际发生的个体损害，补偿的影响范围只是限于当事人之间，因而单独诉讼或共同诉讼的诉讼方式似乎并无不妥，受害人因诉讼程序的不便捷放弃救济主张也无关宏旨。但鉴于证券侵权事件的受害人众多，总的损害巨大，在每个受害人都放弃赔偿主张，不要求侵权人补偿时，侵权人不但获得巨大利益，而且其继续从事侵权行为的动力仍然存在，这将会导致更多投资人遭受损害。因此，为了实现证券侵权救济制度的预防功能，必须为证券侵权行为的受害投资者主张赔偿救济提供合适的诉讼方式及合理的激励。

（二）预防功能实现的重要意义

充分发挥证券侵权救济制度的预防功能是治理证券市场侵权行为的迫切需要。如上所述，证券侵权是一种严重侵害投资者利益的社会现象，这种社会现象的控制需要运用不同的法律手段。证券侵权救济制度所具有的预防功能使证券侵权民事赔偿诉讼的运用实际上可以成为控制证券侵权行为发生的法律手段。就现实而言，我国证券市场的侵权行为频繁发生，证券交易的正常秩序受到极大破坏，亟须有效防范侵权行为发生的法律措施。实践表明，我国现有的行政、刑事处罚机制，不仅无法实现对众多投资者因证券侵权行为遭受损害予以补偿，也未能有效遏制侵权行为的发生，行政、刑事处罚机制对证券违法行为的预防效果亦不理想。这也使证券民事赔偿诉讼的法律意义从救济具体损害的微观层面，扩展至控制证券市场侵权行为发生的宏观层面。

在证券法律责任中，民事责任、行政责任和刑事责任均是围绕保护投资者利益的宗旨而设立，尽管其侧重点不同，但目的是一致的。因此，对证券市场侵权行为的有效预防，有赖于不同法律责任之间的协同配合，而非盲目排斥、自我封闭。对侵权救济或控制的不同方式可能产生不同性质的法律制度,运用私法下的个案解决方式对侵权行为进行救济的法律控制规则,为民事规则或私法规则,主要表现为民事侵权规则;而利用公共权利对侵权现象进行综合控制的规则,是公共管理性规则。但这两种规则的目的都是对各种侵权现象进行有效的控制。民事权利是私法主体受法律保护的利益。对于侵权行为或侵权现象的控制,民事侵权规则具有优先性。因为,通过其运行可以使权利者获得充分的利益,使受侵害的权利得到一定恢复或补偿。而第二类规则却不能发生这一效果。在现代社会,只有两类侵权控制法律制度都得到重视,权利才能得到充分的救济,侵权现象才能得到有效的控制。①

证券法律责任包括公法责任和私法责任,其中公法责任包括刑事处罚和行政处罚,私法责任主要是指侵权损害赔偿责任。一般认为,在预防证券侵权行为的产生上,刑事处罚和行政处罚是主要的手段,侵权损害赔偿责任主要发挥的是补偿功能。正是这种失之偏颇的理念,导致我国的证券法律责任制度在规范层面重公法责任规范而轻私法责任规范,在实施层面重行政监管而轻私人诉讼,缺乏赔偿救济的诉讼程序规定,其后果就是广大受到侵害的证券投资者很难通过诉讼途径主张自己的损害赔偿请求权,并导致证券市场违法违规、侵害投资者利益行为的大量出现。

总体来看,对证券侵权救济制度所具有的预防功能,我国现有立法规定并未将其置于与补偿功能同等的地位看待,学者对预防功能的产生机理和实现方式也缺乏全面系统的研究,司法实践也没有对证券侵权救济诉讼所具有的预防功能给予足够重视。这从我国关于证券侵权赔偿诉讼司法解释的前置程序和诉讼方式的规定上就可以看出。虽然前置程序可以起到解决权利人取证和举证困难的作用,但将证据问题的调查权垄断在证券监管部门的做法,无疑使证券侵权诉讼的提起受到了极大限制,证券投资者在自己的民事权利受到侵害时,并不能直接起诉侵权人,而是要考虑监管部门是否对该种行为进行了查处。这无疑是对当事人私权自由行使的一种强行干预,有违民法原理。而

① 许明月:《侵权救济、救济成本与法律制度的性质——兼论民法与经济法在控制侵权现象方面的功能分工》,载《法学评论》2005 年第 6 期。

且,前置程序的存在使侵权人被起诉和被追究民事赔偿责任的概率大大降低,从根本上妨碍了证券侵权救济制度的有效实施及其预防功能的实现。如上所述,从有效控制证券侵权行为出发,应当充分发挥民事、行政、刑事责任机制在规制侵权人行为方面的协同作用,证券侵权救济制度的设置应当与刑事和行政处罚制度并行,而不是处于附属地位。所以,我国为证券侵权民事诉讼规定的前置程序应当尽快予以取消。

上述认识误区,一方面是因为,侵权赔偿责任作为私法性质的责任形式,其实现具有一定程度的任意性,如果当事人不提起民事赔偿诉讼,则无论是补偿功能还是预防功能都无从体现。因此,证券侵权救济制度所具有的预防功能,无论其重要与否,能否实现都具有不确定性。另一方面是因为,基于法律部门的划分,公法和私法有各自相对独立的作用领域,因此,人们一般认为,法律责任中的预防功能主要应当通过公法上的责任形式,如行政处罚和刑事处罚予以体现。而且,公法责任所具有的预防功能,理论上是能够确定实现的,因为其是由专门的国家机关主动执行的。对此,笔者认为,首先,公法和私法的划分不应当成为我们理解证券侵权救济制度之预防功能存在的障碍。因此,公法和私法在预防功能上的重合并不矛盾,只是各自的体现方式不同。前者通过公法上的强制执行手段予以实现,后者通过损害赔偿责任的方式实现;前者具有直接性,后者则具有依附性,以补偿功能的充分实现为前提和基础。其次,损害赔偿责任的实现虽然具有不确定性,依赖于当事人是否起诉,而且诉讼的结果也受证据等实际因素的影响而具有不确定性。但是,法律规定的损害赔偿责任一旦成立和确定,也是具有强制执行力的。因此,法律作出有关损害赔偿责任及其救济规定的目的,就是希望在有关侵权行为发生时,当事人能够积极主张权利的救济,使侵权人承担损害赔偿责任,同时希望通过对损害赔偿责任及其救济程序作出明确法律规定的方式,预防侵权行为的发生。所以,无论从证券侵权赔偿救济的规定本身,还是从损害赔偿责任的落实来看,其所具有的预防功能都是可能实现的。最后,虽然公法责任的实施是主动的,但鉴于各种影响因素的存在,国家机关难以对每个违法行为实施有效追究和处罚是众所周知的事实。由于实际上不可能查处所有的证券违法行为,证券法有关公法责任在理论上所具有的预防功能能否实现,也就具有了相当的不确定性。因此,单纯依靠公法责任的追究,并不能实现对证券市场侵权行为的有效预防和全面预防。

证券侵权救济制度预防功能实现具有特殊性。侵权救济制度预防功能的实现与行政法、刑法上预防功能的实现机制不同。前者需要通过私人提起民事诉讼的方式,后者由国家机关主动查处和提起;前者的实现具有间接性和依附性,后者具有直接性。如果受害人都不提起以损害赔偿为内容的民事诉讼,则侵权法上的预防功能无法实现。因为预防功能既是为了阻止同类违法行为的再次发生,亦是为了保护不特定多数人的利益在将来不受侵害,因此,预防功能保护的利益具有一定的公益性。个人放弃赔偿请求权本来无关紧要,但如果众多的受害人都因为诉讼方式的不合理被迫放弃通过民事诉讼主张赔偿请求权,则不仅对受到侵害的每个个体不公平,侵权救济制度的预防功能亦会落空,不特定多数人的利益将会可能再次受到侵权行为的侵害,因为侵权人没有为自己实施的侵权行为付出代价和必要的经济成本,其再犯的动机仍然存在。由于保护不特定多数投资者的合法利益对证券市场的发展具有极端重要性,法律应当提供必要的手段支持证券损害赔偿诉讼的提起,以充分实现证券侵权救济制度的补偿功能和预防功能。

在传统侵权行为模式下,侵权行为人实施侵权造成受害人的损害时,自己并没有受有财产上的利益,单个的受害人一般也有动力去起诉侵权人,无论是从受害人角度,还是从侵权人的角度,完全赔偿的理念都能够得到落实。但证券侵权行为的实施,主要目的是取得财产上的利益,且侵害对象是不特定的。由此决定,对实施证券侵权行为的侵权人而言,如果其获取的非法经济利益在事实上没有被完全剥夺或者全部返还受害人,那么证券侵权行为的受害人的损害不但没有得到补偿,证券民事赔偿责任的法律规定也将形同虚设,难以有效引导证券市场各方主体从事符合法律要求的行为,证券侵权救济制度的预防功能将完全落空。因此,要实现对证券侵权行为的有效预防,只在证券法上作出证券侵权救济的责任规定是远远不够的,必须要有能够责令侵权人承担损害赔偿责任的诉讼方式和制度安排。该种诉讼方式应当能够有效实现权利人的损害赔偿主张,并能够让侵权人吐出其全部非法所得。前者虽然可以通过传统的民事诉讼方式予以部分实现,但后者则要求法律上设计一个能够容纳所有权利人赔偿请求权的群体诉讼制度,非如此,不能让侵权人吐出其全部非法所得,证券侵权救济制度的预防功能也难以实现。

(三)预防功能实现的路径选择

1. 逻辑路径

鉴于预防功能与补偿功能的关系,预防功能只能通过补偿功能的充分实现而实现,即以完全赔偿理念的实现为前提和载体。因此,要实现预防功能,必须落实完全赔偿理念,要落实完全赔偿理念,必须实现损害的一体化救济,救济全部受害者。完全赔偿理念既是指受害人能够获得合理补偿,也是指侵权人不能因侵权行为获得非法利益。由于证券侵权行为的受害者众多而分散,在证券侵权领域落实完全赔偿理念不能从具体的受害者着眼,即使一个受害者或者若干个受害者获得了法律意义上的完全赔偿,也不意味着因该侵权行为产生的损害得到了完全赔偿,因为只要有部分受害人未能得到赔偿,侵权人就还可能取得非法利益。所以应当以整体损害的救济为中心,只有让侵权人就其造成的全部损害承担了赔偿责任,而每个受害者均得到了合理补偿,完全赔偿的理念才得以全面落实。由于证券侵权行为不同于传统的侵权行为,具体表现为侵权对象的不特定性和损害后果的分散性,导致完全赔偿理念的全面落实比传统侵权情形下更加困难。

2. 诉讼路径

现有的单独或者共同体诉讼是针对传统的侵权行为设计的救济方式,对证券侵权行为而言,传统的救济方式只能实现对部分受害者的补偿,不能实现对全部受害者的补偿。因为证券侵权的受害者众多,传统模式下的一个法律程序不能救济全部受害者;而且由于诉讼成本等因素,并非所有受害者都会起诉请求赔偿,传统诉讼模式虽然可以实现对个别受害者的完全赔偿,但不能实现对所有受害者的完全赔偿。对侵权人而言,在传统诉讼模式下,其因为不需要对所有受害人进行赔偿,完全赔偿理念在侵权人身上落空,侵权人可以从侵权行为中获取非法利益。因此,完全赔偿理念不能全面实现,所以,无论就救济全部损害而言，还是从实现证券侵权救济制度的预防功能考虑，传统的诉讼方式都不是救济证券侵权损害的合理诉讼路径。如果在“两造”程序框架下无法修复特定类型的损害，必须采用其他法律技术手段达到同样目的。①

3. 现实选择

综上所述，证券侵权救济制度的预防功能要从应然层面变为现实效果，需要实体法和程序法的相互配合，且要有相应的诉讼方式予以支撑。对证券侵权行为的救济而言，设计一个能够有效救济全部损害的诉讼方式，才能落实完全赔偿理念的要求，也是证券侵权赔偿责任预防功能得以实现的关键环节。对传统侵权行为而言，完全赔偿理念的实现并不存在特别的困难，因为侵权行为发生在特定的当事人之间，受害人和侵权人的结构都不复杂，只要受害人提起诉讼，能够认定侵权人责任成立，完全赔偿的理念就能够全面实现，因此，传统诉讼模式足以胜任。但对证券侵权行为而言，受害人众多，同一个侵权行为造成的损害分散，由于诉讼成本、集体行动的困境等问题的存在，并非每个具体的受害者都会积极起诉主张侵权人赔偿损失。而只有全体受害者都积极起诉或者能够通过一个法律程序对全部受害者进行一体化救济，才能实现完全赔偿的理念。实践已经证明，所有遭受侵权的受害人都积极地单独起诉侵权人的情况是不会发生的，也是不现实的。如果通过激励措施，让受害者都单独起诉侵权人，巨大的案件数量不仅将耗费大量的社会资源，司法机关实际上也是无法承受的。因此，为了全面落实完全赔偿理念，实现预防功能，对证券侵权赔偿的诉讼救济而言，构建一个能够一体化救济全部受害人的群体诉讼制度就是一个比较合理和现实的选择。事实上，各国对包括证券侵权损害在内的群体性侵权损害的诉讼救济，都在积极探索和构建合理的群体诉讼解决方案，即尽量在一个法律程序的框架内解决全部损害的赔偿问题，以实现对所有受害人的同等救济。就我国而言，也存在同样迫切的需求。我国目前证券侵权赔偿诉讼实践中所采用的单独诉讼和共同诉讼模式，并非不能救济已经起诉的投资者，其主要弊端在于，不能在同一个法律程序框架内救济全体受害

---

① ［德］格哈特·瓦格纳：《损害赔偿法的未来——商业化、惩罚性赔偿、集体性损害》，王程芳译，中国法制出版社2012年版，第178页。

者,从而导致只有积极起诉的部分受害者能够得到合理的赔偿,而没有起诉的受害者不能得到任何的赔偿。对此现状,人们不由地会产生质疑,同一侵权行为造成的损害,为什么不能通过一个法律程序救济全部受害者?而侵权人可以无须就其侵权行为造成的全部损害予以赔偿,也有违社会和普通人的公平正义观念。因此,无论是为了落实完全赔偿理念的要求,以实现证券侵权责任的预防功能,还是为了有效救济全体证券侵权行为的受害者,不让侵权人可以从侵权行为中获利,以维护社会的公平正义观念,都需要在现有的实践经验和制度资源的基础上,选择和构建一种合理的群体诉讼模式,以完善我国的证券侵权救济法律制度,保护证券市场的广大投资者。

证券侵权行为侵害的是不特定多数投资者的合法利益,由此决定了证券侵权救济制度对投资者利益保护的重要性。不特定多数人的利益主要属于公法保护的范围,但由于现代侵权事件影响的广泛性以及损害的巨大性,私法的保护范围也由对特定的、具体的个体利益的保护扩展至不特定多数人的私法利益的保护。反映到民事诉讼中,民事诉讼的模式和结构也要为此作相应调整和改变,以适应私法对不特定多数人利益保护的需要。但是,通过民事诉讼的方式对不特定多数人利益的保护,仍然是在私法的框架范围内进行,以意思自治和私权自由处分为原则,按照私法的实体规定进行责任认定。因此,与公法对不特定多数人利益的保护并不矛盾,两者既是相互补充,又有各自不可替代的优势。因为私法对不特定多数人利益的保护是与对具体的、特定的受侵害人的利益的保护融合在一起的。民法是通过对众多受害人提供损害赔偿的方式来实现预防功能,让侵权人对其侵权行为付出经济成本从而抑制其再次侵权的动机,以此来保护证券市场上不特定多数人的利益。公法是以惩罚、制裁侵权人的方式直接干预、纠正其侵权行为,并不关注具体受害人民事权益的损害及补偿问题。从我国的现实情况来看,因为诉讼成本过高、渠道不畅,证券市场的投资者在遭受证券欺诈侵权行为造成的经济损害时,无法从侵权人那里得到及时、有效的赔偿,已经严重影响了投资者对证券市场的信心。鉴于证券侵权损害赔偿责任的有效追究和实际运用所具有的重要功能,在证券侵权领域强化损害赔偿观念,优化证券侵权救济的诉讼方式,无论是对投资者损害的有效救济，还是证券市场侵权行为的预防控制，都具有十分重要的意义，也是我国在完善证券侵权救济制度中的一项重要而紧迫的任务。

三、促进法律有效实施

（一）法律的两种实施机制

法的生命在于它在社会生活中的具体实施。司法是法的实施的一项重要方式，它有一些独有特点，包括：专属性、程序性、专业性、权威性。① 推进我国证券市场的法律治理对经济和金融发展的重要意义已经达成共识。而较之法律规则的制定，更关键、也更艰难的任务是建立一个高效的法律执行机制。②我国证券法律实施具有“重监管、轻诉讼”的特点。诉讼机制在证券法律实施中的潜能还有待通过制度革新来发挥。③ 可以说，缺乏有效的执法机制④是目前我国证券法律体系面临的一个重大问题，特别是我国的证券法律尚未建立有效的受害者救济和违法者惩罚制度。受害者救济和违法者惩罚制度包括受害者赔偿制度（民事赔偿制度）、行政处罚制度、刑事处罚制度等。受害者赔偿制度主要靠受害者通过民事诉讼的方式来执行，在司法体系有效时具有较好的自我实现能力。行政处罚制度和刑事处罚制度主要依靠政府机构来执行，在“独立机构”的执法领域具有较好的自我实现能力。⑤

由私人就其遭受他人民事侵权行为产生的损害提起民事诉讼，之所以可以理解为法律实施的一种有效方式，与对民事诉讼的目的和功能的认识直接

---

① 张文显：《法理学》，高等教育出版社2007年版，第252～253页。

② 证券法律通常通过三大机制来实施，以达到保障投资者权益和市场繁荣之目的。这三大机制是政府监管、民事诉讼和交易场所监管。其他机制也存在并发挥作用，如对证券违法行为的刑事公诉、财经媒体监督、中介机构监督、境外上市乃至提倡有关决策和行为者的道德自律。不过总的来说，这三大机制是最主要、最基本，无论在何种环境下都应该坚持提倡、推进的证券法律实施机制。参见缪因知：《中国证券市场法治化的道路》，载《交大法学》2013年第4期。

③ 缪因知：《中国证券市场法治化的道路》，载《交大法学》2013年第4期。

④ 执法有广义和狭义两种理解。广义的执法是指一切执行法律、适用法律的活动，包括国家行政机关、司法机关和法律授权、委托的组织及其公职人员，依照法定职权和程序，贯彻实施法律的活动。狭义的执法，仅指行政执法，不包括国家司法机关及其公职人员依照法定职权和程序，贯彻实施法律的活动。参见张文显主编：《法理学》，高等教育出版社2007年版，第246页。

⑤ 李波：《公共执法与私人执法的比较经济研究》，北京大学出版社2008年版，第23页。

相关。关于民事诉讼的目的,有不同的观点。其中的私法秩序维护说认为,民事诉讼制度是基于国家维护私法秩序的目的而设立的。国家为了调整私人之间的利害关系而制定了私法法规,即建立了私法秩序,但仅有私法秩序不行,还必须要建立民事诉讼制度来维护这种私法秩序,保障私法法规的实效性,这就是民事诉讼的目的。①

我国政府的行政行为对证券市场的运行和发展有着直接的影响,证券法律实施也主要是依靠政府的公共执法。但就证券侵权行为造成的损害,投资者基于侵权法的原理请求侵权人赔偿或者向法院起诉赔偿,是对投资者私权保护的必然要求和基本形式,行政机关的公共执法难以替代,也不应替代。而要建立有效的通过民事诉讼来实施证券法律制度的机制,就应该赋予私人执法者广泛的私人起诉权和起诉激励。在美国,广泛的私人起诉权可以说是法律行之有效的最重要原因之一,而且这种起诉权还常常包括有效的诉讼激励机制(集团诉讼机制等)。广泛的受害者起诉的权利和激励有效保证了对违法行为的惩罚,从而推动了法律自我实现。②

对我国来说,在大力加强政府监管机构对证券市场公共执法的同时,主持私人执法的司法机关亦应迅速跟进,承担其应有的职责,对投资者受损的权利施以及时有效的救济。集团诉讼的权利救济功能,对于那些赔偿请求过小而根本不值得聘请律师的权利通过正统的诉讼途径寻求救济尤其重要。实际上,集团诉讼成为一种执法手段或者是执法程序的替代物,这是集团诉讼区别于普通民事诉讼并以"特有的方式运作"的价值所在。③ 因此,对于证券侵权民事赔偿法律制度的实施而言,立法者的任务并不是在公共执法与私人执法中作出选择,而是应该充分发挥两者在法律有效实施方面的协同作用,而且应当赋予私法执法的优先性,为此应当设计鼓励私人执法的有效机制,包括群体诉讼制度。

---

① 张卫平:《民事诉讼法》,法律出版社 2009 年版,第 10 页。

② 李波:《公共执法与私人执法的比较经济研究》,北京大学出版社 2008 年版,第 25 页。

③ 王福华:《变迁社会中的群体诉讼》,上海人民出版社 2011 年版,第 151 页。

（二）我国证券法律的实施

2005年修订后的《证券法》在文本上特别强调了民事责任制度，对于虚假陈述、内幕交易、操纵市场等行为，都明文规定了相应的民事责任条款。但实际上，真正通过民事诉讼成功追究虚假陈述、内幕交易、操纵市场者的民事责任的案例少之又少。究其原因，并不是投资者不知道法律规定或者不愿意利用这些规定追究违法者的民事责任，而是行政监管的过度控制在制度和实施效果上都压缩了私法机制的作用空间，因为提起民事诉讼需要经过刑事或者行政处罚的前置程序。同时，证券法中的民事法律规范体系却不完备，其对证券法规范体系的搭建功能远大于对证券法实施机制的适用功能。①

近年来，政府和证券管理部门也加大了对证券欺诈行为的监管和处罚力度，但仍不能有效遏制欺诈行为的发生，甚至一度泛滥成灾。究其原因，还是缺少相应的私法救济机制，忽视或者说是未能很好地发挥私人诉讼在实现立法目的过程中的应有作用。因此畅通民事救济渠道，对证券法律的有效实施将起到积极的促进作用。要建立一个好的机制，规范证券市场参与主体的行为，真正有约束力的是强化民事责任机制，因为民事责任是市场主体之间的制约，这种制约的成本，无论是经济成本，还是道德成本，都要低于行政责任和刑事责任。② 从民事赔偿的私法属性来看，民事诉讼毫无疑问应当成为证券侵权民事赔偿法律制度的主要实施机制或者基本途径。限于当前民事责任制度不完善、诉讼模式不合理的实际情况，目前我国投资者通过民事诉讼主张自己权益的情形总体看来不多。也可以说，我国证券法规定的民事赔偿法律制度的实施机制还不发达。事实上，该项关系到投资者切身利益保障的法律制度并没有得到很好的实施。

之所以造成这种局面，还与我国立法者关于证券市场侵权行为的观念有关。一般来说，证券市场的侵权行为不但侵害了投资者的私人利益，也违反了证券市场监管制度的要求，破坏了整个证券市场的合法秩序，往往也构成应受

---

① 陈甦、陈洁：《证券法的功效分析与重构思路》，载《环球法律评论》2012年第5期。

② 江必新：《完善证券法的实现机制》，载郭锋主编：《证券法律评论》第4卷，法律出版社2005年版。

行政处罚甚至刑事制裁的违法行为。因为这个特点,我国证券法中对证券违法行为所规定的行政处罚制度比较完备,也很具体,表明我国证券法的制定者想通过强有力的公共执法手段惩治和预防证券市场的违法行为,包括侵权行为。我国证券法的该种立法理念实际上是认为证券市场侵权行为侵害的首先是证券市场的合法秩序,或者公共利益,其次才是投资者所享有的私人权益。这样的认识与投资者利益的私法属性相违背,也违反了对证券市场主体的商事交易行为进行平等保护的民商法原则。

我国司法机关对证券市场发生的民事侵权行为,从开始时的不予受理,到后来同意受理但规定有民事诉讼提起的前置程序,以及排除对具有较强法律实施作用的人数不确定代表人诉讼方式的适用,也充分反映了我国当时对证券民事赔偿制度的实施机制重视不够的现实状况,更反映了未通过民事诉讼方式实施证券法律制度的心理。具体来说,对民事诉讼的提起设置行政处罚或者刑事处罚前置程序,实质上也是在民事赔偿制度的私人执法过程中加入了公法执法因素。从民事诉讼法的意义来看,前置程序有利于当事人获取证据,帮助权利人解决了举证难的问题,值得肯定。但同时,前置程序的存在也控制了私人提起民事诉讼的时间、数量,甚至被告范围,整体上不利于受害者民事诉讼的提起。而且,从法律实施的角度来看,虽然立法规定了投资者有权就证券市场侵权行为提起民事赔偿诉讼,但前置程序的设立,使证券法律责任制度的实施,包括民事赔偿制度的实施力度和频次,从根本上取决于公共执法部门的执法情况。

证券侵权赔偿的诉讼救济虽然可以发挥法律实施的作用,但由于民事诉讼的提起需要相应的条件并会发生必要的司法成本,因此,民事诉讼在理论上所具有的法律实施价值能否有效实现,取决于受损权利人通过诉讼主张赔偿救济的愿望是否强烈,以及诉讼程序是否便捷,当事人运用民事诉讼的成本是否低廉化等实际条件。由于司法制度将法官置于争端两造之居中位置,因此依靠法院来执行证券市场法律就不可能脱离司法活动特别强调的程序规则,换句话说,这也就构成了私人执法模式的“固定成本”。司法程序的适用可能与生俱来地面临成本过高的问题。为了促进司法机制在证券秩序维护方面有更积极的作为,立法者试图通过成文法,法院试图通过司法判例来克服司法程序的种种内在障碍。[①]

鉴于我国证券法律制度特别是有关民事赔偿责任制度的实施情况不容乐观的事实,强调证券侵权民事赔偿诉讼对于证券法律制度有效实施的价值,具有重要意义。它对于从根本上完善我国证券侵权民事制度,特别是诉讼机制和模式,都具有根本性的指导意义。公共执法方式虽然有利于政府对证券市场的监管,但在事关投资者私人权益保护——证券市场发展基础这一根本性、长远性的问题上,如果民事诉讼在投资者利益保障和证券法律制度实施中的作用未得到充分发挥,将会影响我国证券市场的长期健康发展。

(三)诉讼的法律实施价值

民事诉讼的作用,不仅仅停留在解决纠纷或权利保护上,更重要的是可以维持和实现法的秩序。充分利用民众强调个人利益(利己)的心理来谋求正常的经济秩序,这种立法政策已被人们所认同。[②] 日本学者田中英夫和竹内昭夫认为:“私人利用法院所产生的作用不仅体现在对受害者的救济这一被动方面,还体现在促进法之目标的实现这一积极方面”,并通过“鼓励私人的活动以便补充行政机关能力”。[③]

就我国而言,证券侵权救济制度的实施虽然不能完全依赖于诉讼机制,但诉讼无疑是证券侵权赔偿实施机制中的一种基本方式,是证券侵权赔偿法律责任得以落实的最终保障。我国政府积极运用行政手段创设了证券市场,主要通过行政责任和刑事责任的追究来保障证券法律的实施,维护证券市场的秩序,而民事赔偿诉讼这种市场化的法律实施方式,并没有充分发挥出其作用。为使我国的证券市场尽快转向市场内在驱动,大力建设和推动与证券市场特点相适应的民事赔偿责任制度的完善和运用,既是建立健全我国证券市场法律实施机制的必然选择,也是改变目前这种不利于投资者损害救济的法

---

① 黄韬:《为什么法院不那么重要——中国证券市场的一个观察》,载苏力主编:《法律和社会科学》第9卷,法律出版社2012年版。

② [日]小岛武司:《诉讼制度改革的法律与实证》,陈刚、郭美松译,法律出版社2001年版,第219页。

③ 李响、陆文婷:《美国集团诉讼制度与文化》,武汉大学出版社2005年版,第228页。

律格局的有效途径。因此,为了提高我国证券法律实施的有效性,建立我国证券法律特别是民事赔偿法律制度的自我实现机制,必须要有有效的受害者救济和违法者惩罚制度。如果缺乏有效的受害者救济制度,违法行为不能带来相应的法律后果,法律是不可能自主的。要实现该目标,需要尽快完善证券法上的民事诉讼制度规定,为投资者索赔提供合理高效的诉讼模式。

我国于1999年7月1日生效的《证券法》中关于民事责任的规定很少,追究责任的程序规定存在空白。直至投资者遭受损害起诉到法院后,在社会各界的推动下,我国才在2003年出台了审理证券侵权案件的第一个司法解释,对民事责任的追究程序作出了规定。

我国证券市场侵犯投资者合法利益的行为屡禁不止,并非因为证券法等法律规范没有就投资者合法利益的保护作出规定,或没有对有关市场主体的行为提出规范性的要求,而是因为相关基础性制度安排缺乏或者不完善导致我国证券法规定的信息披露制度和内幕交易制度不可避免地未充分发挥作用。我国投资者权益保护的法条齐备,而实际情况不容乐观的现实,就说明我国证券市场在基础性的制度建构上出了问题。① 这其中一个重要的基础性制度就是证券民事诉讼机制和诉讼模式的设置问题。

建立有效的民事救济诉讼模式,不仅对证券民事赔偿法律制度的有效实施具有关键意义,对证券法中的信息披露制度和内幕交易制度的有效实施也具有重要的保障作用。信息披露制度和内幕交易制度在证券法律制度体系中处于核心地位,它们对于投资者权益保护至关重要。证券法律机制如同生命的组织系统,上述两项制度之所以能够发挥功能和作用,主要依赖于法律实施系统中管理主体能够依法管理证券市场的消极行为,证券市场主体在法律条件下自由活动,审判机关对证券纠纷案件公正审判。② 因此,为了控制信息不对称和内幕交易,成熟市场立法最直接完善的相关核心制度包括:完备的披露规则、允许集团诉讼或其他联合众多投资者进行小额请求赔偿的程序规则、对

① 陈洁:《证券法的变革与走向》,法律出版社2011年版,第20页。

② 张宇润:《论证券法规则理念和制度机制》,载《法律科学》2004年第2期。

违规者的责任追究等。[1]

我国《证券法》也规定了信息披露制度和内幕交易制度。就强制性信息披露制度而言，目前证监会的相关规定可谓详尽而细致，从年报、中报、季报到重大事件的临时公告，从披露内容到披露格式，与成熟市场的规定相比也有过而无不及，但制度的运行效果难以令人满意。一方面，投资者面对众多"格式化"的披露资料应接不暇；另一方面，信息披露违规事件却屡禁不止，本应发挥"看门人"作用的会计师事务所、律师事务所等中介机构常常充当造假者的帮凶。[2]为此，应当以完善强制性的信息披露制度为轴心理顺各市场主体的关系，推动损害赔偿责任、信用中介机构等市场机制发挥品质监控作用。[3]

在我国证券市场加快发展，在进一步市场化和法治化的大背景下，投资者利益保护理念的落实需要证券法上的基本法律制度得到更加有效的实施。目前证券法学界面临的最突出的问题就是如何把这些基本制度落到实处。[4] 因此，民事诉讼制度的建设，不仅对于完善证券实务中的民事赔偿制度具有决定性的意义，而且对构建符合市场经济本质要求的证券法律实施机制都将起到巨大的促进作用。证券民事诉讼制度是证券法律制度的重要组成部分，证券民事诉讼制度的完善是证券法律实施制度完善的重要标志。[5]

---

① Bernard. S. Black, *The Legal and Institutional Precondition for Strong Securities Market*, UCLA Law Review, April 2001. p. 781 – 785.

② 陈洁：《证券法的变革与走向》，法律出版社 2011 年版，第 20 页。

③ 同上。

④ 陈洁：《转型时期我国证券法学研究的特点及趋势》，载桂敏杰主编：《证券法苑》第 8 卷，法律出版社 2013 年版。

⑤ 沈贵明：《证券诉讼的证券法规范》，载《法学论坛》2013 年第 4 期。

第二章　证券侵权救济的传统方式

一、传统诉讼方式下的证券侵权救济

(一)典型案件的诉讼方式

2002年1月15日,最高人民法院发布《关于受理证券市场因虚假陈述引发的民事侵权纠纷案件有关问题的通知》,我国维护证券市场投资者民事权利的法律救济程序得以启动。该通知规定:“对于虚假陈述民事赔偿案件,人民法院应当采取单独或者共同诉讼的形式予以受理,不宜以集团诉讼的形式受理。”这一规定引起很大争议,批评者认为,是在增加投资者民事索赔的难度,在实践中也引发很多问题。2003年1月9日,最高人民法院进一步公布了《关于审理证券市场因虚假陈述引发的民事赔偿案件的若干规定》。《关于审理证券市场因虚假陈述引发的民事赔偿案件的若干规定》以4项条文对如何共同诉讼作出较明确的规定,同时也否定了民事诉讼法及其司法解释规定的人数不确定的代表人诉讼之适用。① 据一位参与起草《关于审理证券市场因虚假陈述引发的民事赔偿案件的若干规定》的人士解

---

① 潘剑峰、陈福勇:《论证券民事侵权赔偿案件的诉讼方式》,载《政法论坛》2004年第3期。

释，这样规定是因为证券市场一旦发生侵权行为，受侵害的投资人过于庞大，且侵权行为和侵权行为人往往不是单一的，投资人也不可能起诉完全相同的被告；每个投资人受到侵害的情况和实际损失很难相同；还因为目前我国没有中介机构对数以万计的投资人及其损失进行登记和计算，仅依靠人民法院完成公告、对权利人登记以及权利人选择加入诉讼和适用裁判等工作，是不现实的。①

自上述司法解释出台以来，我国法院审理了在我国证券市场有典型意义的大庆联谊案、银广夏案、东方电子案等证券侵权赔偿案件。在诉讼形式上，上述典型案件的共同特征是：(1)立案方式相同。大庆联谊案、银广夏案和东方电子案的审理法院均遵循司法解释的规定，以共同诉讼和单一诉讼进行立案。在大庆联谊案中，共立案250件，原告788人，其中既包括个别起诉的案件，也包括以共同诉讼起诉的案件。在银广夏案中，法院共受理案件103件，涉及投资人847人，同样既有单一诉讼，也有共同诉讼。在东方电子案中，青岛中院面对庞大的起诉人群，仍采用共同诉讼或单一诉讼形式立案，累计受理了6989个投资人提出的2716件案件(涉案标的额为4.42亿元)。(2)在诉讼中均进行了合并审理。对于有众多当事人的系列案件进行分别审判是不可能的，此时，法院的职权性合并审理方式能够起到诉讼经济、使同类问题获得统一审判的功能和效果。在大庆联谊案中，法庭不仅将250起案件合并审理，而且在部分案件中产生了代表人。在银广夏案中，847名原告中的331名首先与被告达成调解协议后，银川中院对剩余案件根据当事人委托代理人的不同进行了合并审理，并依照相同标准进行了判决。在东方电子案的审理中，法庭以律师事务所为分类依据，将某一律师所代理的全部案件采取合并审理的方式，分配到同一办案人名下。(3)均有统一裁判的努力。合并审理是对统一裁判的追求，在大庆联谊案、银广夏案、东方电子案中，法官或当事人均有不同程度的统一裁判的努力，但结果大相径庭，比较彻底的统一裁判也只出现在东方电子案中。②

---

① 贾纬：《如何理解关于审理证券市场虚假陈述民事赔偿案件的若干规定》，载《人民法院报》2003年1月23日。

② 罗斌：《证券集团诉讼研究》，法律出版社2011年版，第258～262页。

大庆联谊案的审理受到了国内理论界和实务界的高度关注。有观点认为,本案的审理程序既不是代表人诉讼,也不是共同诉讼,而是一种典型的以诉讼合并为特征的“集团诉讼”,但这种诉讼形式是以证券虚假陈述有关的特殊规定为前提的(违法事实已经确认),属于法院的一种职权合并和管理方式,它能够起到诉讼经济、使同类问题获得统一审判的功能和效果,也有利于受害人权利救济,同时不致引起滥用诉权和诉讼代表人权力过大、剥夺当事人处分权等方面的问题。因此,本案在我国群体性诉讼的处理中具有划时代的意义。①

对于东方电子案,学者也有深入的分析。有观点认为,东方电子案的审理程序是一种带有许多英国加入制集团诉讼因子的群体诉讼形式。表现在:(1)起诉时人数不确定;(2)合并审理的启动方式是法官依职权启动;(3)统一法律适用、统一裁判标准的思想贯彻始终;(4)典型诉讼的探索性适用。基于虚假陈述是对市场进行欺诈的理论,东方电子虚假陈述行为的实施日、揭露日、基准日的确定,民事责任承担主体、损失赔偿的计算方法以及系统风险应否扣除等问题在成立的个案中都是相同的,对于这些共性问题,通过选择几个具有代表性的案件进行审理的方法来提高审判效率。②

总体来看,自2003年起,虽然我国证券民事诉讼已经“开闸”,但诉讼浪潮并没有到来,案件的审理也没有给社会经济带来不良影响。我国证券市场受到查处的证券侵权违法行为虽然不少,但证券侵权民事赔偿案件的诉讼不多,即使有律师征集委托代理权,但真正到法院索赔者少。由于前置程序的存在,处理时间长是我国处理该类案件中普遍存在的弊端。相比于我国证券市场的欺诈行为数量,我国证券侵权赔偿诉讼不是太多,而是太少,股民能够通过民事诉讼获得赔偿救济的实属寥寥,其原因值得反思。法院在审理中采取的有关提高案件审理效率的管理措施与审理技术,并没有从根本上改善索赔者少、处理时间长的诉讼困境,也没有得到社会普遍的肯定和好评。因此,虽然经过十多年的民事赔偿诉讼实践,我国中小投资者的利益保护问题受到了更多关

① 范愉:《集团诉讼问题研究》,北京大学出版社2005年版,第352页。

② 罗斌:《证券集团诉讼研究》,法律出版社2011年版,第265页。

注，但整体而言并没有很大改观，因此需要对我国证券侵权赔偿诉讼的具体模式以及法律政策进行深刻检讨和反思，以期提出具有合理性的改进证券侵权赔偿诉讼的方案，从根本上提高我国司法机关对中小投资者权益保护的水平，增强投资者信心，促进我国证券市场的繁荣发展。

（二）传统诉讼救济的不足

首先，在我国证券民事侵权领域，由于相关司法解释禁止以代表人诉讼形式立案，在近年我国证券民事赔偿的诉讼实践中，共同点均是以单一诉讼或共同诉讼的形式立案，在诉讼中适用合并审理以提升案件的处理效率。但这种诉讼救济的效果十分有限，导致证券侵权救济制度只能救济少数受害者，且成本高昂，侵权人可以逃避法律规定的侵权赔偿责任。从理论上分析，单独诉讼和共同诉讼是基于传统的"一对一"民事纠纷而创造，并不适应证券侵权纠纷这种现代社会才出现的现代型纠纷。因此，从根本上来说，传统的诉讼模式和证券侵权赔偿纠纷的诉讼救济之间难以有效"对接"，因而需要一种新的诉讼制度来适应该种纠纷的特点及其解决需要。正因如此，证券民事侵权领域，各国都探索出不同形式的群体诉讼模式来解决该类纠纷。在英美法系国家，美国、澳大利亚和加拿大采用集团诉讼；在大陆法系国家，德国采用投资者示范诉讼，意大利采用"选择加入"式的集体诉讼。

其次，我国现有的证券侵权救济方式虽然在证券侵权赔偿诉讼实践中也解决了部分投资者的损害赔偿问题，但周期长（主要是前置程序的存在），成本高，且没有起诉的投资者根本得不到任何赔偿救济，侵权者可以不用承担全部赔偿责任，反而可以保有非法获取的经济利益，有违社会上一般人的公平正义观念。

再次，在证券侵权纠纷中，如果众多受害者中的一部分人能步调一致，共同诉讼就能取得经济上的合理性。但共同诉讼方式同样带有局限性，特别是在小额被害的场合，要求各人自愿起诉这一前提明显缺乏合理性。因此，对于小额诉讼，多数人不愿诉讼是致命的问题。如果受害者不能步调一致提起诉讼，那么势必会削弱共同诉讼的效用。同时，以各受害者起诉为前提，也决定了共同诉讼方式存在局限。① 我国证券诉讼实践中反映出来的起诉索赔者少的现象,正是共同诉讼局限性的体现。由于诉讼收益不足以弥补诉讼成本和诉讼风险,证券侵权行为受害人普遍没有动力单独起诉违法行为人。人数确定的代表人诉讼属于扩大的共同诉讼,与共同诉讼一样存在很大的局限性,从根本上来说,也不适合证券侵权群体纠纷的审理需要。由于上述局限性,我国法院主要采用共同诉讼形式来处理虚假陈述引发的民事赔偿案件的做法,虽然对已经进入法院的案件的审理效率有所提升,但无法解决全部受害投资者的赔偿问题,也无法破解受害者多、起诉者少的尴尬状况。证券侵权救济制度因诉讼方式的不合理而无法发挥其应有的法律功能。

最后,司法机关缺乏从整体上救济证券侵权损害的法律立场和宏观视野。在司法政策方面,最高人民法院只是有条件受理因虚假陈述行为引发的证券民事侵权诉讼,并设置了前置程序,对内幕交易、操纵市场的侵权行为,至今并没有出台具体的司法解释。我国司法机关仅仅是以普通的诉讼方式和解决个案争议的价值追求来审理证券市场的侵权纠纷,对证券侵权赔偿救济制度对证券市场规范发展的重要意义认识和重视不够。但是,现行的不合理的诉讼模式对投资者有效索赔构成了妨碍。

在 2003 年我国刚开始审理证券侵权纠纷时,鉴于我国证券市场的现实情况以及证券民事赔偿法律制度的不完备,我国最高人民法院排除了人数不确定代表人诉讼在该领域的适用,主要采用共同诉讼方式审理证券民事赔偿纠纷,有其现实合理性。但随着我国证券市场的发展,《证券法》已经在 2005 年修订并充实了民事责任的规定,学界对群体诉讼制度的研究也已经达到了一个较深的层次,法院也积累了一定的证券诉讼审理经验,各界对证券侵权民事赔偿制度的重要性的认识越来越一致。更重要的是,现在我国正在全面推进经济改革和依法治国,证券市场的法治化无疑是重要内容。因此,在现有的法律制度和实践经验基础上,加快完善我国的证券侵权民事赔偿制度建设,特别是完善诉讼机制,构建适合我国国情的证券侵权救济的诉讼方式,具有紧迫性

---

① 陈刚:《自律型社会与正义的综合体系——小岛武司先生七十华诞纪念文集》,中国法制出版社 2006 年版,第 161 页。

和必要性,意义重大。

(三)诉讼方式的关键作用

综上所述,对于证券侵权行为,单个受害者起诉动力不足,也惧怕诉讼风险,因此需要为其提供一种缓解诉讼成本、提高诉讼意愿、方便权利主张的诉讼方式,而单独诉讼和共同诉讼在解决起诉动力、降低诉讼成本方面不能为投资者提供有效激励。实践也证明,现有的诉讼模式不能实现对证券侵权损害的有效救济,侵权者可以逍遥法外,受害者无处获赔。因此,诉讼方式是否合理,对证券侵权救济诉讼的提起、证券侵权救济制度的功能发挥,具有关键意义。由于传统诉讼方式的设计着眼于单个当事人之间纠纷的妥善解决,而证券侵权造成的损害具有受害人众多、损害分散等特点,客观上需要对损害整体进行救济,才能实现证券侵权救济制度的立法目的和法律功能,因此,传统诉讼方式不能完全适应证券侵权损害赔偿诉讼的特点和需要,使证券侵权救济制度的补偿功能和预防功能难以充分实现。

由于证券侵权损害的受害者众多,在传统诉讼模式下,即便证券侵权行为的单个受害人可以诉求完全赔偿,但并非所有受害人都请求了每一次赔偿。由于加害人不用为所有损害负责,其仍然有实施该行为的动力,从而使传统诉讼模式下的损害赔偿救济呈现出"预防不足"的弊端。为了实现规范行为之目的,有决定性意义的不是对单个受害者所受损失的准确补偿,而是让加害者对其所造成的所有损害成本买单。[①] 因此,"预防职能"的实现,不仅要求实体法的演进,而且需要诉讼模式的变革。对于那些当事人诉讼动力不足、诉讼所致社会总成本过高的情形,德国的瓦格纳教授倡导以联合会诉讼和集体诉讼等方式加以替代。这不仅有利于节约诉讼成本,而且有利于提高预防那些微小损害的概率。[②]

证券侵权损害赔偿救济不仅是实现受害人权利救济的需要,从证券市场

---

① [德]格哈特·瓦格纳:《损害赔偿法的未来——商业化、惩罚性赔偿、集体性损害》,王程芳译,中国法制出版社2012年版,第137页。

② [德]格哈特·瓦格纳:《损害赔偿法的未来——商业化、惩罚性赔偿、集体性损害》,王程芳译,中国法制出版社2012年版,第11页。

侵权行为法律治理的角度来看,更是一种有效满足我国证券市场侵权现象法律治理需求的合理方式。因此,对证券侵权损害赔偿救济应当采用的诉讼方式,要在更宽广的视野下来认识和选择,而不能局限于当事人之间个体纠纷的解决或者损害赔偿的视角。侵权责任(损害赔偿)所具有的预防价值正是我们将证券侵权损害赔偿救济作为证券市场法律治理的一种有效方式的法理基础。

所以,基于证券侵权的特殊性,在民事赔偿的救济方面,不能仅仅根据民事诉讼法这一基本立法来保护,而应在此基础上,根据证券侵权行为的具体特点来设计相应的诉讼方式和具体的程序规则。我国采取司法解释的方式对证券侵权救济的诉讼方式作出规定,无疑也体现了这种思路,但遗憾的是,我国最高人民法院在司法政策上过于从社会稳定、上市公司的承受能力等方面考虑,选择了限制诉讼提起而非鼓励诉讼的政策立场。这种理念未充分考虑投资者保护的需要,应当加以改变。除了诉讼方式的限制不适应证券侵权赔偿救济的实际需要以外,司法解释对证券侵权赔偿诉讼的提起条件的规定也缺乏合理性。我国虽然以司法解释的方式建立了证券侵权民事诉讼机制,但从其程序设计来看,要求民事诉讼的提起必须以刑事或者行政处罚裁决为前提的前置程序的存在,表明我国的证券侵权民事诉讼机制还不是一个独立的民事诉讼模式,而是依附于公共执法模式。从而说明我国在证券侵权损害的救济上,总体上是采取公共执法的模式,民事诉讼模式只能在公共执法的范围内发挥有限的作用,并不是与公共执法模式处于同等位置。因此对证券市场的实际作用也存在很大差别,即公共执法模式在我国证券市场上起着绝对的主导作用,而民事诉讼模式只是在有限的空间内发挥极小的作用,从而导致证券市场的参与者对证券侵权民事诉讼既不重视,也不惧怕。但与此同时,我国证券市场的侵权行为相比于证券市场建立之初并没有根本的转变,这也反映出,由于我国司法在证券市场作用没有得到充分发挥,已经对证券市场发展和投资者保护造成了很不利的影响。所以,完善我国的证券侵权民事赔偿制度,必须要从关键环节入手,以提高民事诉讼在证券市场损害赔偿救济体系和执法体系中的位置和作用为主要方向,加快诉讼模式的创新,取消现有的不合理规定和做法,改变司法救济缺位的现状。

二、证券侵权救济的特点分析

(一)证券侵权的特殊性

证券市场上的侵权行为,是指证券市场参与人违反法律规定故意或因过失实施的侵害其他证券市场参与人合法权益的行为,统称为证券欺诈行为。[①]证券侵权行为是现代市场经济社会才出现的商业侵权行为。证券市场本身是一个信息市场,虚假陈述、欺诈客户和操纵市场的本质都是利用信息来损害投资者的利益。证券市场的所有欺诈行为都和信息披露有关,因而证券侵权行为尽管表现形式不一,但也有他们本质上的同质性。[②] 由于以证券市场为代表的资本市场属于虚拟经济的范畴,其具有主体的广泛性、交易对方相对不确定性、法律允许适度投机等特点,因此证券市场上的侵权行为有显著的自身特点。

第一,侵权行为的结构发生了变化。传统侵权行为属于"一对一"的结构,侵权人和受害人也可能是复数,但都是特定的、具体的,比较容易确定;证券侵权行为的结构属于"一对多""多对多",侵权人虽然特定、具体,但受害人是不特定的,具有广泛性和不确定性,侵权人实施侵权行为亦不是针对具体的对象,证券市场所有的投资者都可能成为受侵害者。因为证券侵权行为大多是针对整个市场和不特定的投资人实施的,除了欺诈客户以外,虚假陈述、内幕交易、操纵市场这三类侵权行为都是针对整个市场的。虽然上市公司的某个阶段,其投资人的数量是可以计算出来的,但是侵权行为人并不是针对这些具体的投资人进行的,而是针对整个证券市场。那些特定的和不特定的、已经投资和将要投资的投资人,都是违法行为的侵权对象。因上市公司的股东人数众多,在发生证券侵权案件时,受害者也人数众多,且分布往往较广。

第二,侵权行为的内容发生了变化。传统侵权行为涉及的内容既有人身,也有财产,但在绝大多数情况下,一方受损,侵权人自己并未因此而获利,[③]因此,强调对受害人损害的补偿,在受害人放弃权利救济时,侵权人并未获得额

---

① 宋晓明:《人民法院对证券侵权民事责任的认定及处理》,载《人民司法》2006 年第 1 期。
② 刘道远:《证券侵权法律制度研究》,知识产权出版社 2008 年版,第 312 页。
③ 王利明等:《民法学》,法律出版社 2008 年版,第 696 页。

外的利益。证券侵权行为涉及的是单纯的经济利益，与人身、情感无关，且获取非法经济利益是侵权人实施侵权行为的内在动力，在权利人受损的情况下，侵权人将获得非法利益，如果受害人放弃权利救济，侵权人将获得额外利益。而且由于同一侵权行为的受害者众多，证券侵权行为造成的总的损害金额巨大。如果受害人都怠于主张权利救济，侵权人因此而获取的非法利益巨大，因此在法律制度上必须预防该种侵权行为的发生。

第三，侵权的损害后果性质不同、影响范围不同。传统侵权行为因为其结构单一，行为方式简单，损害后果无论是财产还是人身都比较清楚，容易认定，影响的亦是侵权人和受害人之间的现有利益关系分配，按照公平标准重新分配过去所发生的损害事件所造成的成本即可。证券侵权所造成的危害性往往具有双重性，既侵害特定的个人利益，又侵害社会的公共利益。证券侵权行为首先损害的是市场赖以存在和发展的基础——诚实信用原则，危害的是虚拟经济相对于实体经济所更加依赖的投资人信心，其次才是侵害了投资人的财产权利。① 证券侵权行为对单个投资者造成的损害可能较小，但同一侵权行为的受害者人数众多，造成的损失总额巨大，侵权人获取的非法利益巨大，因此，证券侵权事件影响的范围涉及整个证券市场。如果不能对整体损害有效处理，不仅当事人的个体损害得不到合理补偿，侵权人的侵权动机亦难以遏制和消除，并将导致侵权行为反复发生，危及证券市场的正常运行和健康发展。

第四，侵权人和受害人地位具有不平等性和缺乏互换性。实施证券侵权行为的往往是上市公司、中介机构及其管理人员，受害者则是数量众多而分散的中小股东，在证券市场中，这种地位上的实际不平等，并不会随着交易次数的增加而改变。因此，证券侵权行为的产生环境与传统侵权行为已经根本不同，相应的法律规范与理念也应当随之改变。近代民法是建立在平等性和互换性两个基本判断之上的，以形式正义为基本理念，以法的安定性为最高价值取向，近代民法模式集中表现为抽象人格、财产保护的绝对化、私法自治、自己责任；而在现代民法中，作为近代民法两个基本判断的平等性、互换性已经丧

① 宋晓明：《人民法院对证券侵权民事责任的认定及处理》，载《人民司法》2006 年第 1 期。

失,现代民法以实质正义为理念,以社会妥当性为价值取向,现代民法模式集中表现为:具体人格、财产所有权的限制,私法自治的限制,社会责任。① 现代的法律秩序恰恰是由近代法和那些对近代法进行修正补充的新的法律制度的双重规范结构组成的。整个私法体系似乎超越了保障个人自决的目标,而要服务于社会正义的实现。对公民生存的确保、对弱者的保护,即使在私法中也获得了与追随个人利益同样的地位。这样,被形式法所忽视的事实上的平等,得到了应有的关注。②

第五,认定证券侵权行为存在难度,起诉成本高。证券侵权行为的方式复杂、隐蔽,如虚假陈述必须通过某种载体得以实施。但由于虚假陈述承担民事责任的前提是"重大性",而重大性的认定标准世界各国也不尽一致。就内幕交易、操纵市场而言,尽管可以通过交易网络在线和离线连续追踪分析、广泛调查交易人员和资金背景等事实,但有时亦难以确认实施了侵权行为。因此,如何认定证券侵权行为已经成为目前世界性的难题。由于上市公司的组织活动比较复杂,起诉上市公司侵权的诉讼成本往往很高。与高昂的诉讼成本相比较,单个投资者得到的赔偿金额较小,致使其一般没有动力单独起诉证券违法行为人。③ 有报告选取2001年1月至2011年6月证监会对上市公司虚假陈述行为所作的133个行政处罚决定分析发现,无人提起民事诉讼的上市公司竟高达90家。④

(二)传统方式的不适应

民事侵权救济制度是建立在当事人意思自治基础上的民事侵权控制手段,奉行不告不理的原则。因此,影响民事侵权救济制度发挥有效作用的实际因素很多,其中,救济成本是权利人考虑的一个重要因素。对证券侵权损害的

---

① 梁慧星:《从近代民法到现代民法》,载梁慧星主编:《民商法论丛》第7卷,法律出版社1997年版。

② 叶金强:《范式转换:现代私法价值与方法的变迁》,载王利明主编:《中国民法年刊(2008)》,法律出版社2009年版。

③ 任自力等:《证券集团诉讼:国际经验 & 中国道路》,法律出版社2008年版,第29页。

④ 李林、田禾:《法治蓝皮书:中国法治发展报告NO.12(2014)》,社会科学文献出版社2014年版。

诉讼救济而言,由于一个侵权行为造成的损害由众多权利人承担,而每个人的损害大小不一,因此,救济成本成为主要影响因素,法律应当考虑的主要问题就是如何降低诉讼救济的成本。传统的诉讼方式是基于典型的民事权利受侵害而设计出来的救济规则,在该种情况下权利人一般有动力去寻求救济,但并不适合证券侵权这种现代社会才出现的现代型纠纷,因为证券侵权的众多受害人,基于救济成本等因素的考虑,并非都会有动力去寻求救济。

有学者将证券侵权行为等现代社会才出现的侵权行为称为非典型侵权行为、普遍性侵权行为,而将传统的"一对一"的侵权纠纷称为典型的民事权利侵害。① 实际生活中,民事权利的侵害还存在更复杂的情形,在这些情形中,对于权利人来说,侵权人是不确定的,或发现侵权人的成本过高,或者侵害行为对权利人造成的侵害远远低于权利人寻求救济的预期成本。在这种情况下,一方面,受侵害的权利人往往无法通过民事权利的一般救济渠道寻求救济,或通过一般救济渠道寻求救济使权利人得不偿失,因而权利人根本不愿意自己去承担成本寻求救济;另一方面,侵权人因侵权而获得的利益又相当高,在这种情形下,如果没有有效的控制机制,就会鼓励人们利用一般侵权救济机制的缺陷而采用隐蔽的或低标准分摊损害的方式实施侵权,并通过侵权而获得巨大的个人利益。② 在这里,侵权涉及众多人的利益,当某种侵权成为一种普遍的社会现象时,就可能演化为社会问题,因此必须加以有效控制。在现代经济生活中,这种现象是极为普遍的,证券侵权即属于上述复杂情形之一。

侵权法是以受害人为中心的法,充分救济受害人是侵权法的最重要的价值追求。所以,充分救济受害人的理念,不应因侵权行为的特点发生了变化而有所不同。因此,为了有效实现对证券侵权等现代产生的非典型侵权行为的救济,不仅需要实体法相关制度的完善,同时也必须创设出新的诉讼方式以体现侵权法以受害人为中心的基本理念。从实体法看,一般认为,现代侵权法的

① 许明月:《普遍性侵权、机会主义与侵权现象的法律控制——对传统侵权法的反思》,载《法商研究》2005 年第 4 期。

② 许明月:《普遍性侵权、机会主义与侵权现象的法律控制——对传统侵权法的反思》,载《法商研究》2005 年第 4 期。

归责原则经历了从单一的过错责任原则，到过错责任、过错推定责任和无过错责任三原则并存的过程。从此演化中，我们不难看出其着眼于受害人救济的发展路径。从救济程序看，私法奉行的不告不理原则决定了侵权并不必然承担责任，侵权人最终是否因侵权承担责任，以及承担什么样的责任，取决于受害人是否提起诉讼以及提出的诉讼请求。因而，受害人是侵权诉讼的中心，离开了受害人（原告）的起诉和参与，侵权诉讼无从发动、无从进行。为便于受害人及时、足额获得补偿，现代民事诉讼法建立了举证责任倒置、简易程序、代表人诉讼等制度。可见，不论是侵权实体法的立法目的和主要制度内容，还是侵权诉讼程序的启动，以及程序运作过程中原告的权利赋予等各种制度设计，都是以受害人为中心。①

证券侵权行为的发生及其救济，在本质上就是如此。因此，对其造成的后果进行分割处理，显然不符合纠纷产生的形态。如果是因为传统诉讼模式的限制而不得不如此，那么就应当探索与此相适应的新的诉讼模式。事实上，传统的诉讼模式也正是基于传统的纠纷产生形态而设计出来的，所以，它不适合证券侵权这种现代型纠纷是很自然的事情。既有的诉讼原理和诉讼模式反映的不过是过去的规律性认识，它并不能预知未来发生的不同于过去的那些事物。现代社会中，传统纠纷与现代型纠纷并存，各自的发生领域不同，传统的诉讼原理和模式仍然有其适应的范围，新的诉讼原理和诉讼模式的产生，不过是整个纠纷解决原理体系中的新元素，并不会取代既有的诉讼原理和诉讼模式。因此，如果新的诉讼模式看起来与既有的诉讼模式有什么不同，也不是什么颠覆或者突破，而是现代型纠纷的出现导致必然要有一种新的诉讼理论和诉讼模式与其相匹配，传统的与新型的并非相互排斥，而是相互融合，共同发挥有效应对社会纠纷解决的作用。因此，群体诉讼制度只是对传统诉讼制度的发展，而不是对后者的否定，这种发展主要体现在技术层面。技术层面的变化则反映了传统的诉讼程序不适应新型权利损害救济的需要，但两者的目的都是有效救济受到侵害的权利，只是因为纠纷的产生形态发生了变化，相应的

---

① 刘水林：《风险社会大规模损害责任法的范式重构》，载《法学研究》2014年第3期。

诉讼技术必然发生变化，否则难以有效解决纠纷，保护权利。

（三）证券市场的复杂性

我国证券市场诞生于计划经济体制向市场经济体制转轨的初期，证券法具体制度设计更多地考虑了如何发挥资本市场筹集资金、配置资源的发展型功能，①而与保护投资者利益相配套的机制和制度建设相对薄弱。我国证券市场的形成特点及投资者法律保护制度的不完善，决定了证券侵权纠纷的处理在我国具有高度政策性和社会敏感性。加之证券侵权纠纷本身所具有的特殊性，三方面因素的共同作用，造成了我国当前证券侵权赔偿救济的困境。

我国证券市场是在"新兴加转轨"的特殊背景下，由行政力量主导、推动和培育而超常规地产生和发展起来的，属于强制性的制度变迁。有学者指出，虽然经过20多年的迅速发展，我国证券市场仍然属于新兴的转轨市场，表现在：首先，证券市场规模仍偏小，市场发育不充分。其次，政府在证券市场的发展中发挥着主导作用。政府在证券市场的建立、管理和决定发展规模上，都无可置疑地发挥着主导作用。最后，证券市场还存在种种非规范化的现象。② 在法律责任制度方面，就体现在证券立法中重公法责任而轻私法责任，尤其是不重视民事赔偿制度实现机制方面的规范建设。这是我国司法难以充分对证券市场投资者遭受的侵权损害进行有效救济的制度原因。

证券民事赔偿纠纷这种现代型的群体纠纷往往涉及多方利益，诉讼的结果是多方利益主体博弈的产物，处理这一类纠纷不得不考虑所处的利益环境，这在世界各国都是一样的。就我国而言，证券市场发展之初，在为国企融资服

---

① 当时的专业银行目标混乱，职责不清，管理制度又很不完备，导致信贷资金大量流入灰市和黑市。一方面，银行的坏账和不良资产越来越多，金融体系蕴藏的问题也在暴露。另一方面，由于国有企业改革没有进展，在20世纪90年代初出现了"三分之一亏损，三分之一虚盈实亏，三分之一盈利"的尴尬局面，因此国有企业资金最为紧缺。在这样的背景下，中国的股票市场开始出现。1990年12月19日，上海证券交易所正式开业；1991年7月3日，深圳证券交易所正式开业。两所的成立标志着中国证券市场开始形成。在中国股市建立后的相当长时间里，管理部门提出了"证券市场要为国企服务"的方针，为企业、首先是为国有企业融资成为中国股票市场的基本功能。参见吴敬琏、马国川：《重启改革议程——中国经济改革二十讲》，生活·读书·新知三联书店2013年版，第175～176页。

② 周友苏：《新证券法论》，法律出版社2007年版，第22页。

务、减轻国家财政压力、转移国有银行风险的目标之下,我国证券市场股权结构中国有股占主导地位,相关市场制度设计也大多以国有主体利益为本位,奉行国有利益优先原则。证券市场的这种利益格局,导致现有的制度设计本身就偏离了投资者利益保护的应有宗旨,也致使司法机关在处理证券侵权纠纷中,过多地考虑了上市公司的利益保护以及证券市场的稳定发展需要,并未将对投资者利益的司法保护置于应有的地位。从最高人民法院 2001 年发布的《关于涉证券民事赔偿案件暂不予受理的通知》中,我们也可以看出法院因为证券市场纠纷所涉利益的复杂性而不愿意介入的心态。

因此,比较而言,我国对证券侵权赔偿救济的真正难点,并不在于上述证券侵权纠纷的特殊性以及由其带来的案件审理难度的增加,即并不在于我国证券侵权赔偿制度本身的不完善和证券侵权纠纷本身的性质,而在于我国证券市场的行政主导。对证券市场产生的民事纠纷,法院考虑到其高度敏感性与政策性,以及相关法律依据的缺乏,不愿意轻易踏入行政管辖之地,更不愿意通过大规模诉讼的方式对证券市场施加压力或者造成影响。因为基于立法的不完善和证券侵权认定的复杂性等实际因素,司法人员普遍担忧以集团诉讼的方式处理证券侵权案件会影响审判工作的顺利进行,对证券市场的正常秩序和社会的稳定也会产生较大影响。这一方面说明,选择我国证券群体诉讼的合理方式不仅要考虑证券侵权纠纷的特点以及受害者救济的实际需要,更要注意到我国证券市场的特点。各国对证券市场侵权纠纷的处理方式无不体现了该国证券市场的特点,特别是与该国证券市场的自身特点和执法方式密切相关。从另一方面来看,我国证券法的现有理念和制度安排,也应当随着我国证券市场的进一步发展而朝着更加注重投资者利益保护的方向改变,并对侵权赔偿责任进行更加丰富和细化的规定。只有这样,证券市场的投资者才能得到有效的赔偿救济和切实的司法保护。

三、证券侵权救济的诉讼方式创新

(一)有效救济投资者的需要

在一个理想的情景中,当证券侵权行为频出不穷时,分散的投资者就应当联合起来采取集体行动,每当遭遇欺诈行为时就积极地追究侵权者的民事赔偿责任。如此一来,侵权者实施欺诈行为就会得不偿失,其从事违法侵权行为的动力也就会大大降低。但实际上,这种理想化的集体行动不太可能发生。其中原因很多,如投资者对个案胜诉概率的预期不明确、举证能力欠缺、个案诉讼成本高于诉讼收益等。问题的根源就在于,证券侵权民事赔偿救济具有不同于传统民事赔偿救济的特点,依照传统的诉讼方式,难以有效实现对证券侵权民事赔偿的全面救济。原因在于:证券侵权造成的损害属于扩散性损害,一个侵权行为同时造成众多投资者权利受损,但每个投资者遭受的损害金额不是太大,鉴于证券诉讼的复杂性,不是每个投资者都会起诉侵权者,此外,单独起诉成本太高,且只能救济个体损害;共同诉讼难以组织,无法有效提起,且共同诉讼难以容纳所有当事人参加,诉讼效率不高,在传统诉讼方式下,诉讼救济的意义和作用仅限于具体当事人之间,这对遭受同一侵权行为的、未提起诉讼的其他受害投资者不公平;对被告来说,其因传统诉讼模式的不足而实际通过侵权行为获得的非法利益,逃避本应承担的赔偿责任,有违社会的公平正义观念。因此,只有改变传统诉讼方式,实现对全体受害投资者的整体救济,才能消除证券侵权所造成的不公平社会现象。

侵权责任法的实体和程序规定的设计应当以受害人的救济为中心,受害人的状况和地位发生了变化,对其救济的诉讼模式也应当发生变化,以适应该种变化,实现有效救济。传统的诉讼模式是基于传统的侵权行为及当事人结构设计出来的,而证券侵权行为具有不同于传统的侵权行为的特点及结构,传统的诉讼模式难以有效解决证券侵权行为产生的损害赔偿问题。因此,提供便利的诉讼提起或者诉讼参加机制,就证券侵权行为的受害人通过诉讼渠道救济自己的权利而言,不仅是必要的,而且是最基本的条件。如果没有一种不同于传统诉讼的、适应证券侵权损害救济要求的新的诉讼模式在,那么不管实体法对该种权利的保护如何周密,都无法落实到诉讼救济中去。因为,受害人基于理性的考虑和成本的计算,往往会无奈地选择放弃通过诉讼途径救济其受损的权利。由此造成的后果,不仅是当事人自身利益受损,法律的权威、市场秩序也无法正常建立。

我国证券市场投资者因侵权行为遭受的损害难以得到救济的事实影响了投资者对我国证券市场的信心,危及证券市场发展的基础,已经引起了各方的高度重视。事实也表明,我国现行的证券诉讼模式不利于投资者的利益保护,并远远不足以遏制上市公司的非法行为。投资者的信心是证券市场发展的基础,如不能通过创设合理的诉讼模式对投资者权利提供有效救济,我国证券市场的壮大发展也将因丧失基础而不可能实现。

虽然证券侵权民事赔偿的救济还有其他方式方法,我国也在积极探索中,但尚无明显成效,而且诉讼救济是其他救济的最终保障,也是证券侵权赔偿的基本救济方式。在其他救济方式不能满足需要时,诉讼救济可以为投资者的救济需求提供最具有法律效力的救济方式。就目前而言,我国投资者遭受的侵权民事损害也很难通过其他方式得到有效的救济,诉讼是目前最主要的救济方式。鉴于我国现行证券侵权民事救济方式的不足,侵权者只要逃过了行政监管和刑事制裁,几乎就可以不用对受损的投资者实际承担法律规定的巨额赔偿责任。因此,在现有诉讼模式下,很容易导致侵权人逃避其应承担的损害赔偿责任,并且可以从侵权行为中获取非法利益。如此,不但投资者损害得不到有效救济,证券侵权救济制度的法律功能也无法实现,不利于证券市场侵权行为的预防和控制,不利于投资者保护理念的落实。因此,构建合理的诉讼救济方式十分紧迫,直接关系到投资者遭受的损害能否得到有效救济以及证券市场合法秩序的维护问题。

(二)实现证券法理念的要求

保护投资者利益是证券法的核心理念和基本价值追求。在证券侵权行为发生后,如何及时有效实现侵权人对受害人的赔偿,是证券侵权赔偿法律制度应当包含的重要内容,也是实体法规定证券侵权损害赔偿责任的目的所在。如果缺乏合理的诉讼模式,证券法等实体法的规定再完备,设计得再好,对投资者利益保护的考虑再周全、细致,其作用和意义也难以得到充分体现。因为它无法具体实施,侵权者也无须对其造成的损害予以赔偿,证券侵权民事责任无法“兑现”,所有好的理念和规定也因此只能停留在纸面上、书本中。

由于证券侵权的特殊性,传统诉讼模式无法实现对同一侵害事件造成的损害通过一个程序予以同时救济,侵权损害后的后果难以消除,公众对证券市场的信心难以恢复,所以要求设计出适应证券侵权特点的诉讼模式。因此,诉讼方式是证券侵权赔偿法律制度的有机组成部分,证券侵权赔偿诉讼方式的合理性根植于证券侵权赔偿制度本身,我们必须从证券侵权赔偿制度的内容和特点本身来探究其外在的实现形式,即诉讼模式。诉讼模式的创新是有效解决证券侵权赔偿的必然要求,必须围绕证券侵权行为的特点,以投资者损害的有效救济为中心进行设计。

诉讼方式是实现证券法的理念和具体规范的技术工具。虽然诉讼方式表现为诉讼法的问题,其根源却在于证券法的理念及具体规范,诉讼方式只是透过当事人的起诉和法院的审理,将证券法的理念和具体规范具体呈现于社会。离开对证券法理念和具体规范的分析和把握,探讨证券侵权救济的诉讼方式选择和完善,无异于将证券侵权纠纷当作普通的民事纠纷以及一般的群体性纠纷,将传统的个案诉讼和共同诉讼当作现代社会才出现的群体诉讼模式。因为传统的诉讼模式正是建立在对过去社会一般民事纠纷解决的经验总结及理性认识的基础上,而证券侵权纠纷是现代社会才出现的新型纠纷,对其纠纷解决机制的经验总结及理性认识尚在进行当中,并没有形成如传统民事诉讼那样的统一的原理和规则。因此,证券侵权引发的群体性纠纷的解决,目前并没有统一的原理和规则可资遵循,必须从该纠纷特征、性质及实体法理念和规范出发,在诉讼法理的指引下,结合司法实践中的诉讼形式和存在的问题,进行具体的探讨。也可以说,证券侵权赔偿的诉讼模式创新并不只是一个司法政策的选择问题,或者说是一个诉讼法上的问题,从根本上说,其应当是一个立法政策的选择问题,或者说是一个证券法上的问题。因此,如果我们将证券侵权赔偿诉讼模式的研究视野延伸到证券法这一实体法领域,就会发现,我国证券法学者对证券法理念和规范上存在问题的分析,不仅能够为证券法的修订完善提供帮助,也能很好解释我国证券侵权赔偿诉讼模式存在不足的根源所在。

根据证券法理论,保护投资者利益是证券市场监管的基本出发点。因此,市场经济条件下对股票市场行政监管的主要内容是合规性监管,目的就在于通过强制性信息披露制度,缓解信息不对称的问题,使投资者在作出决策时有所依据。但是,我国把行政性审批作为主要的监管内容和手段。① 这种理念的偏差直接导致了我国证券法在民事责任制度和法律救济方式的规定上未予足够重视。现阶段,随着我国进入后股权分置时代,资本市场的市场化趋势已是必然。这就要求把证券监管理念从原先带有强烈计划色彩的控制风险思路转向遵循市场运行规律的揭示风险的思路,把预防和惩处市场不当行为作为主要目标,切实保护投资者利益。② 因此,在证券法理念转变过程中,必须通过诉讼方式的创新,加大对受害投资者诉讼救济的力度,以充分实现投资者保护优先的证券法理念。

客观来看,我国证券市场建立的时间不长,投资者保护法律制度的建立完善和有效实施都需要一个较长的过程。我国现行证券法的有关制度安排及所反映的立法理念与投资者保护的要求还有较大差距,在具体制度方面表现为公法规范远远多于私法规范,民事赔偿制度的内容还很单薄,不能适应有效救济投资者损害与规范证券市场行为的需要。由此决定,我国证券法的立法理念和制度设计都需要从现在的企业本位向投资者本位的应有定位上转变,在证券法中大幅增加证券民事赔偿制度的法律规范,保障民事赔偿制度的有效实施。应当看到,在2005年修订后,我国现行的《证券法》正面临重大修改,侵权赔偿法律制度的完善和实施对证券市场发展的积极作用得到了我国政府和社会各界更多的关注和重视。而2019年修改的背景是,国家对资本市场重大作用的认识愈加深刻,对发展资本市场的需求愈加迫切,对投资者权益保护的重要意义也愈加理解。我国现在正着力推进的经济转型和改革对于资本市场的建设有着较强的依赖。无论是混合所有制改革、传统产业的大型化和转型升级以及新兴产业的产业整合,还是通过直接融资体系的发展降低社会融资成本等改革目标的推进,都依赖于一个活跃的资本市场,以及在这基础之上的资本市场改革推进。可见,我国当前的国家政策对于资本市场的活跃与发展

---

① 吴敬琏、马国川:《重启改革议程——中国经济改革二十讲》,生活·读书·新知三联书店2013年版,第177页。

② 陈洁:《证券法变革与走向》,法律出版社2011年版,第7页。

有着较强需求。因此,我国政府对证券市场加快发展所表现出来的前所未有的重视以及法治建设的全面推进,为投资者保护理念的落实和证券侵权救济制度的完善提供了难得的契机和政策基础。

我国现行的通过司法解释确立的证券侵权诉讼模式,不仅未在传统诉讼方式的基础上根据证券侵权纠纷自身的特点和证券侵权损害赔偿制度功能实现的需要有所创新,反而基于证券侵权纠纷的专业性和复杂性增加了当事人提起诉讼的条件。如前分析,该种司法政策与保护投资者的证券法应有理念是背道而驰的,并不符合证券侵权纠纷的特点,是建立在对证券侵权纠纷与传统纠纷未予区分的认识基础上的,也不符合证券侵权民事赔偿责任确立的价值追求,不利于证券侵权救济制度法律功能的实现,缺乏合理性和正当性。我国证券市场的不断发展和壮大,必须走市场化和法治化的道路,也必须以投资者利益的有效保护为基础,这就要求在制度建设上一定要以保护投资者利益作为首要宗旨和根本任务。任何以维护证券市场稳定发展为由,对投资者的利益保护只停留在法律规定层面而不是法律实施层面的做法,愈来愈不合时宜,亦愈来愈成为证券市场向前发展的阻力,应当尽早予以改变。

(三)诉讼方式创新中的难点

证券侵权救济制度的完善是世界各国证券市场发展中普遍会遇到的难题。证券市场既为公司提供融资机会和场所,又为投资人根据公司资产净值和资产增值、逾期盈利和分红等提供投资和适度投机的机会和场所;同时它具有交易市场的交易对象不特定等特征,这就决定了在我国乃至世界各国建立和完善证券侵权民事责任制度具有相当大的难度。这些困难表现为对侵权行为的认定和承担民事责任的标准、确定投资损失与侵权行为之间的因果关系、各类侵权行为人的民事责任、赔偿范围和损失计算、诉讼方式等。① 证券侵权民事赔偿的实现也因此成为各国证券市场发展中都遇到的共同难题,需要各国结合自己的国情和实际需求探索其诉讼模式。鉴于受害者人数众多的特点,要在一个诉讼程序内实现对全部损害的救济,在诉讼原理方面必然要求对

① 李响、陆文婷:《美国集团诉讼制度与文化》,武汉大学出版社2005年版,第225页。

传统诉讼原理的合理突破。对合理突破的认识,因为各国司法制度、诉讼文化等因素的不同,很难形成一致的意见,世界其他国家和地区也一直在不断探索之中,也因此形成了不同的证券群体诉讼模式,各种模式的功能效果也存在较大差异。从技术层面看,鉴于证券侵权行为的特点,要实现对证券侵权民事赔偿的有效救济,让侵权者就其造成的全部损害承担赔偿责任,使每个投资者的损害都能得到合理补偿,需要在程序规则的设计上处理好以下三对平衡关系。一是要处理好个体权利保障与司法效率提升的关系;二是要处理好激励起诉与抑制滥诉的关系;三是要处理好当事人诉讼自主与法院监督的关系。因此,证券侵权民事赔偿诉讼模式的合理选择和具体规则的科学设计,即使单纯从技术角度考虑也绝非易事。

只有在不考虑时间、费用、司法资源、当事人人数、沟通等问题的完美世界里,集体诉讼中的一些办法才会失去意义。但是,在考虑公平正义时,也需要考虑争取公平正义所花费的时间和费用。① 因此,在群体诉讼中,投资者诉讼权利的行使也应当与单独诉讼中的有所区别,对投资者个人诉讼实施权的合理限制并无不妥,其目的是促进整体救济效率的提升,保障群体诉讼的目的实现和诉讼的正常进行。

群体诉讼的复杂化以及众多实际权利人不能实际到庭行使诉讼权利的事实,要求法院改变传统诉讼模式下的角色和定位,加强对群体诉讼案件的管理。法院对群体诉讼的管理权限主要体现在两个环节:一是要对是否采用群体诉讼方式处理涉及众多权利侵害的案件作出决定,但是,法院不能以群体诉讼过于复杂、诉讼效率不高而拒绝适用,因为投资者损害的一体化救济优先于群体诉讼给法院带来的案件管理上压力和难度;二是在群体诉讼案件处理过程中负有管理责任,主要体现在对诉讼代表人诉讼行为的全程监督以及对未出庭成员利益的保护方面,以保障群体诉讼的有效运行及群体诉讼的目的实现。由于群体诉讼所涉利益的复杂性以及其对具体案件是否适用具有裁量性

---

① B. Kaplan, *Continuing Work of the Civil Committee*: 1996 *Amendments of the Federal Rules of Civil ProcedureI*, 81 Harv. L. Rev. 356, 389 - 90 (1967); 相反观点见: M. J. Davis, *Toward the Proper Role for Mass Tort Class Actions*, 77 OregonL. Rev. 157, 159ff (1998)。

而非必然性的特点,从其他国家和地区的群体诉讼实践来看,法院拥有强大的管理权限和广泛的自由裁量权是群体诉讼得以正常运行的基本条件和根本保障。

证券侵权的诉讼救济本身具有复杂性,不仅直接涉及当事人之间私法上的利益关系,也会对证券市场侵权行为的预防和控制、证券法律制度的具体实施产生作用,会影响证券市场的各方参与主体的切身利益。因此,如何平衡证券侵权赔偿群体诉讼中的私人利益和公共利益,对立法机关和主持诉讼救济的法院而言,都是个巨大的挑战,只有设计出能够有效满足受诉讼影响的各方主体的合理需求、具有包容性的群体诉讼制度,诉讼的提起和推进才不会受到阻力,法院才能有效实施对诉讼的管理和监督职权,诉讼的价值才能得到体现。群体诉讼制度在整个证券侵权救济法律制度体系中处于关键位置,意义重大。从各国的实践经验来看,不同的证券侵权救济方式,对证券市场各方参与主体的利益影响有很大的不同。因此,对诉讼模式的设计和选择,也反映出立法者在对证券市场利益衡量上的不同取舍。各国诉讼模式的合理设计,必然需要从本国证券市场的实际情况和法律规定出发,满足各方利益主体的合理需求,而不能只以其中一方利益需求的满足为标准。

综上所述,诉讼方式的合理选择和设计,已经成为我国证券侵权救济法律制度完善中的“瓶颈问题”“攻坚环节”,具有重要的理论研究和实践价值,其对我国证券市场投资利益保护的重要性和根本性不言而喻。

第三章　证券侵权救济的多种群体诉讼模式

一、群体诉讼制度概述

（一）群体诉讼的概念

面对频繁出现的证券侵权群体性纠纷，探索运用群体性诉讼解决机制予以救济，是我国法学界和司法界当前共同关注和研究的重要课题。但是，群体诉讼的概念本身就是一个颇有争议的问题。① 笔者比较赞同的一个说法是，群体诉讼也称多数人诉讼、集体诉讼，不是一个专门的法律术语，并非指某一个具体诉讼形式和制度，而是对一类诉讼现象的描述。凡是一方

---

① 群体诉讼也称多数人诉讼、集体诉讼，不是一个专门的法律术语，并非指某一个具体诉讼形式和制度，而是对一类诉讼现象的描述。凡是一方或双方当事人人数众多的诉讼都可以称为群体诉讼。集团诉讼有广义和狭义两种。广义上的集团诉讼是指各类群体性诉讼，与集团诉讼和群体诉讼等概念同义。法学界在狭义上使用集团诉讼的概念，一般特指美国的集团诉讼（class action）或与此相似的制度。英美民事诉讼法学界对狭义的集团诉讼的界定为：集团诉讼，是一个能够使多人对同一被告的诉讼请求（或部分请求）在同一诉讼程序中得以判定的法定程序（参见王福华：《变迁社会中的群体诉讼》，上海人民出版社 2011 年版，第 66 ~ 67 页；张卫平：《诉讼架构与程式——民事诉讼的法理分析》，清华大学出版社 2000 年版，第 316 页）。本书在广义上使用集团诉讼，与群体诉讼概念同义，但有时也特指美国的集团诉讼，请读者根据语境注意区分。

或双方当事人人数众多的诉讼都可以称为群体诉讼。① 从世界范围来看,各国对于群体诉讼的态度、政策、制度设计和实践千差万别,显示出一种多元化的趋势。最典型的立法例有美国的集团诉讼、德国的团体诉讼、②日本的选定当事人诉讼制度③以及我国的代表人诉讼制度。④

从理论上来看,群体诉讼是现代型诉讼的一种类型。现代型诉讼是指以解决现代型纠纷⑤为任务的诉讼程序,通过诉讼一次性解决现代型纠纷的处理方式。现代型诉讼的内涵包括两个方面:第一,现代型诉讼是伴随对传统民事诉讼框架与构造的冲击和反思而出现的一种崭新的民事诉讼理念和相关的程序制度安排。它具有区别于传统型民事诉讼的诉讼构造及独特的法律功能、社会功能和政治功能。第二,它是现代社会才出现的一种新诉讼形式。现代型诉讼是诉讼法上专用术语,仅为法律人所用,意指第二次世界大战后的诉讼形式,这种诉讼形式是现代才出现的有别于传统的新型诉讼。现代型诉讼并非一种完全有别于传统经典民事诉讼程序的纠纷解决方法,只不过是对传统

---

① 王福华:《变迁社会中的群体诉讼》,上海人民出版社 2011 年版,第 47 页。

② 所谓团体诉讼,是一种赋予某些团体诉讼主体资格和团体诉权,使其可以代表团体成员提起、参加诉讼,独立享有和承担诉讼上的权利义务,并可以独立作出实体处分的专门性制度。团体诉讼是欧洲最具代表性的群体性救济机制,长期以来,一直被这一领域的学者作为与美国集团诉讼制度同等重要的制度模式来关注和考察。我国学者对德国团体诉讼的研究比较深入和系统。但是,群体诉讼是一种有着先天缺陷的群体性救济方式。参见吴泽勇:《德国团体诉讼的历史考察》,载《中外法学》2009 年第 4 期。在德国,团体诉讼并不适用于证券市场欺诈行为引发的投资者损害赔偿诉讼。故鉴于本书研究主题,本书对德国的团体诉讼不作专门介绍。

③ 日本的选定当事人制度是指在有共同利益的多数人进行诉讼的情况下,可以选定一人或数人,为选定人及被选定人全体起诉或被诉。换言之,选定当事人就是由多数当事人中选定其中一人或数人,在诉讼上为当事人,其余当事人不参与诉讼,而确定的判决效力仍及于全体,以达诉讼经济目的。在性质上,选定当事人制度实际上是为法律所明文承认的任意诉讼担当的一个具体表现,其具有两个优点:一是可以起到简化诉讼程序的功效;二是促进了当事人单一化。参见王福华:《变迁社会中的群体诉讼》,上海人民出版社 2011 年版,第 59 ~ 61 页。鉴于本书研究主题,本书对日本的选定当事人制度不作专门介绍。

④ 王福华:《变迁社会中的群体诉讼》,上海人民出版社 2011 年版,第 13 页。

⑤ 现代型纠纷,也称为现代型诉讼事件,是指现代社会,产业的规模化导致交通事故、环境污染、产品责任、消费者权益纠纷等规模较大的诉讼事件。现代型纠纷涵盖了从民事纠纷、行政纠纷到宪法型权利纠纷等权利救济领域,这是一个全球范围内的发展趋势,现代型纠纷的特点是:讼争利益的公益性、讼争主体的群体性、纠纷影响的社会性、纠纷双方非对等性。参见王福华:《变迁社会中的群体诉讼》,上海人民出版社 2011 年版,第 3 ~ 13 页。

民事诉讼进行了局部的、机能方面的调整，绝非革命性地颠覆了传统民事诉讼的体系和构造。现代型诉讼最显著的优势，在于诉讼经济和司法资源的节约。①

有观点认为，集团诉讼②主要有4种形态。(1)集团的全体成员都作为原告参加诉讼(共同诉讼)；(2)只有一部分集团成员充当原告，由他们在法律上代表其他未直接参加诉讼的成员(诉讼代表)；(3)一部分成员作为原告和其他成员之间没有法律上的代表关系，但可以期待他们进行的诉讼能够给其他成员带来某种共同的法律效果(所谓实验性诉讼或典型诉讼)；(4)集团本身作为一个统一的原告提起诉讼(团体诉讼)。这4种形态一方面各有独立功能，并可能同时并行；另一方面在功能上又存在一定的相关和交叉，可能通过取长补短在一定程度上相互替代。其中第3类则更多属于一种诉讼效果的扩张功能，未必以集团诉讼的形式或制度表现出来，但是对于理解集团诉讼的功能和价值具有重要意义。③

(二)群体诉讼的特征

学者将集团诉讼的特征概括为以下几个方面：(1)集团性。当事人人数众多是集团诉讼最典型的特征，人数众多一般是指当事人事实上不可能全部参加诉讼。建立集团诉讼制度的目的是解决群体纠纷。为有着相同法律问题和事实问题的当事人提供法律救济是集团诉讼最重要的目的。(2)当事人结构的复杂性。一般认为，集团诉讼人数众多的当事人一方既可能是原告也可能是被告。现代集团诉讼事实上主要是指原告一方人数众多的诉讼。(3)集团的拟制性。在一般情况下，集团诉讼的当事人并非一个事先存在的实体，而是为了进行诉讼临时组织起来的，仅仅是被法律所虚拟的程序意义上的诉讼团

---

① 王福华：《变迁社会中的群体诉讼》，上海人民出版社2011年版，第13～14页。

② 此处的集团诉讼是广义概念上的，与群体诉讼的外延一致。集团诉讼有广义和狭义两种。广义上的集团诉讼是指各类群体性诉讼，与集团诉讼和群体诉讼等概念同义。法学界在狭义上使用集团诉讼的概念，一般特指美国的集团诉讼(class action)或与此相似的制度。目前世界上英国、加拿大和澳大利亚等国家也有与美国相似的集团诉讼，除美国之外的普通法系国家，一般在立法上将集团诉讼正式称为代表人诉讼(representive litigation)，无论是立法术语，还是具体的制度设计(如登记或退出方式，和解或判决效力扩张等)都与美国有着重要区别。

③ 王福华：《变迁社会中的群体诉讼》，上海人民出版社2011年版，第68页。

体。作为一个临时的组织,它随着诉讼的终结而自然终结。(4)权利实现的间接性。首先,在集团诉讼中,由于当事人人数众多,所有集团成员不可能均参加诉讼,必然由一人或数人代表全体成员实施诉讼行为。未能参加诉讼的集团成员的权利就需要通过代表人得以实现,即权利实现的间接性。其次,权利实现的间接性对于每个当事人而言,一方面放弃了个别作出实体处分和参与诉讼过程的权利;另一方面则免除了自身参加诉讼、承担举证责任等各种义务和负担;同时需要受诉讼结果的拘束。再次,通常诉讼代表人应有全体当事人的授权,授权方式既可以通过积极参加和明示授权,也可能通过推定的方式获得授权。美国集团诉讼特有的方式是代表人不经授权即可代表全体成员提起诉讼,但这一方式并未被多数国家的集团诉讼制度所接受。最后,在不同类型的集团诉讼中,代表人权限和行为能力也各有不同。由此也决定了全体当事人与该诉讼的关系的紧密程度——代表人权限越大则每个当事人的处分权就越小,甚至可能完全转移给代表人而基本失权。在美国集团诉讼中,实际上案件的整个运行过程和权利处分完全由集团律师掌握,当事人则成为一个抽象的符号。(5)集团利益的共同性。集团诉讼的适用实际上也与共同诉讼有同样的操作标准,诉讼标的是否具有法律上的共同性或关联性直接关系到能否适用集团诉讼的问题,也是区别对待集团诉讼限制或鼓励政策的关键环节。(6)判决效力的扩张性。集团诉讼中,法院的判决不仅对代表人和其他出庭参加诉讼的当事人具有约束力,而且对未出庭的当事人,甚至潜在的当事人都具有约束力。这是集团诉讼与共同诉讼的一个重要区别。但是,根据制度设计和司法体制以及既判力作用的不同,判决效力扩张的方式和程度也迥然各异。从实际作用来看,现代集团诉讼主要是指具有给付性的小额多数当事人的侵权诉讼,判决效力扩张的意义在于其他当事人可能援引判决获得同等的赔偿、补偿或其他利益;败诉被告则必须对全体可能存在的被害人支付赔偿或补偿,因此将遭受严厉的制裁。集团诉讼判决效力扩张的另一个结果是可能起到阻断再次启动同类诉讼的作用,这是美国在 20 世纪 80 年代后所谓“和解型集团诉讼”中出现的新趋势。这表明集团诉讼判决效力扩张实际上也可能起到保护被告的作用。但这种“和解型集团诉讼”也引起了公众的质疑,有人认为这种和解实际上并不利于受害人权利救济和保护。我国代表人诉讼由于代表人不拥有独立的和解处分权,同时调解协议的效力也不能扩张,故不存在这样的问题。[①] 由于世界各国具体制度设计理念和技术迥然不同,所追求的价值取向和功能也各有侧重,因此,并非所有的制度都同时具有上述特点。在一些国家,集团诉讼的特殊性质和功能凸显,逐步发展为与传统民事诉讼完全不同的纠纷解决方式。[②]

(三)群体诉讼的目的

群体纠纷的解决形式由诉讼的目的决定,有什么样的诉讼目的便有与之相适应的诉讼形式。[③] 群体诉讼的目的直接决定了群体诉讼程序规则的差异,是各国群体诉讼规则设置和选择的"指南针"。各国群体诉讼的具体构造之所以会存在差异,实践效果之所以不同,与各国对民事诉讼的目的认识和创立群体诉讼的目标追求不尽相同有着直接的关联。

民事诉讼制度的目的,是指人们在设计民事诉讼制度时,要求或期望该制度达到的目标。目的从另一个角度讲,就是追问人们设计和建立民事诉讼制度的最基本理由或需求。尽管目的是人们主观上的反映,但目的的设定和实现必须以客观世界为前提。民事诉讼制度目的的设定也同样如此,人们不应随便地设定不现实的目的。民事诉讼制度的目的应当是相对单一的,一旦人们设定了过多的目的,实际上也就相当于没有目的了。[④] 探讨民事诉讼制度目的的意义在于:第一,任何制度的设立和建立都是人们有目的的理性行为的结果,厘清制度设计和建立的目的,有助于更好地运行该制度。第二,制度总是由若干规范构成的,这些规范本身以及这些规范的搭建和组合应当与该制度的目的整合,否则必然导致不亲和甚至是矛盾,从而影响整个制度的运行,以致无法达到制度设立的目的。第三,制度的目的与制度的完善有密切的关系,制度的结构与制度的部分构件的组合一旦与制度目的不一致时,就应该加以

---

① 王福华:《变迁社会中的群体诉讼》,上海人民出版社2011年版,第73页。

② 王福华:《变迁社会中的群体诉讼》,上海人民出版社2011年版,第68~73页。

③ 王福华:《变迁社会中的群体诉讼》,上海人民出版社2011年版,第92页。

④ 张卫平:《民事诉讼法》,法律出版社2009年版,第8页。

调整或调谐,以保持与目的的一致性。第四,人们设计制度时对制度目的思考是人们的主观认识,主观意识中的目的并不能替代制度本身应有的目的,对制度目的的研究有助于我们认识制度应有的目的,即目的设定的科学性问题,防止人们主观的偏识和臆想。①

民事诉讼目的论是大陆法系民事诉讼法学理论中的重要内容,学术史上,权利保护、维护私法秩序、纠纷解决、程序保障等代表学说相继占据了主流地位。普通法系国家,基于实用主义的考虑,对民事诉讼目的理论则鲜有关注,集团诉讼领域却是个例外。② 一个显著的事实是,普通法系国家大量集团诉讼的研究成果与目的论相关,或以此为基点或以此为归宿。集团诉讼目的论还影响了美国、澳大利亚、加拿大等普通法系国家的立法,他们的集团诉讼策略据此得以调整、制度得以优化。普通法系国家各集团诉讼立法例虽然在内容上差别很大,在诉讼目标设定上却是趋同的。面向社会弱者提供权利救济并缩短他们与法院之间的距离,使他们能利用这一制度,从而对实体权利施以及时、适当的救济,这被集团诉讼制度的设计者和操作者视为最根本、最核心的目的。③

群体诉讼往往被理解为接近正义的手段。当大规模的个体遭受损害,即便损害较小时,社会也希望通过必要的干预方便人们接近司法。如果小额纠纷涉及了大量民众,那么其影响必然是巨大的,提供诉讼救济本身也就具有了正当性。20 世纪 60 年代起,以美国为代表的集团诉讼在功能上逐渐分化为"纠纷解决"和"政策修正"两种模式,即除解决大型纠纷的固有功能外,集团诉讼还被赋予预防和防止公司违法行为的矫正功能。④ 但是,近几年来美国也开始对这个制度的行为矫正功能产生动摇,正是在这种背景下,总统布什于 2005 年年初要求国会限制石棉诉讼,理由是太多的美国公司无暇顾及生产而忙于这种琐碎的法律诉讼,这样会影响美国经济。⑤

---

① 张卫平:《民事诉讼法》,法律出版社 2009 年版,第 7 页。
② 王福华:《变迁社会中的群体诉讼》,上海人民出版社 2011 年版,第 150 页。
③ 王福华:《变迁社会中的群体诉讼》,上海人民出版社 2011 年版,第 151 页。
④ 王福华:《变迁社会中的群体诉讼》,上海人民出版社 2011 年版,第 159 页。
⑤ 王福华:《变迁社会中的群体诉讼》,上海人民出版社 2011 年版,第 162 页。

有观点指出，接近司法和司法效率是集团诉讼的根本目的，行为矫正或者对被告的震慑则是次要的目标。这样定位有利于在立法和实践中不超出实体法的界限去惩罚或者威慑被告，在实现纠纷解决的根本目的同时，兼顾对被告利益的保护。[①] 一些学者认为，行为矫正仅仅是集团诉讼的客观效果，将其预设为立法目的则不够妥当。英格兰法律委员会曾明确反对将矫正被告行为与批准进行集团诉讼两者联系起来考虑，其理由是集团诉讼尽管是多数人诉讼，但其"单一适当的目的"仍然是使集团获得赔偿。[②] 澳大利亚法律改革委员会也认为："集团诉讼在法律途径上的扩张可能导致在守法的情况下仍要承担更大的法律义务，结果会加大被告支付的金钱救济数量，而这对于提供法律规定的救济途径这一首要目的来讲只是附带的目的。"[③]

我国在1991年修改《民事诉讼法（试行）》时，将"便利众多当事人进行诉讼，便利人民法院审理这类案件"确定为我国代表人诉讼制度的立法目的。[④] 对此立法目的，有学者评价认为，"两便原则"对明确我国代表人诉讼制度目的之策略虽有一定的立法指导意义，但这一目的停留在这样过于原则的层面是远远不够的。"两便原则"无法在立法上指明如何协调群体诉讼制度中各方的利益，以及诉讼中如何处置审判权和诉权之间的关系。[⑤] 代表人诉讼目标的模糊不清，降低了法院化解群体纠纷的能力，使有限的司法资源难以适应现代群体纠纷的解决。[⑥]

虽然各国在群体诉讼制度的设立目的上存在差异，但总体来看，群体诉讼只是对传统诉讼制度的发展，而不是对后者的否定，这种发展主要体现在技术层面，而不是价值层面。在学术界关于群体性诉讼的理论研讨中如何兼顾新型诉讼的要求和当事人基本权利的保护，也是学者关注的焦点。[⑦] 所以，我们

---

① 王福华：《变迁社会中的群体诉讼》，上海人民出版社2011年版，第162页。

② Scottish Law Committee Report[2.23].

③ Australian Law Reform Committee Reorpt[67][323].

④ 王福华：《变迁社会中的群体诉讼》，上海人民出版社2011年版，第168页。

⑤ 王福华：《变迁社会中的群体诉讼》，上海人民出版社2011年版，第169页。

⑥ 王福华：《变迁社会中的群体诉讼》，上海人民出版社2011年版，第170页。

⑦ 吴泽勇：《群体性纠纷的构成与法院司法政策的选择》，载《法律科学》2008年第5期。

认为,群体诉讼制度的设立目的,应当考虑与实体法的关系,在理念和价值追求上与实体法的相关制度保持一致。① 因为群体诉讼的产生,本身反映了传统的诉讼程序不适应新型权利损害救济的需要,是在特定领域出现群体性的权利受损后,传统的诉讼模式不能满足人们救济需要的情况下,为了有效救济受损的权利而产生的新型诉讼模式。如果没有集团诉讼这个大型纠纷的救济机制,受到侵害的众多成员就会缺乏提出诉讼请求的途径,缺乏程序配合的侵权法及合同法理论也会不堪一击,举步维艰。② "在缺少有效的程序机制来追求立法和法律上可审理的主张的情况下,实体法的全部意义就不能为人所知。因此,普通法和制定法对人们权利的规定就会在对他们过高的期待中经常出现幻影,这样的期待随后便会撞在程序障碍的石头上。"③因此,纠纷的类型变化了,救济的诉讼模式也应当发生变化,但救济权利的目的并没有改变。所以群体诉讼制度的根本目的是实现对新型权利损害的有效救济,但是该种救济在不同的实体法领域所体现的价值、发挥的功效并不完全相同。不同的实体法领域,权利受侵害时的特点不同,救济的方式也不尽相同。因此,通过群体诉讼的方式对具体权利进行救济的价值意义和功能作用在不同的实体法领域并不完全相同。所以,在救济权利这一根本目的指导下,群体诉讼实际上所能

---

① 20 世纪 70 年代,在美国集团诉讼的讨论中,一种被称为实体理论的学说引起了法律界的关注。该理论提倡在建构集团诉讼基础理论时应该同时考虑实体法的因素,因为集团诉讼是实现实体法规定的请求权背后的政策性目标的手段。现代集团诉讼是以除此程序之外无法向法院提出诉讼的少额多数被侵害的诉讼为对象的,因此,1966 年的《联邦民事诉讼规则》修改之际,根据顾问委员会的意见,不能仅将其作为保证诉讼经济和裁判同一的问题考虑。是否允许采用集团诉讼,取决于该程序是否适合于实现实体法背后的政策。因此,集团诉讼较之于其他程序的优势不能仅作一般性的讨论,而应该与特定的实体法上的请求权联系起来考虑。根据这一理论进行具体分析。如果无明文规定,集团诉讼就应考虑到与实体法请求权背后的损害填补、防止不当得利、防止违法行为、对违法者的惩罚等政策的关系。但是,由于这种方法对违法行为的构成要件不明确,因此,不应在允许通过集团诉讼强力促进法律实施的同时,对被告的活动进行过度的限制,使被告承担毁灭性的过重负担,当被告的不平等危险较大时,不应允许集团诉讼。由于侵权损害赔偿集团诉讼已经成为一种以强效果扩大法律预期功能的方式,因此就必须充分考虑其对实体法秩序的影响。参见 *Developments in the Law*:*Class Actions*, Harvard Law Review, Vol. 89, No. 7 (May, 1976). p. 1329 – 1372;范愉:《集团诉讼问题研究》,北京大学出版社 2005 年版,第 89 页。

② 王福华:《变迁社会中的群体诉讼》,上海人民出版社 2011 年版,第 151 页。

③ JRS Prichard, *Class Action Reform*: *Some General Comments*, 9 Canadian Business 1. 7309 (1984), p. 322 – 323.

发挥的作用,还取决于权利救济制度本身在相应实体法领域的功能定位和现实中的客观需求。

综上所述,不同国家的证券侵权群体诉讼制度都是为了解决特定问题,适应特定需求设计出来的。各国的问题和需求不同,诉讼制度的内容自然会有所不同。对不同国家采用的证券侵权诉讼模式,单纯在技术规则上进行比较,只能获得一种表面的印象,并不能得出科学的、有意义的结论或者建议。对诉讼模式的选择和建构,必须以对该国相关问题和需求的分析为基础,而不能仅仅在世界各国不同的证券侵权诉讼模式之间进行比较,仅仅依据诉讼法理进行评价。进言之,对证券侵权等现代型纠纷来说,群体诉讼的优越性并不只是体现在与传统的单独诉讼相比具有更低的诉讼成本和更高的司法效率,更因为其适应了现代社会发生的群体性侵权纠纷的解决需要,能够有效实现对众多受损权利的同等救济,而单独诉讼则难以达到该目的,因为单独诉讼只适用于传统的"一对一"的侵权纠纷。因此,群体诉讼方式的产生,从根本上是源于群体性侵权纠纷的大量出现,它是解决群体性侵权纠纷的特有司法方式,并不能简单地与传统的单独诉讼进行优劣比较,而是应该从群体性侵权纠纷解决的实际需要出发,进行相关的制度设计,而不能完全从传统单独诉讼的原理和程序要求出发进行制度设计。因为,从事物本身的性质来看,传统的"一对一"的侵权纠纷与现代社会发生的"一对多""多对多"的群体性侵权纠纷,具有不同的特点和危害,对其进行司法救济的方式自然也应当有所不同,以实现纠纷的妥善解决和权利的同等救济。

二、美国的集团诉讼模式

(一)美国集团诉讼制度概述

按照《哥伦比亚法律辞典》的定义,所谓集团诉讼(class action),是指在法律上允许一人或数人代表其他具有共同利害关系的人提起诉讼,即将人数不确定的具有同一事实或法律关系的当事人拟制为一个集团,由该集团中的一人或数人代表整个集团提起诉讼,判决对所有集团成员自动发生效力。1938年,美国制定了《联邦民事诉讼规则》,该法第23条特别规定了集团诉讼程序,从此奠定了美国集团诉讼的法律基础。1966 年,美国对上述有关集团诉讼的规定作了进一步的细化规定。美国 1966 年修改的《联邦民事诉讼规则》确立了退出制集团诉讼,除非集团成员以符合法院规定的方式明示退出诉讼,其将是集团诉讼的成员,并受集团诉讼结果的拘束,退出的成员在诉讼时效内仍可以其他形式主张其权利。2003 年,美国在修改《联邦民事诉讼规则》时规定,如果集团成员在诉讼初期有权申请退出但是未请求退出,除非和解方案给予集团各成员一次新的请求退出机会,法院可以拒绝批准和解协议。“选择退出”规则将美国的集团诉讼与其他大陆法系国家的共同诉讼真正区分开来。①

有观点指出,美国集体诉讼最初所强调的并不是向受害人提供赔偿,而是更注重公平正义观念的维护,旨在惩治无视公众利益的违法者,矫正其行为。这也就是为什么虽然集团诉讼对个体而言被认为是“负价值”——为进行此类诉讼花费的成本可能高于受害权利人因此获得的直接收益——的诉讼,而美国仍然坚持采用集团诉讼制度并以此为荣的根本原因。近年来,美国《联邦民事程序规则》第 23 条所规定的集团诉讼实际上只有少数是以审理结案的。和解,而不是审理后的判决,成了绝大多数以集团为基础审理的案件的最终结果。② 今天,集团诉讼作为程序性工具最终不是为了对抗式诉讼,而是为了大规模诉讼基础上的交易行为。③

美国集团诉讼在实际运作中也产生了很多负面作用,引起了广泛的争论,焦点主要集中在:《联邦民事诉讼规则》第 23(b)(3)条究竟提供了一个进行高效司法管理的机制,从而使法院和诉讼参加者可以在不需要每一个原告单独提起诉讼的情况下,实现对大量相似的法律诉求进行集团的处理;还是提供了一个特殊的、不可能以个人为原告提起的集团诉讼机制,来实现诸如执法和阻止不安全或者不公平交易行为这些重大的社会目的。换言之,集团诉讼的本

---

① 章武生:《论群体性纠纷的解决机制——美国集团诉讼的分析和借鉴》,载《中国法学》2007 年第 3 期。

② Richard A. Nagareda, *The Preexistence Principle and the Structure of the Class Action*, Columbia Law Review, March 2003.

③ 杨严炎:《论美国的和解集团诉讼》,载《环球法律评论》2006 年第 4 期。

质功能究竟仅仅是通过法院的合并与职权管理实现诉讼经济，还是使当事人借此形式实现执法、制裁违法等社会功能。这些围绕着集团诉讼的修改所产生的争论的核心问题至今尚未有定论。①

（二）美国的证券集团诉讼及其争议

在美国，证券集团诉讼因其对于行政监管鞭长莫及的违法大企业有极大的威慑作用而享有突出的地位。1991 年，美国前证券委员会主席在国会上作证，称证券委员会只能对投资者受损失的一部分案件提起诉讼，受到公司违法行为损害的人提起民事诉讼是对“政府执行”的一种“必要补充”。② 因此，美国证券集团诉讼制度与其他国家相关制度在功能上的最大区别就是它不仅着眼于对股东的损害赔偿，而且希望借打击上市公司违法行为之手整顿证券市场。换句话说，美国的证券集团诉讼踏入了大多数国家行政管辖的领地。③ 从美国证券群体诉讼运作的实际情况来看，集团成员获得的极少赔偿额的事实也反映出其集团诉讼的功能定位不在于对受害人的赔偿，而在于对不法行为者的威慑。统计表明，在美国，即使在获赔偿比例较高的 1996 年，投资者获得的平均和解金与其平均损失之比率也只是 7.1%；2008 年，这一比率为 2.7%。④ 美国证券集团诉讼特有的方式是代表人不经授权，即可代表集团全体成员提起诉讼，集团成员未明示申请退出则视为集团成员之一，应受集团判决或者和解协议的约束。但这一方式并未被多数国家的集团诉讼制度所接受。不同国家在授权和参加方式上的差别，往往直接关系当事人参与的程度和集团诉讼的威力。⑤

有观点指出，证券集团诉讼模式只是集团诉讼律师自身职业动机的产物，以获取高额律师代理费用。此类由律师驱动的诉讼必然会导致滥诉和恶意诉

---

① 范愉：《集团诉讼问题研究》，北京大学出版社 2005 年版，第 175 页。
② 罗斌：《证券集团诉讼研究》，法律出版社 2011 年版，第 58 页。
③ 任自力等：《证券集团诉讼：国际经验 & 中国道路》，法律出版社 2008 年版，第 49 页。
④ 罗斌：《证券集团诉讼研究》，法律出版社 2011 年版，第 64 页。
⑤ 王福华：《变迁社会中的群体诉讼》，上海人民出版社 2011 年版，第 71 页。

讼的滋生。[①] 事实上,在美国20世纪90年代证券集团诉讼的繁荣中人们感受到了滥诉的苦恼。鉴于此,美国1995年《私人证券诉讼改革法》对1966年《联邦民事诉讼法》、1933年《证券法》、1934年《证券交易法》进行了修改,对证券集团诉讼进行管制:[②](1)限制诉讼代表的利益。诉讼代表从集团诉讼的和解或判决中有权获得的赔偿只能限于其持股比例所对应的份额,机构投资者之外的任何人在3年内担任诉讼代表的次数不得超过5次。[③] (2)改变首席律师的产生规则。法院在首席律师的选任上拥有决定权,诉讼代表选择首席律师需经法院同意。(3)提高起诉标准。当原告主张被告存在虚假或误导性陈述时,须说明每个陈述行为的虚假或误导之处及其构成虚假或误导的理由;如果相关主张建立在特定的信息或信任之上,原告须说明与该等信任的特定事实;如果原告主张被告存在故意时,须说明被告故意的特定事实。(4)证据开示规则的完善。改革之前,原告通常先起诉、后调查,其可利用证据开示规则要求被告提供经营文件,从中搜寻对自己有利的证据。被告公司则必须花费大量的时间和高昂的成本去满足开示要求。《私人证券诉讼改革法》规定,在驳回原告起诉的动议悬而未决期间,暂停所有证据开示的行为,除非法庭认为为保存证据或阻止对原告的不当损害,才允许进行证据开示。(5)取消惩罚性赔偿。根据改革之前的《反欺骗与腐败组织法》,原告有权要求被告就其证券欺诈行为承担3倍的赔偿责任。《私人证券诉讼改革法》规定惩罚性赔偿不再适用于证券欺诈诉讼,除非被告的行为构成了犯罪。(6)对高科技公司给予特殊保护。只要高科技公司的预测性陈述有"警示性陈述",说明存在可能出现与预测结果不同的重要因素,或该预测性陈述是非实质性的,即不能被认定为是欺诈。这种规定降低了高科技类公司成为证券集团诉讼被告的风险。(7)遏制投机性诉讼。《私人证券诉讼改革法》规定律师费和支出的总额不得超过实际支付给集团成员的和解金或判决利益总和的合理的比例。此比例由法院确

---

① Jill E. Fisch, *Class Action Reform: Lessons from Securities Litigation*, 39 Ariz. L. Rev. 533, (1997).

② 张国平:《证券群体诉讼:路径与模式》,载《江苏社会科学》2013年第4期。

③ 15 U. S. C. A. § §77z - 1(a)(2)(A),78u - 4(a)(2)(A).

定,不受代理协议的约束,比例一般在赔偿额的30%以下。根据美国《联邦民事诉讼法》的规定,法院必须对集团诉讼是否有价值进行审查,对违反规定提起无价值证券集团诉讼的律师可判决其承担被告因此产生的律师费和诉讼费用。为确保该等处罚能有效实施,法院可责令原告或其律师提供担保。美国近年对证券集团诉讼的驳回率逐年升高:1996年是34%,2003年至2006年均在50%以上。

美国学者指出,集团诉讼制度着重解决的是如何使股东有机会提起诉讼的问题。如果没有集团诉讼制度,那么私人的证券诉讼基本上只是空谈而已。然而,集团诉讼制度在解决问题的同时自身却又创造出了一系列的新问题。[①]即使认为集团诉讼制度在美国法律体系中确实是行之有效的,也必须采取非常审慎的态度来尝试把美国的经验推广到其他的社会当中。要知道在美国社会中运作良好的制度未必同样适合于世界上别的国家。美国大公司高度分散的股权结构是集团诉讼案件集中出现在证券法领域内的根本原因所在,可是这种持股模式在世界上其他大多数国家中是罕见的,因此这些国家也许根本就不会面临与美国类似的必须用集团诉讼方式来解决的问题,或者即便这种问题出现,也会有比集团诉讼更有效的处置方式。[②]

(三)我国学者对美国集团诉讼的评价

我国有的学者对美国集团诉讼的制度价值予以推崇。[③] 有的观点指出,美国证券集团诉讼机制可显著节约司法成本、提高司法效率,并实现社会正义;证券集团诉讼机制下的胜诉酬金机制也能够更有效激发律师群体主动去揭发市场违法行为并为中小投资者提供专业性服务。有的观点认为,美国证券集团诉讼机制并非万能灵药,其作用的发挥需要相应的配套机制。首先,需要有原告的选择退出规则。按照此规则,一旦有人提起集团诉讼,所有符合原告条件的人就自动成为原告集团的成员,除非其明确向法院提出退出原告集团的申请,否则就视为其同意参加集团诉讼,并自动承受诉讼后果。此规则有效解

---

① 李响、陆文婷:《美国集团诉讼制度与文化》,武汉大学出版社2005年版,第3页。

② 李响、陆文婷:《美国集团诉讼制度与文化》,武汉大学出版社2005年版,第6页。

③ 任自力:《美国证券集团诉讼变革透视》,载《环球法律评论》2007年第3期。

决了侵权集团性与损害分散性所导致的集体行动中的“搭便车”问题,有利于最大限度地保护投资者的权益。其次,需要有律师的胜诉酬金激励机制。相对于一般诉讼,证券集团诉讼具有周期长、成本高、风险大的特点。律师通过为原告垫付诉讼成本的方式,一方面为中小投资者提供了必要的诉讼融资,使其更容易地进行诉讼;另一方面则在承担风险的同时享有获得预期高额利润回报的权利和激励。最后,需要有鼓励诉讼的社会理念。证券集团诉讼在美国得以盛行的条件之一是美国强烈的诉讼意识和诉讼文化。

但也有观点指出,集团诉讼的内生弊端很明显,包括:第一,不同成员身上的事实差异较大,同等处理有时并不科学和公平;第二,即使集团诉讼实现了对某一个案的一体对待,不同法院对此模式的态度却不尽相同;第三,美国宪法中重要的正当程序原则往往受到削弱,集团内个案间有意义的细节差异容易被忽略,和解动机常被不当地强化;第四,集团诉讼虽能激励受害者参加,但集体行动困境并未消除,成员依然缺乏动力去监督和约束集团代表和集团律师,尤其是后者往往完全主导了和解谈判,令集团诉讼沦为其牟取私利的工具。就证券集团诉讼而言,集团诉讼制度的上述内在弊端不同程度地全部有所显现,最突出的是证券集团律师的主导和操控。美国证券集团诉讼几乎都以和解结局,原因就在于当获得法院许可、诉讼展开后,尽快达成和解了事、避免长期争讼,符合对抗双方主导者的最大利益。填补投资者损害和惩戒违法者,是证券集团诉讼及其所创制责任的两大目标,遗憾的是在现行制度下它们却遭遇了双重失败。①

客观来说,与早期研究相比,近几年学界关于美国集团诉讼的认识显然更加全面,也更加理性。论者普遍意识到,集团诉讼是一种功能与弊端都很突出的制度。② 章武生教授认为,导致美国集团诉讼滥用的那些因素在我国并不明显并且容易得到控制,而且我国法院有能力面对集团诉讼可能带来的种种问

---

① 郭雳:《美国证券集团诉讼的制度反思》,载《北大法律评论》第10卷·第2辑,北京大学出版社2009年版。

② 吴泽勇:《建构中国的群体诉讼程序:评论与展望》,载《当代法学》2012年第3期。

题。[1] 汤维建教授认为,考虑到集团诉讼的种种弊端以及我国司法机关当前的承受能力,在我国的集团诉讼移植中,应当采取一种所谓的“缝隙策略”。换言之,在立法上存在规定集团诉讼的可能性,但应对其范围严加控制,同时赋予法院是否适用集团诉讼的决定权。[2] 范愉教授比以往任何一位学者都更多地强调了集团诉讼的消极影响。她认为,“我国目前不具有整体引进美国集团诉讼的社会条件和必要性”。[3] 笔者认为,美国的集团诉讼之所以区别于我国的共同诉讼,是因为其是立足于群体纠纷的整体解决而设计诉讼模式和具体规则的,而非为了个别当事人之间争议的具体解决,适应了证券侵权损害的特点,有利于证券侵权赔偿救济的全面实现。该种立法理念是我国可以参考的。

三、群体诉讼的其他模式

(一)瑞典的群体诉讼

尽管以消费者专员为代表的传统行政性救济机制在瑞典享有良好的声誉,但这种救济机制的缺点也极其明显:对于已经造成大范围侵害的案件,这种机制并未提供一种有效的解决方案。在瑞典的传统民事诉讼法中,也并不存在一种集合处理大量相同或者类似请求的诉讼机制。[4] 2002 年《瑞典群体诉讼法》的颁行,使私人提起的群体诉讼开始在这一领域发挥重要作用。[5]

《瑞典群体诉讼法》的主要内容包括:(1)适用范围、管辖法院与群体诉讼的类型。该法规定的群体诉讼程序不限于具体领域,凡能在普通法院提起的民事争议,都可以依据该法在普通法院提起群体诉讼。《瑞典群体诉讼法》规定了 3 类群体诉讼,即私人群体诉讼、团体诉讼和公共群体诉讼。私人群体诉讼的原告首先必须是群体成员,也就是说,其本人必须具有就该纠纷提起个人

---

① 章武生:《论群体性纠纷的解决机制——美国集团诉讼的分析和借鉴》,载《中国法学》2007 年第 3 期。

② 汤维建、陈巍:《缝隙策略:我国集团诉讼制度的移植路径探析》,载《政治与法律》2008 年第 1 期。

③ 范愉:《集团诉讼问题研究》,北京大学出版社 2005 年版,第 450 页。

④ 吴泽勇:《瑞典的群体性纠纷解决机制分析》,载《法学》2010 年第 7 期。

⑤ 吴泽勇:《瑞典的群体性纠纷解决机制分析》,载《法学》2010 年第 7 期。

诉讼的资格。团体群体诉讼仅适用于消费者保护法和环境保护法领域。公共群体诉讼由政府指定的机关提起。(2)群体诉讼成立条件:群体成员的请求基础相同或者相似;群体诉讼看上去不会因为某些成员的请求与其他请求根本不同而不合时宜;对于与本案有关的大部分请求而言,群体诉讼是最好的处理方式;群体必须根据本案情景而被恰当地界定;原告适合作为群体成员的代表。(3)诉讼参加方式为"选择加入",群体成员只有在规定的期限内,以书面形式向法院提出了申请,才能参加诉讼。判决结果对所有群体成员都有约束力,不管判决结果是原告胜诉还是被告胜诉。(4)上诉与和解。对于群体诉讼的裁判结果,当事人和当事人之外的群体成员都可以提起上诉。群体代表在群体诉讼中的代表权严格限制于程序方面,因此,群体诉讼中的和解是受限制的,即群体原告与被告达成的和解,必须经过法院的认可才能生效。

瑞典法学界普遍认为,《瑞典群体诉讼法》的最主要特点可以概括为多元化、务实性、程序性(pluralism;pragmatism;procedural character)。[①] 所谓多元性是指该法所提供的群体性纠纷的解决方式、内容等是全方位的。首先,在瑞典可以提起群体诉讼的主体较多,其目的是希望发挥不同模式的优势以方便群体性的纠纷的当事人接近正义。其次,多元化是指禁令诉讼以及损害赔偿之诉在《瑞典群体诉讼法》中都得到了认可。最后,《瑞典群体诉讼法》所适用的纠纷解决范围不仅限于消费者保护法、环境保护法等领域,它还适用于所有的普通法院一审提起的所有类型的民事案件。

实用主义是指依据《瑞典群体诉讼法》进行诉讼时,必须是基于特定的因素,一般而言是在传统民事诉讼框架范围内无法实现当事人的诉讼请求,或者采取传统的方式可以预期会导致诉讼庞杂以及拖延的前提下才可以采取群体诉讼形式。即相较于其他诉讼程序,群体诉讼程序具有优势,群体诉讼为该纠纷的最佳程序选择。如果在实践中这些要求不能得到满足,是不接受作为一

① Per Henrik Lindblom, *National Report*: *Group Litigation in Sweden*, Oxford Conference, December, 2007.

个群体诉讼提起的。[①]

程序性是指立法者将《瑞典群体诉讼法》设计为纯粹的程序法，不涉及有关损害赔偿的实体法部分。因为早在《瑞典群体诉讼法》立法起草之际，就有反对者认为如果《瑞典群体诉讼法》得到实施，那么传统的、个人主义的侵权行为法可能会受到损害，这主要是由于在群体诉讼中可能适用于确定侵权行为存在的简化的因果关系规则、更大范围的适用标准化的损害计算法以及对于群体成员的极端赔偿等。就立法中已经明确界定的内容来看，该法不涉及侵权责任确定的因果关系，也没有有关损害赔偿新的计算规则和赔偿额的分配规则等，因此如果在司法实践中存在过多或者过少的对于群体成员补偿的效果，则主要是实体法的问题，而不是《瑞典群体诉讼法》的问题。[②]

截至2007年年底，在《瑞典群体诉讼法》施行的前5年里，一共有9起群体诉讼在普通法院提起。原告方面，这9起案件中，有8起是私人群体诉讼，有1起是（由消费者专员提起的）公共群体诉讼，没有一起团体群体诉讼。[③] 在《瑞典群体诉讼法》颁行5年之后，学者对该法的评价并不完全一致。林德布卢姆教授认为，《瑞典群体诉讼法》对瑞典的群体性救济机制产生了深远的影响。虽然根据该法提起的群体诉讼只有9起，但这些案件实际上涉及的人群数量远非一般民事诉讼所能比，尤其考虑到该法带来的预防效应时。[④] 而于尔娃·林德奎斯教授对《瑞典群体诉讼法》的态度则相对消极。尽管她认为就这部法律作出评估还为时过早，但她同时表示，她不会把该法作为模板向其他国家推荐。[⑤] 不过，至少有一点可以肯定，那就是人们之前担心的局面并没有出现。[⑥]

---

① Per Henrik Lindblom, *National Report: Group Litigation in Sweden*, Oxford Conference, December, 2007.

② Per Henrik Lindblom, *Group Actions in Northern Europe: Sweden*, The American Academy of Political and Social Science, March, 2009.

③ 吴泽勇：《瑞典的群体性纠纷解决机制分析》，载《法学》2010年第7期。

④ Per Henrik Lindblom, *National Report: Group Litigation in Sweden*, in: The Globalization of Class Actions, Oxford Confererence, December, 2007, p. 35.

⑤ Ylva Lindquist, *Civic Consulting*, *Evaluation of the Effectiveness and Efficiency of Collective Redress Mechanisms in European U-nion—Country Report Sweden*, 2008, p. 13.

⑥ Per Henrik Lindblom, *National Report: Group Litigation in Sweden*, in: The Globalization of Class Actions, Oxford Confererence, December, 2007, p. 36.

立法者需要面对的问题是:《瑞典群体诉讼法》的适用频率与之前的预期存在明显差距。这种差距不仅表现在群体诉讼的数量远远少于预期,而且表现在这些群体诉讼几乎全部是由私人原告提起的。[①] 我国学者认为,《瑞典群体诉讼法》的实施经验显示,这类立法甚至不一定会立即导致大量群体诉讼的涌现。因此,从技术层面讨论滥用群体诉讼的控制是必要的,但那种对于群体诉讼立法的夸大的恐惧却大可以抛弃。[②]

(二)德国的投资者示范诉讼

2003 年,德国电信公司因此前在招股说明书等公开文件中作出虚假陈述,被曝光后导致股价急速下跌,招致 15,000 名左右的投资者向法兰克福地方法院提起损害赔偿之诉。对于此类"扩散性损害",德国民事诉讼法上原有的共同诉讼、诉讼参加、诉讼停止、示范诉讼契约、团体诉讼等制度,均无法为受害投资者提供救济途径,德国国会于是专门制定了《投资者示范诉讼法》(2005 年 11 月 1 日起实施)。具体而言,整个示范诉讼程序可以分为三个阶段:第一阶段,由投资者原告向有管辖权的州地方法院提出示范诉讼申请,州地方法院进行公告,当 4 个月内有 10 个以上的申请被提出时,第一个接受申请的州法院即应将系争案件提交州高等法院;第二阶段,法院通知在一审法院登记的案件的其他当事人,其案件的审理暂时中止,由州高等法院择定示范诉讼原告进行示范诉讼,并做成示范裁判;第三阶段,原来在一审法院登记的案件恢复程序,在示范裁判的约束之下,对各原告的具体损害赔偿请求进行裁决。[③]

《投资者示范诉讼法》主要内容如下:(1)不同审级法院之间的合作。(2)示范裁判具有约束力。州高等法院作出的示范裁判,不仅对示范诉讼原告、被告,而且对所有被通知参加程序的其他人,均具有相当于既判力的拘束力,由此形成减少诉讼成本的关键支撑。(3)保障当事人的听审权。在示范诉讼原告、被告之外,因该诉讼程序的正式开始而暂时中止的其他案件当事人,

---

① Per Henrik Lindblom, *National Report: Group Litigation in Sweden*, in: The Globalization of Class Actions, Oxford Confererence, December, 2007, p. 34.

② 吴泽勇:《瑞典的群体性纠纷解决机制分析》,载《法学》2010 年第 7 期。

③ 汤欣:《论证券集团诉讼的替代性机制——比较法角度的初步考察》,载桂敏杰主编:《证券法苑》第 4 卷,法律出版社 2011 年版。

均应由法院通知参与示范诉讼，并作为该诉讼的从参加人，有权在案件审理中提出攻击与防御的方法，并为所有的诉讼行为。[①] (4)减轻原告在诉讼费用方面的压力。示范诉讼的第一审程序，不另外收取裁判费及律师费，而证据调查、专家鉴定等其他诉讼费用则在诉讼之后，由所有关系人按照其请求金额的比例共同负担。(5)诉讼过程由法院主导。(6)限制原告律师的起诉激励。德国本来就不允许胜诉收费制，而高等法院择定原告进行的示范诉讼本身只是整个示范诉讼程序的中间环节，原告律师不会因此另行收费，由此大大减少了示范诉讼原告律师的财务激励，避免产生兴讼的道德风险。

德国的法定示范诉讼模式相比英国《民事诉讼规则》中规定的示范诉讼(test claims)和美国《联邦民事诉讼规则》中规定的示范诉讼(test cases)更为优越，后两种示范诉讼需要当事人达成示范性诉讼协议，而在类似证券欺诈引起的大规模群体性纠纷中，要征得所有当事人的同意而达成协议极其困难。相比之下，依据法律的明确规定，德国法院可以在原(被)告提出一定数量的申请后径行决定适用示范性诉讼程序，并使示范判决对判决确定前受理的案件具有约束力；通过案件的受理，所有案件的诉讼时效因此而中断；基于受理情况，法院还对保全措施享有一定的自由裁量权。类似的便利性和确定性是协议型的示范诉讼模式无法企及的。[②]

德国示范诉讼制定的起因在于德国电信公司案提出的立法挑战，但到2010年6月为止，其已经在25件有关资本市场的诉讼程序中得以运用。[③] 德国联邦司法部在2009年委托专家团队对该法进行整体评估，后者提出了包括

---

① 由此带来的一个可能问题是，如果受法院通知的其他投资者都以参加人的身份参与示范诉讼程序，则审理示范诉讼的州高等法院必然要面对数量众多的诉讼参与人，由此造成审理上的负担。司法实践中是否会出现此种困扰，有待审判经验进行验证。参见施塔德勒：《德国公益诉讼》，载汤欣主编：《公共利益与私人诉讼》，北京大学出版社2009年版。

② 肖建国等：《示范性诉讼及其类型化研究——以美国、英国、德国为对象的比较法考察》，载《中国法学》2007年第5期；洪秀娟：《示范诉讼制度初探》，载《司法改革论评》第8辑，厦门大学出版社2008年版。

③ 大部分按照示范诉讼法提起的诉讼是基于因未披露应公开信息以及因"灰色资本市场"中不动产基金的招募说明书所含错误而产生的损害赔偿请求权。参见Astrid Stadler：《德国资本市场示范程序法》，第二届弗莱堡中国法论坛"权利与权利实现——关于私法权利程序实现的中德对话"会议论文，2010年6月25日。

"考虑为示范诉讼中原告的律师规定额外的收费""应为达成法院和解保留空间""摆脱制度中现有的强制参与性,为所有与示范确认诉讼程序相关的原告提供声明退出的可能""将示范程序发展成为类似选择加入机制的集体性诉讼程序"等在内的改革建议。① 此项立法具有实验性,在5年施行期届满之前,将视施行成效,决定是否规定于民事诉讼法,而适用于所有扩散性损害赔偿请求事件。②

德国电信公司案将德国民事诉讼法面对大规模诉讼时的缺陷以一种极端方式展示出来,但本案并非德国法院遭遇的第一例大规模群体纠纷。德国政府规范证券市场运作、恢复股民信任的举措,可以追溯到2003年发布的"关于企业诚信和投资者保护的十点计划"(以下简称"十点计划")。"十点计划"确立了德国政府在证券市场监控和投资者保护领域的活动框架,对之后的立法活动起着直接的指导作用。"十点计划"的第一点和第二点都涉及投资者保护的诉讼机制,其中第二条更直接提到"改善投资者权利的群体性实现机制"。③ 这意味着:"应当为受害的投资者更好实现其损害赔偿请求权提供可能。应当引入一种可以弥补现有制度真空的程序机制,但不实行群体诉讼。不一定非要采用某种形式的群体代理机制。同时应当排除多次代理和胜诉酬金制度导致的诉讼性质的商业化。"这表明,德国政府要在投资者保护领域引入一种群体性救济方式,这种方式不是美国的集团诉讼,也不是2001年"企业管制"委员会建议的代表人诉讼模式,而是一种类似《行政法院法》第93a条的示范诉

① 但学者认为,德国法制的根本性问题在于:一方面希望提高诉讼效率,另一方面又力图保全所有原告的听审请求权(Anspruch auf rechtliches Gehur),因而规定所有初始程序中的起诉人都可以以"参加人"的身份参与示范程序,而这是一个"结构性错误"。参见Astrid Stadler:《德国资本市场示范程序法》,第二届弗莱堡中国法论坛"权利与权利实现——关于私法权利程序实现的中德对话"会议论文,2010年6月25日。另有学者提出,德国现有立法要求投资者必须先行起诉才能参加示范诉讼程序,使得投资者的维权成本高昂;此外对于招股书上的不实陈述与损害结果之间因果关系的推定,应当扩展适用于二级市场上的不实陈述,see Halfmeier, Axel and Feess, Eberhard, *The German Capital Markets Model Case Act (KapMuG)-A European Role Model For Increasing the Effciency of Capital Markets? Analysisand Suggestions for Reform*, SSRN(February 2010), http://ssrn.com/abstract=1684528。

② 《示范诉讼法》第20条。

③ 吴泽勇:《〈投资者示范诉讼法〉:一个群体性法律保护的完美方案?》,载《中国法学》2010年第1期。

讼程序。[①]

《投资者示范诉讼法》的颁行,表明德国立法者宁愿沿用一种本国法上的既存的制度样本,而非采纳任何一种"制度移植"的方案。这一选择的要旨在于:将群体性诉讼中的共同事实或法律问题交给上级法院,由后者在一种"两造诉讼"的框架内先行审理,并以审理结果作为解决个别纠纷的基础。立法者期望通过这种方式,可以在为德国电信公司案这类大规模侵害案件提供一种解决之道的同时,又不需要面对各类代表式诉讼都会遭遇的诉讼参加以及判决效力扩张层面的难题。[②]

德国学者认为,投资者标准程序法只是一个程序便捷和司法减负的工具,不是方便实现分散损害的机制。与美国特色的集团诉讼相比,在根本概念上存在不同,更不用说在许多细节上的天壤之别了,集团诉讼的初衷是实现分散损害赔偿。[③] 关于发展前景,该学者认为,今天这个版本的投资者标准程序法是不值得推广普及的。它的根本缺陷是把大量原告的程序权利看得比标准程序本身的目的更重,由米科利次和斯塔德勒提出的集体诉讼概念可以避免这一点。这实际上是希望把欧洲本土化的集团诉讼模式(根据全体参与原则组织的)引入德国法律。[④]

我国学者研究指出,经由《投资者示范诉讼法》引入的示范诉讼程序,不仅无法处理法解释学上的诸多问题,在诉讼效率方面也没有显示出明显优势。这是否意味着:事实上并不存在一种诉讼机制,既可以以效率明显优于传统共同诉讼的方式解决大规模纠纷,又能够周全保障每个当事人对诉讼的直接参加?那么,立法者终究要在以直接参加为前提的共同诉讼和以代表制为基础

---

① 吴泽勇:《〈投资者示范诉讼法〉:一个群体性法律保护的完美方案?》,载《中国法学》2010年第1期。

② 吴泽勇:《〈投资者示范诉讼法〉:一个群体性法律保护的完美方案?》,载《中国法学》2010年第1期。

③ [德]格哈特·瓦格纳:《损害赔偿法的未来——商业化、惩罚性赔偿、集体性损害》,王程芳译,中国法制出版社2012年版,第203页。

④ [德]格哈特·瓦格纳:《损害赔偿法的未来——商业化、惩罚性赔偿、集体性损害》,王程芳译,中国法制出版社2012年版,第207~208页。

的群体诉讼之间作出取舍。①

(三)英国的代表人诉讼

20世纪90年代,英国开始对民事诉讼制度进行系统、彻底的改革,并制定了新的《民事诉讼规则》,在其中正式建立了集团诉讼(group litigation)制度。②

英国的集团诉讼是其原有的代表人诉讼(representative proceeding)的放大和进一步适用,③本质上是一种案件管理机制,④其显著特点体现为法院高度的职权管理和当事人申请加入原则,具体表现为:⑤(1)集团诉讼的启动和撤销。集团诉讼命令一般需要由当事人申请,但法院也可依职权自行发出,但此种命令必须经过法院首席或者副首席大法官同意才能签发;此外,如果法院认为某一具体案件与其他案件一并纳入集团登记将导致案件管理不便,或者有关案件进行集团登记将对其他案件的管理产生不利影响,即可拒绝其进行集团登记。(2)其他程序优先。申请人在考虑是否申请集团诉讼命令时,应当考虑申请其他程序是否更为适宜。申请人应特别考虑,就有关案件的具体情形而言,采取诉讼合并或者代表人诉讼方式是否更加适当。(3)"申请加人"(Opt-in)原则。只有提交书面申请、缴纳相关诉讼费用并登记在册,才能取得诉讼文书,成为集团诉讼案件当事人。英国制度由此延续了传统民事诉讼的基本模式,理论上每一当事人都有自己独立的诉讼权利和实体权利,可以独立进行处分。(4)其他管理措施。如管理法院可以发布指令,变更集团诉讼命令事项,从集团登记中选择进行一宗或者多宗试验诉讼(test claims),指定原告或被告的首席律师,明确案件声明应记载的细节,指定将诉讼进行集团登记的截止期限,就符合要求的任何特定诉讼进行集团登记。管理法院还可以发出指令,责令集团登记的原告承担或分担案件共同事项的诉讼费用或者试验诉讼的费

---

① 吴泽勇:《〈投资者示范诉讼法〉:一个群体性法律保护的完美方案?》,载《中国法学》2010年第1期。

② 有关英国集团诉讼制度的简介,参见 Neil Andrews, *Multi-Party Proceedings in England: Representative and Group Actions*, 11 Duke J. Comp. & Int'l L. 249, 258–262 (2001)。

③ 徐昕:《英国民事诉讼与民事司法改革》,中国政法大学出版社2002年版,第90页。

④ 范愉:《集团诉讼问题研究》,北京大学出版社2005年版,第120页。

⑤ 范愉:《集团诉讼问题研究》,北京大学出版社2005年版,第117~123、471~476页。

用。此外,还可通过案件分配、多轨审理制、指定管理法官、案件移送、公告等环节,使集团诉讼始终处于法院的高度职权管辖范围之内。

英国《民事诉讼规则》的上述种种安排,明显系出于防止集团诉讼制度被滥用的考虑,实践中加上该国诉讼文化、司法理念、律师收费等因素,集团诉讼程序的适用并不普遍,[①]英国法院在解释法律、受理集团诉讼登记方面的谨慎态度,显然是此种诉讼模式(以及英国原有的代表人诉讼)受到冷遇的直接原因。[②]

---

① 汤欣:《论证券集团诉讼的替代性机制——比较法角度的初步考察》,载桂敏杰主编:《证券法苑》第4卷,法律出版社2011年版。

② Susan M. C. Gibbons, *Group Litigation, Class Actions and Lord Woolf' a Three Objectives-A Critical Analysis*, 27 C. J. Q. 211(2008).

第四章　人数不确定代表人诉讼是我国证券侵权救济的合理方式

一、我国人数不确定代表人诉讼的观点述评

(一)我国代表人诉讼制度的基本内容

根据我国《民事诉讼法》的规定,代表人诉讼分为两类:人数确定的代表人诉讼和人数不确定的代表人诉讼。(1)人数确定的代表人诉讼,即在起诉阶段当事人人数已经确定,只是因人数众多不便诉讼,才实行代表人诉讼的制度。人数确定的代表人诉讼制度与共同诉讼制度十分接近,区别在于前者人数在10人以上、后者人数在10人以下。因此,人数确定的代表人诉讼可能是必要共同诉讼的扩大,也可能是普通的共同诉讼的扩大。二者均要推选代表人出庭。推选诉讼代表人时,可以由全体当事人推选,也可以由部分当事人推选。若是必要的共同诉讼的扩大,推选不出代表人的当事人可以自己出庭参加诉讼。若是普通共同诉讼的扩大,推选不出诉讼代表人的当事人可以另行起诉。在人数确定的代表人诉讼中,裁判的主观范围及于参加诉讼的全体。(2)人数不确定的代表人诉讼。人数不确定的代表人诉讼是指在起诉阶段当事人人数众多且人数难以确定,而推选代表人进行诉讼的制度。在

涉及民事群体(人数众多)权益纠纷案件中,对于诉讼标的为同一种类的普通共同诉讼而言,其利害关系人在起诉时往往不能全部确定,需要通过一定形式的信息传播来使尽可能多的利害关系人获知相关的诉讼信息以决定是否及时参诉以维护其合法权益。针对这种情况,为了不影响权利救济的及时性,允许在全体利害关系人不明确的情况下由其中一部分人先行起诉,以此启动司法救济程序,使已得到确认的权利人获得及时的权利救济,并且通过判决的扩张使得那些无法得知诉讼消息但确实属于权利人的人也能从该判决当中受益。① 在人数不确定的代表人诉讼中,裁判的主观范围及于登记参加诉讼的当事人和虽未参加代表人诉讼,但在法定诉讼时效期限内起诉的权利请求人。

我国的代表人诉讼制度是基于便利众多当事人进行诉讼,便利人民法院审理案件的立法目的确立的,进一步发展和完善了我国的共同诉讼制度。② 具体来讲,我国的诉讼代表人制度,是以共同诉讼制度为基础,并吸收了诉讼代理制度的机能。以共同诉讼制度为基础,是指诉讼代表人所进行的诉讼应当符合共同诉讼基本条件,如果所代表的当事人不能作为共同诉讼人,也就不能在诉讼中推选代表人代为实施诉讼行为;诉讼代表人制度吸收了诉讼代理制度的机能,使众多诉讼主体的诉讼行为通过诉讼代表人集中实施,扩大了诉讼容量,避免了因众多当事人直接参与诉讼所带来的诸多问题。③ 我国代表人诉讼制度的特殊功能是:(1)代表人诉讼通过代表制这种主体抽象的集合结构,使多数诉讼主体得以高度合并,各个主体的诉讼请求得以集中行使,扩大了同一诉讼空间的主体容量,有效地解决了现代纠纷中争议主体众多与诉讼空间容量之间的矛盾。(2)代表人诉讼通过判决效力在主体范围上的扩张,维护了多数共同利害关系人的合法权益,使那些没有参加诉讼但实际上受到损害的权利主体的权益容易得到保障,不仅减轻了法院的负担,而且便利了纠纷当事人。(3)能有效克服重复诉讼而引起的法院裁判的矛盾。④

① 王福华:《变迁社会中的群体诉讼》,上海人民出版社2011年版,第117页。

② 王福华:《变迁社会中的群体诉讼》,上海人民出版社2011年版,第117页。

③ 张卫平:《民事诉讼法》,法律出版社2009年版,第160页。

④ 李祖军:《民事诉讼法·诉讼主体篇》,厦门大学出版社2005年版,第266页。

(二)我国代表人诉讼制度的不同评价

有学者认为,我国《民事诉讼法》第53条和第54条[①]建立的代表人诉讼制度分别属于两个不同性质的制度。尽管二者都是处理群体性诉讼的方式,却是基于完全不同的法理而建立的功能不同的制度。《民事诉讼法》第53条比较接近于日本的选定当事人制度,而《民事诉讼法》第54条参考了美国集团诉讼,已经从一般的诉讼合并走向了一种具有特殊法理和功能的、非常规的诉讼形态,逐步脱离了传统的民事诉讼法原理。[②] 我国学者对代表人诉讼的不同评价,主要是围绕《民事诉讼法》第54条建立的人数不确定的代表人诉讼制度展开的。

第一种观点认为,我国的代表人诉讼制度是一种融贯中西的成功范例。持这种观点的人主要集中在理论界,构成理论界的主流观点。第二种观点在对代表人诉讼制度作出高度评价的同时,指出了其存在的不足。该观点认为,我国代表人诉讼在对被代表人的权利保障方面有待改善,且缺乏可操作性。第三种观点对我国民事诉讼法确定的两种代表人诉讼制度作出了不同的评价。《民事诉讼法》第54条规定的当事人人数不确定的、诉讼标的属于同类的代表人诉讼制度,立法者当时显然对现代集团诉讼的理念和时代背景、价值取向以及在我国适用的可行性缺乏深入的研究和慎重的论证,因此,其设计理念具有较大的超前性,与我国司法实践和社会转型期纠纷解决的实际需求及社会条件存在较大的距离,并且在法律体系和法律技术方面存在一些没有解决的问题,导致这一制度由于缺乏对应的社会条件在实践中不得不暂时被搁置。同时,立法者在制度设计时既力图吸取美国集团诉讼的积极理念,又试图克服其中最大的缺陷,最终不得不陷于集团诉讼自身无法克服其缺陷的悖论。第四种观点认为,我国代表人诉讼制度的规定比较粗糙,不能适应或不能完全适应现实的需要。持这种观点的人主要在实务界。[③] 对我国代表人诉讼的不同

---

① 2012年8月31日我国《民事诉讼法》修订后(2013年1月1日开始实施),原第54条和第55条分别变为第53条和第54条,内容未变,请读者注意。

② 范愉:《集团诉讼问题研究》,北京大学出版社2005年版,第275页。

③ 章武生、杨严炎:《我国群体诉讼的立法与司法实践》,载《法学研究》2007年第2期。

评价,主要是由于视角不同,特别是对其功能期待不同导致的,有关否定性评价的主要“参照物”是美国集团诉讼。应当注意的是,美国集团诉讼的影响力虽然很大,真正借鉴其主要规则进行立法的国家却很少。韩国虽然借鉴美国的集团诉讼规则,立法出台了《证券集团诉讼法》,但同时设定了很多的限制条件,并且不允许律师实行风险代理。因此,韩国《证券集团诉讼法》出台多年,但尚未有一宗证券集团诉讼案件被起诉到法院。所以,当代世界各国的集团诉讼模式,几乎都是在实践中探索和发展,而迄今为止的实践的结果表明,几乎不存在一种完美的群体性救济模式。[①] 有学者也指出,在当时的立法环境中,代表人诉讼是对实践经验的总结,确实有创新和值得称道之处。其优势在于创造出了一种不同于共同诉讼制度的多数人诉讼形式,使群体性纠纷在我国民事诉讼中有了专门的解决程序,表明群体诉讼机制在民事诉讼法上有了一席之地。而且从制度创新的角度看,其意义也不容抹杀。

对我国《民事诉讼法》规定的代表人诉讼制度,笔者有以下几点认识:第一,我国的代表人诉讼制度是作为一般性的诉讼程序被设计出来,没有与具体的实体法(纠纷类型)形成对应关系,也没有明确适用的案件范围。我国正处于社会转型期,群体纠纷产生的原因多种多样,某些因国家政策变动或者执行引发的群体性纠纷,不仅涉及的利益关系广泛而复杂,而且缺乏法律的明确规范,并不适合通过诉讼或者群体诉讼的方式予以处理。因此,对具体的纠纷类型能否适用我国的人数不确定代表人诉讼方式,还需要进一步明确,并不能一概而论。进言之,我国立法规定的人数不确定代表人诉讼制度,未能在司法实践中得到有效适用,并不全是因为社会条件不具备的问题,很大程度上是因为其未考虑到群体纠纷形成原因的多样性,只是一个原则性的制度规定。该项制度如何适用、怎样适用于具体的群体纠纷,还存在很大的探讨空间,需要法律或者司法解释作出进一步的具体规定。在关于证券侵权案件审理的司法解释中,明确排除了在虚假陈述民事赔偿案件中采用人数不确定代表人诉讼的可能性,这也是我国代表人诉讼制度在民事诉讼法中确立以后,最高人民法院

---

① 范愉:《集团诉讼问题研究》,北京大学出版社 2005 年版,第 98 ~ 99 页。

第一次以司法解释的形式对人数不确定的代表人诉讼是否适用于具体案件类型作出规定,尽管该规定仍值得探讨,但无疑表明了最高人民法院的一种基本认识,即人数不确定代表人诉讼的诉讼方式并不是适合于所有人数众多的民事纠纷,也不是当事人可以自由选择的一种诉讼方式。

第二,我国的诉讼代表人是在代表人诉讼启动后产生的,并不是"自我任命"的,并不能以群体的名义发动起诉,其作用只是在诉讼进程中代表当事人实施诉讼行为,提高已经进入法院的群体性案件的处理效率。因此,我国诉讼代表人权限的不足导致代表人诉讼的功能相对弱小,主要体现在提高效率方面。而司法实践中,为了提高案件的处理效率,还有其他可以替代的诉讼方式和案件管理措施可以采用,如共同诉讼与合并审理。对于代表人诉讼,法院往往因为其程序烦琐,对效率的提高有限,并有可能影响社会稳定,而不愿意采用。因此,民事诉讼法规定的代表人诉讼制度在司法实践中与共同诉讼和合并审理更多的趋向接近,前者的部分功能被后者所代替。

第三,我国的代表人诉讼制度缺乏鼓励权利人起诉和参加诉讼的激励机制,代表人诉讼难以形成和提起。在参加程序上缺乏便利权利人的规定,要求登记的当事人提交如同单独起诉一样的材料,导致个人的诉讼成本仍然过高;在公告要求上,没有规定法院必须公告通知全体权利人,而是由法院裁量,并且没有规定裁量的条件,使当事人难以形成稳定的预期,没有充分反映一次性解决纠纷的群体诉讼理念。

第四,对于群体性纠纷,代表人诉讼之所以需要,重心并不在于诉讼效率的提高方面,而是为了追求纠纷的整体性解决,促使众多受到侵害的权利人积极提起和参加诉讼,使侵权人不能逃脱其应当承担的民事赔偿责任,实现实体法中民事责任规范的目的。因此,代表人诉讼制度的设计应当围绕充分实现实体法民事责任规范的目的来设计。受害者众多的民事纠纷,是否一律要通过代表人诉讼方式予以解决,也非绝对,而是要考虑该种民事纠纷的具体特点及相关实体法民事责任规范的目的。也就是说,我国的代表人诉讼制度虽然已经在民事诉讼法中原则上确立,但其具体适用的条件还需要深入讨论,相关规定也需要进一步完善。

(三)人数不确定代表人诉讼未予适用的原因

司法实践中,我国《民事诉讼法》第54条规定几乎很少被适用;第54条确立的“人数确定的代表人诉讼”,在各地法院的适用则有很大不同,既有作为系列诉讼分案处理的,也有积极适用代表人诉讼方式的。有学者指出,我国代表人诉讼制度在实践中运行不畅的原因至少应包括以下三个方面:一是司法政策基于群体性纠纷解决的审理复杂性等因素进行人为的限制;二是代表人诉讼制度本身设计的缺陷;三是民事诉讼理论研究的滞后。①

也有观点认为,我国的人数不确定代表人诉讼在理念上超出了我国现阶段的社会需求和制度条件,所以未能得到实际适用。

我国建立现代群体诉讼制度需要解决两个现实问题:如何认识群体诉讼对社会稳定的影响;如何认识司法机关的能力与群体纠纷的解决。这与我们对群体纠纷及其解决机制不熟悉、缺乏有效应对手段而产生的担忧心理有直接关系,与司法机关本身地位和能力的关联性并不是很突出。因为我国法院虽然没有采用人数不确定的代表人诉讼方式解决过群体性纠纷,但法院通过共同诉讼或者人数确定的代表人诉讼的方式审理了很多群体性案件,也取得了很好的效果。因此,在司法能力和经验上并不存在难以胜任的问题。虽然某些类型的群体纠纷并不适合法院审理,法院更不应当以群体诉讼的方式进行审理,但并不是所有的群体纠纷都会涉及社会稳定、政策敏感等因素。对那些纯粹基于交易行为而产生的群体纠纷,如证券侵权纠纷,适用群体诉讼方式审理不仅不会影响社会的稳定,反而如果该种侵权纠纷的受害人长期得不到法律的有效救济,将会对证券市场发展和社会稳定产生根本性的负面作用。群体诉讼制度从产生到发展的历史也证明,其对疏导社会冲突、维护社会稳定具有重要价值,这也是各国面对群体性纠纷,为什么要探索有效的法律救济方式的重要原因。因为法律程序最具有充分吸收不满的功能,这是法律程序的基本特点和优势。

对证券侵权引发的投资者损害,我国采用人数不确定的代表人诉讼方式

① 任自力:《美国集团诉讼立法变革及其对中国的启示》,载《西部法学评论》2008年第1期。

进行救济的探索仍需加强。客观来看,我国法院当时并没有处理大规模社会纠纷的成熟技术手段,因此,对大规模证券侵权引发的损害赔偿纠纷,法院并没有内在动力采用立法规定的人数不确定代表人诉讼方式,以使一个侵权事件引发的全部损害在一个程序中求得司法解决。但司法是社会正义的最后一道防线,法院应当充分意识到自己在群体纠纷有效解决上所承担的重大责任,并为构建适合证券侵权救济需要的诉讼制度而积极探索,努力弥合现实需求与法律规定之间的差距。党的十八届三中全会针对司法领域存在的突出问题,提出了一系列改革措施,司法体制和运行机制改革正在有序推进。① 因此,随着当代中国经济社会发展和司法体制的改革完善,中国群体性诉讼制度将会发挥更积极和重要的作用。②

二、我国人数不确定代表人诉讼的制度价值

(一)人数不确定代表人诉讼与共同诉讼的区别

比较起来,我国人数不确定代表人诉讼与传统诉讼方式的区别在于:登记程序可以让更多的受害人加入同一诉讼程序,最大程度集合单个赔偿请求权;效力扩张可以简化未参加诉讼的其他受害者实现赔偿请求权的程序,降低诉讼成本。上述措施的目的就是要让侵权者实施侵权行为的成本最大化,受害人的补偿最大化,实现损害赔偿的全面赔偿原则,救济制度的补偿和预防功能因此而实现。因此,对证券侵权赔偿纠纷而言,我国立法规定的人数不确定代表人诉讼方式较之单独诉讼和共同诉讼,更能实现证券侵权救济制度的法律功能,在证券侵权纠纷的审理中适用具有理论依据和实际意义。从法院实践来看,在群体性案件中拒绝适用人数不确定代表人诉讼的方式进行审理,理由之一就是其并不比共同诉讼或法院灵活运用的分别受理、合并审理方式具有更高的司法效率。这就涉及如何看待人数不确定代表人诉讼的诉讼效率(诉讼效益)问题。群体诉讼是复杂诉讼,给法院带来了更多的程序管理难题和案

---

① 《中共中央关于全面推进依法治国若干重大问题的决定》,人民出版社 2014 年版,第 29 页。

② 范愉:《〈侵权责任法〉与群体性诉讼制度的完善》,载《河北学刊》2011 年第 1 期。

件管理上的压力，对其是否提高了司法效率，人们也一直有不同的看法和争论。笔者认为，正如前文所述，证券侵权的诉讼救济应当采用人数不确定代表人诉讼方式，其合理性基础并非在于该种诉讼模式在提升司法效率方面的显著价值，而是在于其是实现证券侵权救济制度自身功能的必然要求，司法效率的价值追求只是一个次要的目标。鉴于此，笔者认为：(1)前置程序虽然利于当事人举证，一定程度上提升了司法效率，但限制了损害赔偿诉讼的及时提起和当事人诉权的行使，对损害赔偿的实现产生了拖延作用，不符合法律保护私权的精神，缺乏合理性，应当废除。(2)共同诉讼等方式虽然也能提升诉讼的效率，并可以减轻法院遭受的各方面压力，但其着眼的是具体个案的解决，只能解决部分损害的赔偿问题，而非着眼于侵权损害的整体解决。这种分散式的救济方式，虽然也能实现对具体和个别损害的补偿作用，但难以在一个程序中补偿因同一原因遭受的全部损害，导致完全赔偿的理念落空，使侵权人可以无须对其造成的全部损害承担赔偿责任，既不符合证券侵权损害有效救济的要求，也有违社会的公平正义观念。因此，要构建一种能够实现整体救济，让侵权者就其造成的损害承担全部赔偿责任的新型诉讼模式。我国《民事诉讼法》规定的人数不确定代表人诉讼方式在诉讼参加和效力扩张上作出了不同于共同诉讼的技术改变，能够有效满足整体救济损害的实际需要，属于重大的制度创新，具有重要的理论和实践价值，应当对其加以完善，使其能够在我国证券侵权赔偿救济的诉讼实践中得到适用，发挥作用。

(二)能够满足投资者损害整体救济的实际需要

我国人数不确定代表人诉讼与共同诉讼最大的差别在于其判决具有间接扩张的效力，判决认定的事实和阐述的法律观点，对那些未实际参加庭审的权利人也具有拘束力。我国追求和强调纠纷的一次性解决，且诉讼法理上遵循大陆法系的传统，是在对个体权利的保护的基础上，追求一次性解决纠纷的法律效果，故通过公告登记程序确定权利人，以落实对个体权利的切实保护，并通过判决效力扩张的方式达到对未参加诉讼的权利人的间接保护。这样既减轻了权利人另行诉讼的成本，也维护了判决的统一，体现了纠纷整体解决、纠纷处理思路一致的原理。在我国的模式下，权利人的个体权利能够得到较好保护，赔偿金额比较合理，但权利人参与诉讼的成本也相应增加。因此，我国人数不确定代表人诉讼的设计理念其实是符合现代群体纠纷解决理念和要求的。但在有些方面，也突破了传统诉讼原理的要求。比如，判决的间接扩张效力，意味着对于代表人诉讼判决所确定之事实及法律见解，未参加诉讼的权利人，在另行起诉后不得提出异议。如果以传统诉讼原理来衡量，现有的制度设计显然已经突破，因为这些另行起诉的权利人也许对原有的代表人诉讼并不知情，也许是参加登记后，又申请撤回的，或者是知情但未申请登记的。无论何种情况，判决的间接扩张效力对于另行提起诉讼的权利人来说，都剥夺了传统诉讼原理下有权参加庭审的权利。对于涉及自身权利实现基础的有关之事实及法律见解，权利人未参加庭审，提出主张和抗辩，却要承受其效力，显然已经突破了共同诉讼的原理。

我国人数不确定代表人诉讼在当事人权利的程序保障方面并不是很周全，有关程序规则缺乏，主要症结是群体纠纷处理中最需要的技术工具——法院强大管理职权的缺乏。我国当初的立法没有充分体察到人数不确定代表人诉讼这种群体诉讼模式将会给法院带来的独特责任和压力，没有对法院在集团诉讼中的重要地位和职权措施予以明确，而是仍然按照传统诉讼原理去看待法院的地位和作用。在我国司法实践中，法院已经意识到群体纠纷如果以人数不确定的代表人诉讼方式进行处理，必然要求法院行使强大的管理职权才能提高效率、保障权利、实现目的，并且需要以法律的极大权威和司法的尊崇地位为背景，才能使人数不确定的代表人诉讼的判决效力为权利人和社会所接受。可以说，我国法律是在缺乏必要的程序保障规定下，将人数不确定的代表人诉讼的判决效力扩张至未参加诉讼的权利人。虽然存在公告和登记程序，但其目的是告诉权利人：想参加就参加，不想参加就不用参加，并非带有一定的强制性，因为参加的意思需要以积极的申请登记行为表现出来。但不管是否申请登记均需要受到判决的间接约束。而且，在采用何种公告方式，尽量使更多的权利人知晓群体诉讼已经提起；如何便利权利人进行登记，减少参加诉讼成本等方面也缺乏细致规定。可见，我国现有的人数不确定代表人诉讼的法律规定不仅难以操作，在对未参加诉讼的权利人的程序保障上，也存在严重不足。因此，在司法环境不佳，司法权威有限，管理权限缺乏规定等因素综合影响下，法院显然没有适用人数不确定代表人诉讼处理群体纠纷的积极性。而且实际上，如果不完善现有的诉讼规则，法院也很难适用人数不确定代表人诉讼处理好社会上发生的群体纠纷，达不到代表人诉讼制度所预设的立法目的。

（三）人数不确定代表人诉讼规则的冲突及化解

基于上述理由，对我国人数不确定代表人诉讼在设计理念上符合群体纠纷解决要求的价值追求应当加以肯定，但现有具体规则之间在法理基础上还存在冲突，导致其在实际中不能得到有效适用，因此需要在技术层面对其有关程序规定加以修改、充实，以使规则体系与理念追求一致。具体来说，有以下几个方面。第一，严格代表人的资格条件，改变产生方式，加大对代表人诉讼行为的监督，从根本上改变法院在代表人问题上基本交由当事人确定和监督的做法。对群体诉讼而言，无论采取何种形态，实质上都是一种代表制，因为众多的实际权利人并不参加诉讼，其诉讼行为是由代表人具体实施，因此，代表人是群体诉讼有效运行的核心人物。根据我国现有规定，代表人主要采用由已经登记的权利人推选的方式产生，代表人的监督也由权利人负责，但诉讼行为的效力却及于未参加登记的潜在权利人。对该部分实际权利人如何监督代表人的诉讼行为，法律没有规定。对此可以有两种理解，一是由法官进行监督，二是由推选代表人的权利人代表未登记的实际权利人进行监督。无论哪种理解方式，都是假定他们可以有效代表未登记的实际权利人的利益，理论上可以采用默示授权的方式来解释他们的权利来源。但是，这存在两个问题。一是法官如何能够有效代表群体中的一部分权利人，法官在利益上应该是超脱诉讼双方当事人的。在群体诉讼中也不应例外。因此，法官代表未参加诉讼的实际权利人监督代表人的诉讼行为，不符合法官的地位和作用，法理上存在缺陷。二是由权利人代表未登记的实际权利人监督代表人的诉讼行为。由于群体纠纷在损害发生原因上的同质性和同一性，在寻求赔偿上，他们具有同样的利害关系，因此可以推定他们为利益共同体。这种理解具有一定合理性，但是只能采用默示授权的方式来解释他们的权利来源。进一步解释，这种理解事实上认为未参加诉讼的实际权利人的有关诉讼行为,也是由已经登记的权利人推选出的代表人代为实施了,参加诉讼的权利人只是代为实施未参加诉讼的实际权利人监督代表人的行为,而非代为实施诉讼行为或者授予代表权。

上述一系列的解释,对理解我国人数不确定代表人诉讼判决的间接扩张效力的合理性,应当是有帮助的。但同时暴露出了我国诉讼代表人产生方式、代表人地位取得上的不合理,或者权利来源上的不一致。因为按照前述解释,代表人虽然可以代表整个受侵害的群体,但一部分是基于明确的授权(推选产生),另一部分是基于默示授权(对判决效力具有扩张原因的解释)。显然,对群体诉讼代表人权利来源的规定或者解释,理论上应当具有一致性,采用一种方式,否则,将难以保障群体成员利益之间的协调和不冲突,并将人为加大群体诉讼处理的复杂性,有违群体诉讼的价值追求。正是鉴于此,我国的现有规定之间存在不可调和的冲突,即在判决效力扩张的规定和权利人推选代表人的规定上,两者在法理逻辑上存在冲突,必须做适当调整,以在法解释上能够使我国代表人诉讼的规则体系保持一致性。对此,笔者建议,对我国代表人产生办法以推选为原则的规定加以改变,改为由原告申请,法院审查确认,并由法律具体规定代表人的资格条件、更换、监督程序等事项。这并非从单纯提高代表人产生的效率着眼。根本理由就在于,代表人应当是代表全体权利人实施诉讼行为的人,而非代表登记权利人实施诉讼行为,对代表人如此定位,才符合群体诉讼设立理念的要求,才是判决效力扩张的基础。我国现有规定下,代表人的地位实际上更像权利人的诉讼代理人,在定位上的偏差导致我国代表人具体规则上存在诸多缺陷,不但有碍于群体诉讼效率的提升,更是与群体诉讼的法理逻辑相去甚远。如果不在代表人定位和具体规则上进行改变,则判决效力扩张的基础就存在严重问题,不具有法理上的妥当性,应当予以取消。但是,如果我国人数不确定的代表人诉讼的判决效力不具有扩张性,那么其就不能再被认为是一种现代的群体诉讼模式,将降为共同诉讼的一种形式。

因此,我国代表人诉讼制度的完善,在政策选择上面临两个完全不同的方向。或者按照群体诉讼的定位，以代表人规则的重构为中心，进行程序修改，这符合当时的立法理念，也符合我国社会群体纠纷实际解决的需要，但在法理上对传统诉讼原理有所突破仍然是在可接受的范围之内，没有颠覆传统，只是有所创新。若对现有规定不作改变，则无法改变其将一直处于休眠状态的命运。因为其规定的判决效力扩张条款的法理基础存在缺陷，与现有规定存在内在冲突，法院不愿，也无法适用其来审理群体纠纷。如果取消或者限制其判决效力的扩张，则其将与人数确定的代表人诉讼的法律功能无任何差别。应当说，我国法院除了基于司法环境等法律外因素不愿意适用人数不确定代表人诉讼审理群体纠纷外，一个更重要的法律上的原因就在于对判决效力的扩张问题存在疑惑，难以把握。有学者也指出，在人数不确定的代表人诉讼中，实际上也存在因判决的间接扩张效力而无法确定当事人范围的问题；又因为群体诉讼的集团性和扩散性，往往难以在一定时间和财力范围内明确具体的利害关系主体。此外，裁判的间接扩张效力，也剥夺了未参加诉讼的权利请求人的实体权利和诉讼权利。如果这些人对诉讼代表人的行为不满，或者对代表人诉讼的裁判不满，却只能无奈地适用代表人诉讼的裁判，那么这又是否有违正当程序的原理呢？① 这说明，即使在有的法官和学者看来，按照现有规定，我国人数不确定代表人诉讼的判决效力扩张的正当性都存在值得商榷之处。就更不用说对那些未参加诉讼的实际权利人而言，如果他们在另行诉讼中主张的基础事实和法律见解与我国人数不确定的代表人诉讼判决不一致时，法院按照我国人数不确定的代表人诉讼判决的内容对其适用，他们会有何种感想。鉴于这些实际考虑，我国法院对群体纠纷基本上是采用共同诉讼的方式进行处理。从上述分析来看，笔者认为，表面上我国确实有了处理群体纠纷的比较先进的人数不确定的代表人诉讼制度，法院不予适用，有“逃避职责”之嫌，但法院作为法律适用的专门机关，其对何种法律存在缺陷难以有效适用，应当比一般人，包括学者，有更多的经验认识，也许在学理上其并不能有效解释其缺陷的真正所在，但是该种经验认识和经验理性应当得到社会的尊重。

---

① 王福华：《变迁社会中的群体诉讼》，上海人民出版社 2011 年版，第 146 页。

而专门的法律研究者,则应当从理论的角度对法院基于经验理性所做的决定进行分析、检验,验证经验理性是否成立,如果成立,如何改进;如果不成立,原因何在。根据上述分析,至少在我们看来,法院现在的做法所反映的经验认识,是有理论依据的,是能够成立的,而并非主要是基于自身利益考虑的结果。因此,为了改变该种现实,需要研究者和立法者在规则的完善上加强研究,提出合理的改进方案,以使法律不脱离生活的需要。

三、证券法制本土化与制度变迁的路径依赖

(一)群体诉讼模式的本土化是普遍现象

证券市场侵权行为的严重性以及受害投资者得不到及时有效救济的现实困境,已经将我国证券侵权救济制度的完善推上了证券法制建设的前沿。鉴于现有诉讼模式存在的不足,创建一种适合证券侵权赔偿救济实际需要的群体诉讼制度,成为其中的重要内容。但是,在如何选择和建构证券群体诉讼的模式问题上,还存在不少的分歧。一种观点认为,应当参考美国集团诉讼或者其主要规则修改我国的人数不确定代表人诉讼;另一种观点认为,应当激活我国的人数不确定代表人诉讼制度,并对其具体规则加以完善,但是不应采用美国式的集团诉讼。①

应当看到,针对证券市场的侵权行为,当代世界各国都致力于寻求有效的法律救济和防范机制,美国的集团诉讼模式虽然影响力较大,但其他国家真正采用该种模式并且取得同样的效果的几乎没有。即使同样采用了美国集团诉讼之“选择退出”这一核心规则的国家,在该国群体诉讼制度具体规定的构建

① 有观点指出,美国证券集团诉讼制度成功的关键要素有三,依次为选择退出规则、费用转移规则、胜诉酬金规则。参见任自力等:《证券集团诉讼:国际经验 & 中国道路》,法律出版社2008年版,第255页。

上也不完全相同,实施效果也存在极大差异。① 在亚洲,韩国的证券集团诉讼立法被认为是以美国集团诉讼为蓝本,但由于其严格的管制规定,导致其在韩国证券市场中并没有实际发挥作用。总体来看,我国关于借鉴美国集团诉讼的主张虽然很多,但理由大致相同,而且缺乏与证券法实体规定和我国证券市场实际情况相关联的全面而深入的论证。在许多本土性的问题还没有厘清的情形下,域外各种观念和知识经验的借鉴就纷至沓来,②这是我们应当尽力避免的。由于各国证券市场的实际情况,以及政治体制和司法体制不同,各国的证券侵权赔偿诉讼制度存在很大差异。这是因为,任何制度的存在都是有其特定的原因和条件,当人们面对相同的实践需求时,往往会从本国现有的制度和条件出发,在不同理念的指导下,设计构建出相同或类似,或者完全不同的制度。因此,他国模式的借鉴要建立在本国实际情况之上,更重要的是探索出适合本国需求的模式,而不是把他国看起来不错的模式拿到本国来用。

正如有学者所言,"世界上有多种法律和司法制度,我们很难简单地用好或不好去评价它们,实际上也很难从一种法律和司法制度中分离出我们所认为的好的部分,抛弃我们所认为的不好的部分。但总有一些法律和司法制度会被人们认为是比较好的;标准是它与那个社会相适应,合于国情,有利于那个社会平稳地发展。我们的法律和司法制度的基本构架形成于封闭和市场萎缩的背景之下,今天国家要开放,要搞市场经济,法律和司法制度就要相应改革,以适应这种情况。但改革中国的法律和司法制度并不是要简单地从英美法系和大陆法系各取出一些我们认为好的东西用于中国,而是要像这些法律和司法制度适于这些国家那样,建立起适合于中国现代化,适合中国发展的法

---

① 罗斌:《证券集团诉讼研究》,法律出版社 2011 年版。在《证券集团诉讼研究》一书中,作者从证券集团诉讼运行机制的角度,对美国、澳大利亚、加拿大、韩国的证券集团诉讼法律制度进行了"点对点"的比较研究,并在此基础上对我国证券集团诉讼运行机制进行了分析与构建。作者选取了四个国家的证券集团诉讼制度,对相关环节进行了"点对点"的比较研究,但这四个国家均是采用"选择退出"方式界定集团成员的范围。从中可以看出,在同样采用"选择退出"规则的国家,它们的集团诉讼规则和配套规则也存在较大差异。

② 陈洁:《转型时期我国证券法学研究的特点及趋势》,载桂敏杰主编:《证券法苑》第 8 卷,法律出版社 2013 年版。

律和司法制度”。[1]

在我国,诉讼方式属于诉讼制度的重要部分,也是司法制度的重要内容,对我国政治环境和法律制度的依赖性很强,推倒重来在一般情况下很难实现。而且,从证券侵权纠纷的解决需求而言,新的解决纠纷的需求并不是取代了传统的诉讼制度,而是对旧有的需求的补充。显然,最好的方法是采取注重改革的实效性,而不是把传统的旧程序法推倒重建,以适应大规模诉讼的解决。[2]因此,证券侵权救济方式的合理选择和制度完善必然要利用我国现成的条件、寻求可资利用的支撑点,这样会沿着比较易于立足的方向突破,而回避那些难以克服的困难和矛盾,使诉讼模式在实施以后能够逐步完善。为此,在我国证券群体诉讼模式的选择与构建过程中,应当高度重视本土资源的挖掘和利用,充分注意制度变迁过程中的路径依赖问题。

(二)证券法制本土化的现实和理论依据

我国特殊的历史文化背景以及转型期特定的社会环境,决定了证券法制本土化的重要性。即便在证券法制高度国际化的背景下,对本土环境的理解和把握仍然是决定证券法律制度成败的关键。[3] 各国为了解决本国证券市场上的群体性侵权纠纷,采取了不同的群体诉讼模式,各种模式之间本身没有优劣之分,区别在于是否符合该国证券市场的实际情况,是否充分保护了中小投资者的权益,解决了纠纷,促进了发展。我们制定规则、完善制度,不能只从良好的动机出发,而是应权衡利弊,考虑其实际效果和影响。

理性来看,投资者保护水平的提高有一个渐进过程,与证券市场的稳定发展应当兼顾,我国证券市场的法治化需要根据我国证券市场的特点和规律加以推进,而不能只看到我国证券市场的问题和需求,不考虑我国问题的具体成因和各方面的实际承受能力,把其他国家解决同样问题和需求的制度拿过来就用。只有适合的才是最好的,而不是功效好的就是适合的。事实上,中国证券市场的现实制度不是依靠某种理论建构起来的。一项制度得以长期推行并

---

① 宋冰:《程序、正义与现代化》,中国政法大学出版社 1998 年版,第 485 页。
② 钱颖萍:《瑞典群体诉讼制度研究》,中国政法大学出版社 2013 年版,第 187 页。
③ 陈洁:《证券法的变革与走向》,法律出版社 2011 年版,第 15 页。

不取决于它对市场运行效率的最优保证，而是一种制度实践上的均衡，这是由现实的利益博弈、历史的发展路径以及决策者的思维认识所共同决定的。[①] 证券法律制度源于市场实践，其变化发展受诸多因素的影响和制约。证券市场的法治化问题往往不是单纯的法律问题，而是超越了法律存在的一个重大的社会、政治、经济课题。[②]

经济学的制度变迁理论将制度变迁分为两类：一类是诱导性制度变迁，其意指个人或群体响应获利机会自发倡导、组织和实行现行制度安排的变更或新制度安排的创造；另一类是强制性制度变迁，其意指制度安排的变更或创造系由政府命令、法律引入和实行的。[③] 制度变迁一般只能在现有的制度框架内推进，除非发生革命，否则很难突破制度环境制约，这就是制度变迁过程中的路径依赖现象。[④] 人们过去所做的选择决定了他们现在可能的选择。对任何一种制度安排、市场格局和运行路径进行改革，都会触动和改变已有的利益格局，即使这种改革是一种不会降低任何人原有收益水平的帕累托改进。由于证券市场存在众多的行为主体，他们之间的利益是有差异的，任何一种制度安排、市场格局和行动路径的形成，都是市场行为主动追求而内生的结果，并为很多行为主体带来了巨大的私人利益，因此，证券市场发展存在强烈的路径依赖。[⑤] 从宏观环境看，我国证券市场筹资功能优先、国有股占主导地位，无形中加大了证券民事赔偿的难度。从微观制度层面，证券民事救济机制受到制约的现象更是比比皆是。例如，尽管《证券法》已经赋予投资者就虚假陈述行为提起民事赔偿的权利，但目前共同诉讼制度的缺陷遏制了投资者的诉讼积极性，而集团诉讼程序的引入又面临很大的困难。靠近这些现实，研究和理解这种现实，从既定事实出发研究中国的法治道路问题，可能更有意义。[⑥] 因此，就

---

① 黄韬：《为什么法院不那么重要——中国证券市场的一个观察》，载苏力主编：《法律和社会科学》第 9 卷，法律出版社 2012 年版。

② 陈洁：《转型时期我国证券法学研究的特点及趋势》，载桂敏杰主编：《证券法苑》第 8 卷，法律出版社 2013 年版。

③ [美]R. 科斯：《财产权利与制度变迁》，刘守英等译，上海三联书店 1991 年版，第 384 页。

④ 陈洁：《证券法的变革与走向》，法律出版社 2011 年版，第 16 页。

⑤ 陈洁：《证券法的变革与走向》，法律出版社 2011 年版，第 16 页。

⑥ 陈洁：《证券法的变革与走向》，法律出版社 2011 年版，第 18 页。

证券侵权救济方式这一微观制度的创新来说,我们应当以现有实践经验为基础,在现行法律制度框架下,努力探索、构建出合理的群体诉讼制度,而非以理想主义的思维,引进在他国看起来不错的群体诉讼模式。这样才是一种审慎务实的态度,符合经济学中的路径依赖理论,改革阻力最小,也容易取得成效。

(三)人数不确定代表人诉讼方式的合理性

证券侵权救济制度的完善,涉及一系列复杂的实体法和程序法上的制度安排,是一个系统工程。证券市场法律制度的设计要充分考虑监管者利益与市场主体利益的矛盾与冲突。中国的证券市场存在其特有的结构——国有独资或国有控股企业占据了上市公司的绝大多数。由此决定,我国的证券民事赔偿纠纷这种现代型的群体纠纷往往涉及多方利益,所以处理这一类纠纷不得不考虑所处的环境。证券侵权赔偿纠纷的复杂性和敏感性,决定了证券侵权救济方式的合理选择必然需要充分考虑反映各方的合理需求,而不能以某一方的利益需求为主导。

总体来看,我国现有的人数不确定代表人诉讼规定较好地反映了各方利益的需求,只是在规则内容上还有些不符合法理要求和实际需要的地方,需要加以适当改进。因此,推动现有人数不确定代表人诉讼规定的适用和完善具有较强的合理性和可接受性,比较容易实现。具体来讲,从价值和功能层面来看,人数不确定代表人诉讼方式以损害赔偿的整体救济为中心,在参加方式和效力扩张方式的设计上平衡了原告、被告的利益,符合我国司法机关的实际情况和权利人的实际需求,具有较强的操作性;也符合我国证券市场的现实需求与发展需要,有利于投资者保护与促进资本形成之间的平衡。我国证券市场的形成特点决定了证券侵权纠纷的背后所涉利益关系的复杂性,而现有人数不确定代表人诉讼方式能够较好包容各方的利益需求,加以完善予以推行,阻力较小。从技术层面来看,人数不确定代表人诉讼方式体现了整体救济群体性损害的理念,采用公告和申请登记的方式,符合群体性纠纷解决的内在需求;留下了法院裁量的空间,符合群体诉讼制度构建的一般原理,但缺乏裁量的程序性规定,不利于权利人对法院裁量的监督,应当加以完善;我国积累了采用人数确定代表人诉讼方式处理证券群体纠纷的经验,司法操作方面容易对接,司法能力足以胜任。

关于团体诉讼,国内学界过去并没有太多研究。最近几年,这种状况有所改变,以团体诉讼为题的论文不断出现,主张引入团体诉讼的立法建议也应运而生。① 对于证券侵权救济,为什么不应建构团体诉讼的模式?首先,我国缺乏团体诉讼的立法和实践,在消费者保护和环境侵权领域的团体诉讼立法也才刚刚开始施行,且主要限于不作为之诉,而不是损害赔偿之诉。其次,团体诉讼需要以法定的社会团体成立为前提,需要在证券实体法中作出专门规定。一般认为,我国缺乏社会团体成立的合适土壤,即使通过专门立法成立了相关的团体,团体的独立性和经费保障问题也将是一个很大的问题。其他国家的团体诉讼实践表明,团体诉讼所需要的团体如果缺乏独立性或者缺乏足够经费保障,将难以有效提起团体诉讼,也难以落实投资人的权利救济主张。再次,从欧洲国家的团体诉讼实践来看,团体提起损害赔偿诉讼是晚近才出现的事情,需要以团体成员的明确授权为前提,而且损害赔偿团体诉讼的判决效力不能扩展至未授权团体的实际权利人。因而团体诉讼并不能满足证券侵权纠

---

① 比如,汤唯建教授认为,团体是诉讼具有独特的制度优势,在全世界范围内,它也呈现强劲的发展势头,具有旺盛的生命力。我国应当修改《民事诉讼法》的规定,导入团体诉讼制度,同时完善立法上的配套规定,以克服其制度性弊端,发挥该制度所具有的最大化功能,从而完善我国的复杂当事人制度和集合型诉讼机制。(参见汤维建:《论团体诉讼的制度理性》,载《法学家》2008 年第 6 期。)吴俐认为,我国相关部门法中已经有了团体代行诉权的规定,应在《民事诉讼法》增设公益性团体享有诉讼资格的条文,在我国真正确立团体诉讼制度。(参见吴俐:《团体诉讼与〈民事诉讼法〉的融合研究》,载《商业时代》2009 年第 6 期。)赵海霞认为,我国代表人诉讼制度在涉及公益诉讼时无能为力,随着我国社会团体的不断发展,团体诉讼制度的存在具有合理性和必然性。(参见赵海霞:《论我国团体诉讼制度的构建》,载《沈阳工程学院学报(社会科学版)》2008 年第 2 期。)沈玉堂认为,一方面,代表人制度并不能完全承担起保护公共利益的重大职责,而集团诉讼又不适合我国国情,引入团体诉讼具有必要性;另一方面,考虑到相关法的现有规定和我国社会团体的蓬勃发展,引入团体诉讼也具有可行性。(参见沈玉堂:《构建中国团体诉讼制度的若干思考》,载《理论月刊》2009 年第 10 期。)宋一欣认为,可以在证券欺诈案件中同时引入集团诉讼和团体诉讼,集团诉讼主要适用于因虚假陈述引起的民事赔偿案件,团体诉讼主要适用于内幕交易、短线交易和操纵市场引起的民事赔偿案件。(参见宋一欣:《可否同时引入集团诉讼与团体诉讼》,载《上海证券报》2006 年 12 月 27 日,C08 版。)杨峰同样主张在证券侵权领域引入团体诉讼,但理由之一是集团诉讼存在缺点,暂时不可能引入我国。(参见杨峰:《德国团体诉讼对完善我国证券侵权诉讼制度的借鉴》,载《求索》2007 年第 12 期。)对有关团体诉讼立法建议的评价,具体可参见吴泽勇:《建构中国的群体诉讼程序:评论与展望》,载《当代法学》2012 年第 3 期。

纷一次性救济的实际需要。最后,证券侵权行为侵害的主要是投资者的私人权益,投资者自己往往有动力提起诉讼,法律只需要为投资者权利救济提供程序便捷、成本低廉的诉讼模式,并不需要另行委托法律上的专门团体代其行使诉讼权利,因而并不需要通过团体诉讼的方式来实现其权利的救济。在信奉个人主义法律观的欧洲民事诉讼法学家看来,损害赔偿请求权通常只能由直接受害者个人行使,而不能赋予受害者之外的第三人。这就是德国经过长达30多年的讨论,也无法将团体诉讼扩张到损害赔偿领域的原因。总之,德国的经验表明,作为防御性救济(主要体现为不作为之诉和撤销之诉)的团体诉讼,其程序运作相对简单,实施效果也可以预期。而一旦涉及补偿性救济(表现为给付之诉),则立即遭遇各种理论和实践上的难题,比如团体损害赔偿之诉与个人赔偿之诉的关系、赔偿金的计算、胜诉所得的流向等。①

随着我国现代化法治进程的推进以及中国特色社会主义法律体系的建立,偏重学习和借鉴西方理论与制度的追仿型的法治进路已显示出明显的局限和缺失。其中显而易见的缺陷就是追仿型的法治进路是以域外假想的模式评论乃至指导我们的实践,这不仅不能客观地认识我国法治的现实,还可能导致实践中的重大偏误。因此,从追仿型法治进路向自主型法治进路的转型已经成为我国法学界的共识。② 所谓自主型法治进路,就是指以适应中国具体国情、解决中国实际问题为基本目标,立足于自我发展和自主创新的自主型法治体系。因此,对证券侵权民事赔偿诉讼模式的选择应当秉持一种理性和务实的态度,不顾国情而盲目进行法律移植只会产生南辕北辙的后果。美国的集团诉讼制度、英国的代表诉讼制度、德国的团体诉讼制度、日本的选定当事人制度都是按照其文化传统构造起来的,都有其独特的制度运行环境与制度生存土壤,不具有普适性。③ 目前,我国《民事诉讼法》规定的人数不确定代表人诉讼制度在内容上存在不足,在功能上相对弱小,有些规则设计也缺乏合理性,但我们可以通过参考他国群体诉讼模式的理念原则来完善我国的该项群

---

① 吴泽勇:《德国团体诉讼的历史考察》,载《中外法学》2009年第4期。

② 顾培东:《中国法治的自主型进路》,载《法学研究》2010年第1期。

③ 冯果、李安安:《内幕交易的民事责任及其实现机制》,载《当代法学》2011年第5期。

体诉讼制度,使其能够实际操作和发挥作用,完全没有必要推倒重来。因此,对我国证券侵权民事救济的群体诉讼制度构建而言,一方面,由于我国司法实践中已经有通过人数确定的代表人诉讼审理证券侵权民事赔偿的经验,所以有必要充分发掘本土资源,注重代表人诉讼制度的有效运用;另一方面,要针对我国人数不确定的代表人诉讼制度在具体规则设计上的不合理,在分析其法理缺陷的基础上,提出具体的改进措施,以推动我国人数不确定代表人诉讼制度尽快在证券侵权救济的司法实践中得到适用。

第五章　证券侵权救济的群体诉讼制度构建

一、确认程序的建立与前置程序的取消

我国人数不确定代表人诉讼制度存在的首要问题，是民事诉讼法对人数不确定代表人诉讼的成立要件及受理程序缺乏规定。从世界范围看，凡设立群体诉讼的国家在立法上都规定了诉讼成立的条件，而群体诉讼要件是否成立，尚需受诉法院以明确的标准，在当事人的参与下进行职权上探知，于程序功能比较的基础上作出是否适用群体诉讼程序的判断。[①]

（一）域外国家关于群体诉讼提起的确认程序

集团诉讼的程序大体与其他诉讼程序相同，但诉讼的开始和终结阶段除外。在开始阶段，法院必须首先确定该情形适用集团诉讼是否必要；如果符合条件，法院还要确定自告奋勇的集团成员是否充分代表了整个集团，以及他们的律师所提供的帮助是否足够。集团诉讼终结时还需要特别的司法监督。当损害赔偿集团诉讼诉至判决时，法院必须监督集团成员之间对收

---

① 王福华：《变迁社会中的群体诉讼》，上海人民出版社 2011 年版，第 178 页。

益的分配。①

"集团确认"(class certification)是美国集团诉讼的第一个重要环节,是法院将一个案件作为集团诉讼进行审理的前提。集团确认,又称集团诉讼资格的确认,是指法院收到原告的集团诉讼起诉书后,对其诉讼请求是否符合集团诉讼之要件进行审查,并决定是否适用集团诉讼规则处理的过程。如果一个集团诉讼被法院裁定拒绝确认集团资格,就根本无从利用集团诉讼制度的优势救济原告。根据美国《联邦民事诉讼规则》,法院进行集团确认一般包括以下三个步骤:一是审查原告集团是否符合集团诉讼的先决条件、维持条件,以及是否存在特殊问题集团或者子集团;二是确定集团的代表人和律师;三是作出集团确认的裁决。②

在美国,对于大多数集团诉讼而言,确认裁定是诉讼中的主要事件。③ 如果集团得以确认,通常情况下此案将和解解决。因为一旦集团获确认,被告将面临对整个集团承担巨大的潜在累计责任。另外,如果法院拒绝确认该案件为集团诉讼,则案件很可能不了了之。因此,当事人会投入巨大资源争讼集团确认问题。④

美国《联邦民事诉讼规则》第 23 条(a)款规定的集团诉讼的先决条件是:(1)集团一方人数众多,以至于全体成员的合并在实际上是不可能的;(2)集团成员间有共同的法律问题或事实问题;(3)集团代表的请求和抗辩是在集团中有代表性的请求和抗辩;(4)集团代表能公正和充分地维护集团成员的利益。《联邦民事诉讼规则》第 23 条(b)款规定的维持条件是:(1)案件不得不以集团诉讼审理,即必要的集团诉讼;(2)集团成员共同要求对某一问题作出法律确认,或者寻求一项普遍保护成员的禁止令,判决结果自动对所有集团成员发生

---

① [美]杰弗里·C.哈泽德、米歇尔·塔鲁伊:《美国民事诉讼法导论》,张茂译,中国政法大学出版社 1998 年版,第 166～168 页。

② 任自力等:《证券集团诉讼:国际经验 & 中国道路》,法律出版社 2008 年版,第 125 页。

③ [美]理查德·D.弗里尔:《美国民事诉讼法》,张利民、孙国平、赵艳敏译,商务印书馆 2013 年版,第 934 页。

④ [美]理查德·D.弗里尔:《美国民事诉讼法》,张利民、孙国平、赵艳敏译,商务印书馆 2013 年版,第 900 页。

影响,即寻求共同保护的集团诉讼;(3)集团成员涉及的法律或事实问题,既存在共同点又存在不同点,但共同点占主导地位。依照《联邦民事诉讼规则》,一项集团诉讼必须符合第23条(a)款规定的所有先决条件,并且满足第23条(b)款规定的任意一个维持条件,才会被法院接受作为集团诉讼处理。根据维持条件的不同,美国集团诉讼被分为三类:一是必要集团诉讼,此种集团诉讼符合第23条(b)款(1)项规定的条件;二是寻求禁令的集团诉讼,此种集团诉讼符合第23条(b)款(2)项规定的条件;三是普通的集团诉讼,此种集团诉讼符合第23条(b)款(3)项规定的条件。实践中,美国大量的证券侵权案件通过第23条(b)款(3)项成功地提起了集团诉讼。与此同时,美国近年来已结证券集团诉讼的驳回起诉率呈逐年升高之势:1996年是34%,2003年至2006年均在50%以上,2006年更是达到57%。[①] 由此可见,确认程序在美国证券集团诉讼的实际运作中具有重要作用。

英国《民事诉讼规则》规定,在英国提起集团诉讼应具备两个前提条件:一是当事人一方或双方人数众多;二是纠纷不适合进行其他类型的诉讼。因此,申请人在考虑申请集团诉讼命令时,应特别考虑案件应用诉讼合并或代表诉讼等其他诉讼程序是否更适当。集团诉讼的启动有两种情形,一是当事人向法院提出申请,经大法官同意并签发集团诉讼命令而启动;二是法院依职权签发集团诉讼命令而启动。[②]

根据《加拿大联邦法庭法》的相关规定,法官对满足下列条件的案件可确认其为(证券)集团诉讼[③]:(1)申请者的诉状说明了一个合理的诉因。(2)有一个可确认的2名或2名以上的成员组成的集团。(3)集团成员的诉求提出了共同的法律或事实问题,不管这些共同问题是否优越于影响个别成员的问题。(4)集团诉讼程序是公正、有效解决共同的法律或事实问题的首选程序。(5)有1名代表原告或申请人,其公正和充分地代表集团利益。《加拿大联邦法庭法》规定,在考虑集团诉讼程序是否是解决集团成员共同的法律和事实问

---

① 任自力等:《证券集团诉讼:国际经验 & 中国道路》,法律出版社2008年版,第175页。

② 徐昕:英国《民事诉讼规则》,中国法制出版社2001年版,第91~94页。

③ Federal Court Rules 334.16(1).

题的公正而有效的首选手段时,应该考虑:(1)集团成员共同的法律或事实问题是否优越于仅仅影响个别成员的问题。(2)是否相当多的集团成员有明显的进行单一诉讼的兴趣。(3)集团程序是否包含已成为其他诉讼程序中争点的请求。(4)其他解决诉求的手段是否并不实际、有效。(5)比起预计通过其他途径解决问题,集团诉讼程序的管理是否将产生更大的困难。这些规定事实上就是美国关于集团诉讼的维持条件。此外,加拿大证券集团诉讼的集团确认还有原告的真实信赖及案件实质性价值的要求。① 由于集团确认的条件比较高,而且涉及实体问题的审查,虽然同为普通法国家,同样实行退出制,加拿大的证券集团诉讼与澳大利亚和美国的证券集团诉讼相比,自然会给人步履维艰的印象。②

在澳大利亚的联邦法院和部分州法院,满足以下 3 个前提条件的案件可作为(证券)集团诉讼受理③:第一,必须有 7 个或 7 个以上的人针对同一个被告提出请求;第二,原告都是因为相同、相似或相关的原因而向对方提出请求;第三,这些人所提出的请求中至少有一个是"实质的"、共同的事实或法律争议事项。澳大利亚(证券)集团诉讼的条件有模糊之处,但整体而言,其只相当于美国(证券)集团诉讼的先决条件,而没有维持条件的硬性规定,也没有共同问题优越于个别性问题的要求,而且法官的司法制约也很少。"一个诉讼作为集团诉讼进行下去是建立在法官没有做出该诉讼不能作为集团诉讼进行的基础上。"其原因在于澳大利亚联邦法院认为美国同行的做法是在为法院添加不必要的成本,通过举行确认的听证程序或者给予被告对集团诉讼提起的有效性进行质疑的权利,将会导致整个案件审判的拖延。④

韩国证券集团诉讼也有严格的集团确认程序,在韩国的《证券集团诉讼法》中,集团确认称为"诉讼许可"。在诉讼代表人提出证券集团诉讼许可申请后,法庭要举行一个听审,然后再作出决定。根据《证券集团诉讼法》规定,要

---

① 罗斌:《证券集团诉讼研究》,法律出版社 2011 年版,第 202 ~ 203 页。

② 罗斌:《证券集团诉讼研究》,法律出版社 2011 年版,第 205 页。

③ Federal Court of Australia Act 1976(Cth)s33C and Supreme Court Act 1986(Vic).

④ S. Stuart Clark and C. Harris, *Multi-Plaintiff Litigation in Australia-A Comparative Perspective*, Duke Journal of Comparative and International Law, 2001, p. 11.

得到“诉讼许可”，除了要符合规定列举的违法行为及当事人资格要求外，还要满足以下要求：诉讼代表人提出的损害赔偿请求权，应该是所有成员共同的法律上或者事实上的重要争议；诉讼代表人应是能在证券集团诉讼中夺得利益最多的，并能够公正适当地代表集团成员利益的成员；证券集团诉讼作为权利实现或者利益保护的手段是合法有效的。①

《瑞典群体诉讼法》第 8 条规定了提起群体诉讼的特别前提条件，主要包括：“提起群体诉讼所根据的情况对于群体的成员来说必须是共同的或者是同一性质；群体的成员提出的某些诉讼请求与其他诉讼请求的实体依据可以不同但是提出群体诉讼仍然是适当的；诉讼所涉及的主要部分，如果群体成员单独进行诉讼无法完全获得恰当的救济；群体的大小、范围以及其他方面都已经被适当地限定；原告根据其实体利益、经济能力以及总体情况，代理提起群体诉讼是适当的。”2003 年开始实施的《瑞典群体诉讼法》对群体诉讼的进行并未规定确认程序。但是在该法实施的近 6 年间，已经在瑞典普通法院提起的群体诉讼案件有 12 起，其中有两起以群体诉讼提起的案件被法院驳回，主要的理由都是未能满足《瑞典群体诉讼法》第 8 条规定的特别前提。②

瑞典、澳大利亚等国在群体诉讼程序中没有规定确认程序的主要原因在于，其认为美国集团诉讼确认程序复杂、费事、案件延期常常发生，费用因此递增。因此，这些国家认为，应由被告来证明原告所提起的群体诉讼是否符合法律要求，如果被告没有对群体诉讼程序的进行有异议，那么就群体诉讼程序审理应继续进行，由此来避免诉讼迟延。但是实践的效果却并非如此，澳大利亚法律所期望的经济、高效的目标没有实现③。在瑞典 2003 年奥运航空案等案件中，原告、被告双方都在诉讼的初始阶段对于群体诉讼的提起是否符合《瑞典群体诉讼法》第 8 条前提条件规定陷于不断的上诉较量之中，在此过程所耗费的时间都长达数年。因此，在此问题上各国基本上逐渐认同了美国集团诉讼的确认程序，瑞典的调查评估小组也特别建议需要增加法院对于群体诉讼

---

① 罗斌：《证券集团诉讼研究》，法律出版社 2011 年版，第 184 页。

② 钱颖萍：《瑞典群体诉讼制度研究》，中国政法大学出版社 2013 年版，第 125 页。

③ 王开定：《美国集体诉讼制度研究》，法律出版社 2008 年版，第 160 页。

的确认程序。调查评估报告认为,法院具有裁定可否进行群体诉讼的义务,即原告提起诉讼申请状后,未经初审法院的审查确认,诉讼将不能以群体诉讼的形式进行。①

(二)确认程序构建的法理依据与积极意义

由上可知,无论是在成员确定方式上采取"选择退出"规则的美国、加拿大、澳大利亚,还是在成员确定方式上采取"选择加入"规则的英国、瑞典,其群体诉讼法律制度中都对群体诉讼提起的前提条件作出了明确规定,并设置了相应的审查程序,授权法院对不符合群体诉讼条件的群体诉讼申请予以驳回。

是否需要独立的群体诉讼确认程序,与群体诉讼是否为当事人的诉讼权利的认识有关。如果认可群体诉讼的进行为权利,那么原告提起群体诉讼后,除非法院另有裁定,诉讼即应当依照法定的群体诉讼程序进行。但是如果不认为提起群体诉讼是当事人的权利,那么只有法院对于群体诉讼予以确认后,诉讼才能够继续以群体诉讼的程序进行。目前采用群体诉讼的国家普遍认为,群体诉讼并不是一项权利。群体诉讼是复杂诉讼,仅是普通程序的补充,仅在传统民事诉讼框架内无法实现当事人的诉讼请求时,或者采取传统的方式可能会导致诉讼的庞杂或者拖延的前提下才可以采取群体诉讼的形式。正是基于该种认识,面对小额多数权利救济的社会需求,各国在建立群体诉讼制度的同时,也通过立法对其作出限制性调整,明确其适用条件,并将是否适用群体诉讼的裁量权留给法院。

鉴于集团诉讼有别于传统民事诉讼的程序构造和价值追求,当代世界各国的集团诉讼制度都并非由当事人自由选择的程序。因此,赋予法院对群体诉讼方式应否适用的裁量权就成为必然,只是该种裁量应建立在法律规定的具体条件之上,裁量程序应当公开、透明。近年来,我国法院对一些起诉到法院的群体性纠纷,在审理中未适用代表人诉讼方式而采用共同诉讼或分案审理的方式解决,虽然目的可能正当,但由于该种决定并非建立在公开、透明的程序上,人们对此争议很多。因此,通过立法规定更为明确的、可操作的立案

---

① 钱颖萍:《瑞典群体诉讼制度研究》,中国政法大学出版社2013年版,第146页。

受理标准,并授权法院据此作出裁决来说明不予受理的理由,无疑更符合我国社会、当事人和法学界的愿望,由此也可以减轻法院的裁量责任。① 这也符合我国群体纠纷类型多元化的特点。我国仍然有很大一部分群体纠纷并非因现代社会大规模工业化生产而引发,并不能归入现代意义上的"现代型诉讼事件"。纠纷的类型不同,对纠纷处理机制的要求自然也不同②。因此,对群体纠纷是否应采用群体诉讼方式审理,不能一概而论。从理论上讲,证券市场上的侵权纠纷属于"现代型纠纷"之一种,具有与其他国家同类纠纷差不多的特征。不过,这类纠纷在我国发生的频率如此之高,与相关制度不完备、政府监管不力有关。这类案件的处理难度在于,证券领域的交易活动专业性、技术性很强,加上政府现有规制力度较弱,当纠纷发生时,事实认定常常成为难题。③ 基于这些客观因素的存在,并非所有因证券侵权发生的群体纠纷都能够通过群体诉讼方式得到妥当、高效处理,因此,在我国证券群体诉讼制度中建立确认程序也是由证券纠纷本身的性质和复杂性决定的。

我国有学者认为,美国(证券)集团诉讼确认程序不符合集团诉讼的精神,并指出2008年金融危机暴露出美国《私人证券诉讼改革法》强化集团确认的不合理性。④ 对此,笔者认为,要不要在我国证券群体诉讼制度中规定诉讼提起的确认程序是立法政策的选择问题,而且是应当经过充分探讨、多方权衡后才能作出的选择。笔者正是对我国要不要建立确认程序这样一个立法政策问题进行探讨,并期待更多的人对此问题予以重视和关注。但认为一旦在立法政策上选择建立确认程序,我国的证券集团诉讼将难以有所作为的观点是不能成立的。主要理由是:其一,证券群体诉讼只是解决证券群体纠纷的一种方式,而非唯一和最优方式,运用群体诉讼解决群体纠纷有其优势和作用所在,但司法内在的局限性决定了群体诉讼方式并不适合,也不能有效解决所有证券群体纠纷。美国等国家的集团诉讼实践已经证实了此点。通过确认程序将

---

① 范愉:《集团诉讼问题研究》,北京大学出版社2005年版,第386页。
② 章武生等:《中国群体诉讼理论与案例评析》,法律出版社2009年版,第114页。
③ 章武生等:《中国群体诉讼理论与案例评析》,法律出版社2009年版,第117页。
④ 罗斌:《证券集团诉讼研究》,法律出版社2011年版,第90~93页。

不适合通过群体诉讼方式解决的纠纷分流到其他解决渠道，包括以共同诉讼或者个案诉讼方式解决，既没有剥夺当事人诉权，亦不会实际损害当事人利益。其二，防止滥诉只是确认程序的作用之一，而非主要目的。群体诉讼在诉讼运作和功能追求上有别于个案诉讼，为了保障其运作正常和功能发挥，在法律上规定不同于个案诉讼受理程序的确认程序，符合群体诉讼的内在要求，体现了“不同事物应不同对待”的法理。在群体诉讼制度中规定确认程序的国家，也并非全部允许胜诉酬金制，如瑞典、韩国等。因此，是否设置确认程序也与是否允许胜诉酬金制并无必然关联。其三，对群体诉讼的提起而言，确认程序客观上会起到一定的“制约”作用，但这种“制约”是有限度的，其目的是保障群体诉讼的正常运行和功能发挥，而非取消群体诉讼。而且，在证券集团诉讼的制约系统中，还有当事人资格要求（如韩国对股东份额的要求）、受案范围、对提起无价值诉讼的律师处罚机制等方式，确认程序只是其中的一个并非不可或缺的工具。群体诉讼在一个国家是否活跃，与诸多因素和条件相关，绝非取决于群体诉讼确认程序的有无。而且，我们所要建立的确认程序，是在法律明确规定的条件之上，依照法定的方式在当事人积极参与下完成的，结果是要受到当事人和社会公开评判的，而非允许法院恣意裁量。因此，从根本上来说，对群体诉讼的正常运作与目的实现而言，确认程序是一种保障，而非制约。这也是笔者认为要建立确认程序的意义所在。

群体诉讼的启动应当设置确认程序，从程序构造上来看，是由于群体诉讼必须通过代表人进行及群体诉讼的判决效力具有扩张性。通过确认程序可以使法院在案件开始阶段就注意平衡群体诉讼的公益追求与私益保护的关系。首先，为了提高诉讼效率，群体诉讼中的所有集团成员不可能均参加诉讼，必然由一人或数人代表全体成员实施诉讼行为。这样，未能参加诉讼的集团成员的权利就需要通过代表人得以实现，即权利实现具有间接性。通常，诉讼代表人应有全体当事人的授权，授权方式既可以通过积极参加和明示授权，也可能通过默示推定的方式获得授权。不同国家在授权和参加方式上的差别，往往直接关系到当事人权利的保护程度和集团诉讼的威力。在不同类型的集团诉讼中，代表人的权限和行为能力也各有不同，由此决定了全体当事人与该诉讼关系的紧密程度——代表人权限越大,则每个当事人的处分权就越小,甚至可能通过完全转移给代表人而基本失权。因此,如何保护好缺席成员的利益,如何认定代表人在诉讼进程中不会损害全体成员的利益,是法院在诉讼开始就要认真考虑的问题。其次,集团诉讼判决的效力具有扩张性。集团诉讼的判决不仅对代表人和其他出庭参加诉讼的当事人具有约束力,而且对未出庭的当事人,甚至对潜在的当事人具有约束力。这是集团诉讼与共同诉讼的一个重要区别。判决效力扩张的意义在于其他当事人可能援引判决获得同等赔偿、补偿或其他利益,败诉的被告则必须对全体可能存在的被害人支付赔偿或补偿,因此将遭受严厉的制裁。① 所以,无论对全体受害人还是被告而言,集团诉讼一旦启动,就会对他们的权利行使和责任界定产生巨大影响,并给法院在案件管理和公正审判上带来压力和责任。因此法院必须慎重对待集团诉讼的受理,避免群体诉讼运行中成员权利受损,并伤及无辜被告。

就制度目的而言,集团诉讼既要成为保护众多集团成员的有效救济机制,也必须成为一个能够有效保护被告程序利益的机制。集团诉讼可以使众多受害者对侵害行为轻而易举地提出损害救济,将原本没有威胁性的单独诉讼变为杀伤力极大的大型侵权诉讼,使被告难逃其责。是否将一项诉讼赋予集团诉讼资格,不仅直接影响诉讼的最终结果,对整个诉讼程序也有决定性的影响。一旦被确认为集团诉讼,集团方将会在和解谈判中占据优势地位,使被告接受更有利于集团的和解方案。未出席的集团成员也可以得到原本因高昂的诉讼成本而放弃的利益。代表人还可以利用集团以及舆论给对方带来的无形压力,使纠纷更好地尽早解决。② 为此,应建立一个可以平衡原告集团与被告之间利益的程序机制,而非人为简单地仅仅为众多受害人创设一个对抗被告的诉讼空间。③

确认程序的作用主要表现在④:(1)实现集团诉讼启动上的平衡。"表面

---

① 王福华:《变迁社会中的群体诉讼》,上海人民出版社2011年版,第72页。

② 汤鸣:《美国集团诉讼的确认与通知程序》,载《学海》2006年第5期。

③ 王福华:《变迁社会中的群体诉讼》,上海人民出版社2011年版,第158页。

④ 王福华:《变迁社会中的群体诉讼》,上海人民出版社2011年版,第237~238页。

上，确认集团的程序是以强迫原告方屈服的方式开始的，在诉讼开始以前他就要披挂上阵，而其他类型诉讼中的原告则无须经历这种痛苦的测试。"①但在效果上，确认程序却给代表人、集团成员和被告提供了行使权利的机会。确认程序既保护了集团成员的利益，增加了被告防御集团诉讼的机会，同时还起到了制约代表人和律师的作用。(2)有利于对集团诉讼案件的管理。可将那些不适宜用集团诉讼解决的案件在诉讼开始时就排除掉。群体诉讼的启动会给作为被告的企业带来潜在的损害。特别是在并没有确实证据证明被告行为违法的情况下即向社会公告通知当事人登记，会给被告的名誉权或者商业秘密造成难以弥补的损害，甚至可能将其置于破产境地。因此，一旦被告针对群体诉讼程序本身提出抗辩，法院就有必要充分衡量具体因素对群体诉讼的妥当性作出判断。(3)保护集团成员利益。由于最终的判决要约束未到案的群体成员，法院必须确认未到案的群体成员的利益是否得到了充分代表，而确认程序也给被告以机会来反对本案以群体诉讼的方式进行。如果在开始阶段没有确认程序，代表人和集团律师由于利益驱动可能滥用启动集团诉讼的权利，引起集团内部的利益冲突，从而损害集团成员的利益。漫长的程序运作和高昂的诉讼花费都会令整个社会难以容忍，不但给被告带来实质上的不公平和沉重的诉讼负担，甚至可能危机相关产业，对一个国家的经济造成影响。实证分析显示，与典型的民事案件相比，集团诉讼相当消耗司法资源，其处理的时间是普通民事案件的2～3倍。因而，适时、适事地启动群体诉讼，方可达到减少"生产正义的成本"的目的，并将其负面效应最小化。②

(三)我国未规定确认程序的原因

我国未规定确认程序的主要原因有两个方面。一是理念的偏差。实践中，我国的代表人诉讼方式仅仅是被当作提高司法效率的一种司法管理措施，而不是一种新型的群体利益保护方式和被告责任确定机制。我国的诉讼代表人只是代表众多共同诉讼人进行诉讼，而不能代表遭受同样侵害的其他群体

---

① Roman A. J., *Class Action in Canada: the Path to Reform?*, Adovcates' Society, 1988(7), p. 28.

② 王福华：《变迁社会中的群体诉讼》，上海人民出版社2011年版，第180页。

成员启动人数不确定代表人诉讼。而按照群体诉讼内在要求,代表人应当具有启动群体诉讼的权利,与此同时,代表人应由符合特定条件的人担任,并接受法院任命和监督,代表人合格是群体诉讼得到法院确认的必要条件。只有这样,才能达到通过一个法律程序,救济全体受害人的目的。二是从立法目的来看,我国的代表人诉讼制度设计过于向法院便利审理案件方面倾斜,而非侧重于当事人利用群体诉讼机制的需要。在群体诉讼的受理上,法院奉行的是职权主义,缺乏程序意识,没有设定一个当事人参与机制。法院在作出采取何种诉讼方式的决定时通常并不向当事人书面说明理由,因此,就很容易遭到公众的恶意推定。①

我国法律未规定确认程序的负面影响主要表现在:其一,不利于人们对群体诉讼形成理性认识。人们通常误以为审理群体性案件应首先考虑适用人数不确定代表人诉讼,群体纠纷一旦进入法院,法院就应以人数不确定代表人诉讼方式审理,并不存在一个审查确认程序。但实际上,没有哪个国家在立法上及实践中将群体诉讼置于优先于其他纠纷解决方法之上,对于大型纠纷而言群体诉讼也绝非不二之选。② 只要司法功能发挥正常,即使没有群体诉讼同样可以使受害人得到救济。这意味着在有替代方法的情况下不宜启动群体诉讼。其二,不利于对群体纠纷中当事人诉权的切实保护。群体诉讼在救济小额多数损害方面可以发挥特殊的作用,各国对群体诉讼规定确认程序,并不是要排斥其正常功能的发挥,而是要保障群体诉讼的提起和运行符合各方需求。因为"集团诉讼并非总是易于管理与实施,选择它是因为其比其他方式更好。"③因此,确认程序的目的是让真正适合通过集团诉讼方式审理的案件可以按照该方式进行审理,因为集团诉讼耗费的资源是巨大的,因而必须保证法院审理的集团诉讼案件符合其追求的目的,即将要耗费的司法资源是有价值的。其三,不利于调动法院和当事人利用代表人诉讼的积极性,导致立法资源浪

---

① 杨严炎:《群体诉讼研究》,法律出版社 2010 年版,第 203 页。

② 王福华:《变迁社会中的群体诉讼》,上海人民出版社 2011 年版,第 189 页。

③ [美]理查德·D. 弗里尔:《美国民事诉讼法》,张利民、孙国平、赵艳敏译,商务印书馆 2013 年版,第 927 页。

费。现阶段我国法院司法能力有限，司法权威尚未完全确立，而群体纠纷所反映的利益关系往往相对复杂，因此，法院缺乏主动适用人数不确定代表人诉讼方式解决群体纠纷应有的动力。确认程序的建立能为当事人和法院建立一套明确的行为指引规范，为当事人监督法院司法行为提供法律依据，这对我国法院随意拆分群体案件的习惯做法有抑制作用，有利于减少那种纯粹基于法院自身利益考虑而拒绝适用代表人诉讼情形的出现。同时，在程序要件缺乏，完全依职权决定代表人诉讼是否启动的情形下，当事人不能预测自己的行为后果，加之组织和提起代表人诉讼本身的成本就很高，所以对代表人诉讼往往失去了利用的兴趣和信心。而通过构建公开透明的程序要件及可参与的确认程序，有利于增强代表人诉讼对当事人的吸引力。

（四）证券侵权诉讼的前置程序规定有违法理

法院在决定是否启动人数不确定代表人诉讼方式时往往面临进退两难的抉择。从我国对证券群体纠纷的司法政策来看，其对证券民事诉讼设立前置程序的做法和对人数不确定代表人诉讼方式禁止适用的规定，无疑是为了控制证券群体诉讼可能给经济和社会生活带来的负面影响，但该司法政策的合理性与合法性是存在问题的。如果说在 20 年前，由于人数不确定代表人诉讼制度本身的不完善、证券侵权理论研究的滞后以及实务经验的缺乏，禁止该制度在证券群体纠纷审理中的适用，并设置诉讼提起的前置程序，还具有一定的合理性。那么，在我国证券市场经过 30 年的发展之后，有关证券侵权救济制度的研究日渐丰富，而证券投资者损害缺乏有效救济途径的现实面前，如果对受损投资者提起的证券侵权民事诉讼，还规定前置程序，抬高起诉门槛，不但在法理上缺乏根据，也缺乏合理性。经过多年的研究可知，在证券群体诉讼中借鉴集团诉讼的规则完善我国的人数不确定的代表人诉讼制度，以推动该制度的实施，在学界渐渐达成共识。① 因此，在证券侵权救济的人数不确定代表人诉讼的制度构建中，应当取消前置程序的规定。

（五）我国证券群体诉讼确认程序的应有内容

对证券群体诉讼要设置确认程序，是因为其具有不同于传统诉讼的诉讼

① 张国平：《证券群体诉讼：路径与模式》，载《江苏社会科学》2013 年第 4 期。

构造、运作方式及功能目标,对不能通过群体诉讼方式审理的证券群体纠纷,并非就没有了法律上的救济渠道,权利人仍然可以通过个案诉讼方式予以救济。由于证券侵权行为的受害对象具有广泛性,其产生的纠纷必然属于群体性纠纷,一旦进入诉讼,主要应当通过群体诉讼的方式予以解决。与此同时,由于证券群体诉讼存在一些难以克服的弊端以及对其实践效果的不同争议,各国在通过群体诉讼方式处理证券群体纠纷时,无不通过确认程序排除那些不适合以群体诉讼方式处理的证券纠纷,以保障群体诉讼功能得到正常发挥,并将其负面作用降到最低。因此,确认程序的构建对推动我国人数不确定代表人诉讼方式在证券侵权赔偿诉讼中的适用无疑具有重要作用。概括而言,我国证券群体诉讼确认程序应当涵盖以下内容:

首先,证券市场上的投资者是因为相同的证券侵权行为而受到损失,所有受害的投资者面临着共同法律和事实问题。所以,我国证券群体诉讼应当把存在共同的事实和法律问题作为起诉的前提条件之一。而且,应当扩大证券侵权救济群体诉讼的诉因,内幕交易、操纵市场等证券侵权行为也应当是证券侵权救济群体诉讼的诉因范围。

其次,赋予代表人提起代表人诉讼的权利,将代表人的充分性作为确认代表人诉讼的主要依据。在普通法集团诉讼中,集团诉讼代表人是指代表所有集团成员发动集团诉讼并实施诉讼行为的人,亦即集团诉讼的发动者和推动者。与普通法集团诉讼显著不同的是,我国代表人的认定并不属于代表人诉讼成立的要件。我国代表人诉讼中当事人的确定在先,代表人的确定在后,而集团诉讼中代表人资格问题是要先行解决的问题。因此,为了激活我国的代表人诉讼制度,应当重新界定代表人权限,赋予其提起代表人诉讼的权限,使我国人数不确定的代表人诉讼成为真正意义上的群体诉讼方式。同时,将对代表人资格及条件的审查纳入法院的确认程序中,确立代表的充分性标准,将代表的充分性作为授予群体诉讼资格的主要依据。代表的充分性是指代表人能够公正和充分地维护集团成员的利益,主要集中于代表人的诉讼能力和品行两个方面。[1]

再次,人数不确定代表人诉讼应当是可供利用的最佳程序选择。由于证券侵权行为的复杂性,并非所有证券侵权行为都适合通过人数不确定的代表人诉讼方式进行救济。而且,考虑到群体诉讼的复杂性以及需要耗费大量司法资源的事实,在诉讼救济之前,应当通过其他非诉讼救济手段和方式对证券侵权纠纷进行处理,只有在穷尽其他措施的情况下,才应当考虑群体诉讼的救济方式。事实上,单纯依靠法院解决群体纠纷的观点被证明是行不通的,现代欧洲的群体纠纷的解决体制实际上是一种多元的架构。[2]

复次,提起人数不确定代表人诉讼的原告,应当提供被告存在违法行为的初步证据及初步确定受害人范围。由于权利主体与起诉主体相分离,加之证券群体诉讼具有广泛的社会影响力,为了充分保护群体成员利益和被告权利,需要对代表人诉讼提起的相关证据进行审查,以防止代表人提起轻率的、不负责任的,乃至无价值的证券诉讼。我国证券市场还处于新兴市场阶段,在证券群体诉讼的确认程序中适当引入实体判断因素具有必要性。在证据上,对已经受到刑事或者行政处罚的证券违法行为,当事人提起代表人诉讼的,应当视为已经满足了该要求,但对尚未受到刑事或者行政处罚的证券违法行为,当事人有较充分的证据证明的,也应当认定已经满足该要求,以激励人们对证券市场违法行为的监督和诉讼。

最后,确认程序应采纳听审机制。从普通法国家集团诉讼的立法例来看,认定集团的方法有听审确认和拟制推定两种。听审方法更有利于为当事人提供程序保障,特别是保障那些没有参加诉讼的潜在集团成员的诉讼利益,可以为我国所采纳。即允许代表人或其他原告提出启动群体诉讼的请求,并在人数、诉讼标的以及代表的充分性方面提出证据证明,同时允许被告提出相应的抗辩手段。听取原告、被告意见后,由法院以裁定方式对群体诉讼能否成立和进行作出确认裁定。由于群体诉讼只是一种特别的诉讼方式,对当事人的实体权利和诉讼权利并无根本性影响,代表人诉讼即使不能成立,当事人还可以

---

① 王福华:《变迁社会中的群体诉讼》,上海人民出版社2011年版,第211页。

② 王福华:《变迁社会中的群体诉讼》,上海人民出版社2011年版,第90页。

进行个案诉讼。因此,法院的确认裁定一旦作出,双方当事人均无上诉权,从而提高司法程序的效率。

二、代表人规则的重构与被代表人权利的保障

群体诉讼中,由于当事人人数众多,所有群体成员不可能均参加诉讼,必然由一人或者数人代表全体成员实施诉讼行为。① 这是我国代表人诉讼规定诉讼代表人的法理基础。但是,我国《民事诉讼法》关于代表人的规定,只是规定了产生程序,没有规定代表人的资格条件及法院的监督问题,代表人的职权过小。对于人数不确定代表人诉讼而言,由于众多群体成员无法亲自参与庭审活动并有效影响诉讼结果,而最终却要受到代表人诉讼判决约束,因此,诉讼代表人的资格条件如何规定,诉讼行为如何监督,必然影响代表人诉讼结果的公正性。由此决定,如果不对我国现有的代表人规则和法院监督问题加以完善,被代表人的利益将难以得到有效保护,也不能满足我国代表人诉讼顺利开展的实际需要。

(一)域外的代表人规则与法院监督规定概述

在普通法系国家,诉讼代表人,也称为原告代表人或申请人,指集团诉讼中代表所有集团成员发动集团诉讼并实施诉讼行为的人,亦即集团诉讼的发动者和推动者。集团诉讼的代表人和一般形态的代表人一样,其代表的目标可能转移,本来是代表众多集团成员的,结果却与被告串通或者仅代表小部分成员,而与整个集团利益发生冲突。因此,普通法系集团诉讼制度中一般都规定,集团的代表人要完全满足正当程序、完全善意和信任条款的要求,其底线则是代表人和集团成员之间不得存在利益冲突。②

普通法系国家集团诉讼的代表充分性是基于推定产生,在程序上代表人确定在先,集团诉讼程序启动在后,代表人适格是集团诉讼启动的先决条件,因此,需要法院对其代表的充分性进行审查。代表充分性主要集中于代表人

① 范愉:《集团诉讼问题研究》,北京大学出版社 2005 年版,第 51 页。

② 王福华:《变迁社会中的群体诉讼》,上海人民出版社 2011 年版,第 206 页。

的诉讼能力和品行两个方面。①

集团诉讼中,代表人应显示出自己有足够的力量提起集团诉讼,并能以积极的行动而非消极的角色参加到诉讼之中,这是衡量其代表充分性最重要的因素。美国联邦法院的要求更为严格,甚至居无定所的人担任代表也不具备充分性。总体上看,普通法集团诉讼对代表人的充分性要求非常细密,在诉讼能力方面提出了具体的衡量指标,以便法院能够进行积极的案件管理。包括:(1)制订"可行性计划"。法院通过审查代表人提交的"可行性计划"来决定是否批准启动集团诉讼,这是近年普通法系国家民事司法中的一大创新。(2)举证和抗辩能力。一些复杂的集团诉讼会给代表人在诉讼能力方面提出更高的要求。这方面的能力不足也会影响代表的充分性。(3)律师代理集团。集团诉讼是复杂诉讼,如果没有律师参与,代表人通常难以胜任代表集团成员利益的工作。为此,普通法系国家集团诉讼中都有律师强制代理的规定。未指定代理律师的代表人会被视为是不充分的,而代表人聘用有经验的律师则会促进代表的正当性。这一点,在加拿大、澳大利亚和美国的司法实践中都得到了确认。② 与此同时,律师强制代理集团诉讼也可能产生一些负面后果。为规制这种现象,各国一般将律师代理活动规范在合理的限度内,并辅以律师评估制度作为规制手段。③

代表人自身情况同样是考量其代表充分性的因素。这些因素与诉讼利益的关系虽然不是很直接,但在决定代表人资格方面非常重要。这些因素涉及起诉动机和经济状况等方面的要求。(1)不法行为和不良诉讼动机。例如,集团代表人曾因证券犯罪而被定罪量刑,那么他就不得在随后的证券集团诉讼中担任代表人。④ 如果集团代表反复轻率地起诉,也会被认定为是不充分的代表人。⑤ 美国司法实践将集团代表滥用诉权的标准进行了量化,认为一个代表

① 王福华:《变迁社会中的群体诉讼》,上海人民出版社 2011 年版,第 211 ~214 页。

② 王福华:《变迁社会中的群体诉讼》,上海人民出版社 2011 年版,第 212 页。

③ 王福华:《变迁社会中的群体诉讼》,上海人民出版社 2011 年版,第 212 页。

④ Rachael Mulheron, *The Class Action in Common Law Legal Systerms: A Comparative Perspective*, Hart, 2004, p. 295.

⑤ Sterner v. Ideal Basic Industries Inc., 127 Federal Rules Decisions 192, 194(1987).

人如果曾参与集团诉讼达15～20个之多,或者其被认为是胜诉“专业户”,其就明显不具备代表的充分性。(2)经济状况。普通法系国家要求代表人应当有必要的经济来源支持集团诉讼的运行。特别是在美国的集团诉讼中,由于对潜在成员进行个别通知要耗费巨资,并且这笔费用要由集团代表人来垫付,如果其不愿意或者不能支付这笔费用,集团诉讼就会被驳回。这样的要求在客观上能起到抑制滥诉的效果。

代表人的更换也应有必要的程序。(1)法院的审查。作为集团诉讼的案件管理者,法院在认定和更换代表人问题上负有特别责任。如果发现代表人不能够充分代表集团利益时,法院可以在诉讼过程中任何阶段根据集团成员的申请更换集团代表。以美国集团诉讼为例,法院主要从以下两个阶段来衡量代表资格:一个阶段是在认定集团诉讼是否成立的时候,法官必须确信提起诉讼的代表将能够充分地代表全体集团成员的利益;另一个阶段则是在集团诉讼结束后,如果被告对诉讼中未指明的原告是否受诉讼结果约束有不同意见,则在该未指明的原告对被告提起的诉讼中,法院将再一次确定在原来的集团诉讼中诉讼代表人是否确实公正和充分地代表了集团成员的利益。① 法院允许新的诉讼集团代表加入诉讼中,如果找不到适当的替换人选,可以向诉讼集团成员发出通知,邀请其作为登记当事人参加诉讼。为保护诉讼集团的利益,诉讼集团的律师也应当尽合理的努力去补充新的诉讼集团代表。② (2)当事人的程序选择权。在更换代表人问题上,赋予集团成员程序选择权也是普通法系国家的通常做法。集团成员有权对不充分的代表提出异议,其既可以选择更换代表人也可以自行诉讼。澳大利亚法律还特别规定,在代表人无法充分代表集团利益的情况下,成员们可以申请法院发布更换代表人的命令。③

(二)我国的代表人权限不足

在我国,诉讼代表人是指为了便于诉讼,由人数众多的一方当事人推选出

---

① 李响、陆文婷:《美国集团诉讼制度与文化》,武汉大学出版社2005年版,第85页。

② 联邦司法中心:《复杂诉讼指南》(第3版),郭翔等译,中国政法大学出版社2005年版,第195页。

③ Damian Grave and Ken Adams, *Class Action in Australia*, Lawbook Co., 2005, p. 126.

来的,代表其利益实施诉讼行为的人。[①] 我国的诉讼代表人是由起诉的当事人通过推选的方式产生的,诉讼代表人并不能代表众多当事人提起诉讼,这与美国集团诉讼中代表人可以不经集团成员授权,直接发动集团诉讼明显不同。我国代表人诉讼分为人数确定的代表人诉讼和人数不确定的代表人诉讼两种。在代表人的产生方法上也有两种情况:一是起诉时人数确定的,由多数人一方推选代表人,推选不出的,由人民法院与当事人商定;二是起诉时人数尚未确定的,应当由当事人推选代表人,当事人推选不出的,可以由人民法院提出人选与当事人协商,协商不成的,也可以由人民法院在起诉的当事人中指定代表人。

我国的诉讼代表人具有双重身份,一方面其是诉讼当事人,另一方面其又是代表人。这是诉讼代表人的一个特点,也是其与诉讼代理人的区别所在。具体来讲,诉讼代表人与诉讼代理人有以下几点区别:(1)由于诉讼代表人是本案当事人,因此他与本案的诉讼结果有利害关系;诉讼代理人不是本案当事人,与本案的诉讼结果没有利害关系。(2)诉讼代表人实施诉讼行为,不仅是为被代表的当事人的利益,也是为自己的利益;诉讼代理人实施诉讼行为是为被代理的当事人的利益。(3)诉讼代表人在人数不确定的情况下,是由部分当事人推选出来的,即由部分当事人授权,但其事实的诉讼行为对全体利害关系人有效;诉讼代理人实施诉讼代理行为必须有被代理人的授权。[②]

鉴于我国人数不确定代表人诉讼的判决效力具有间接扩张性,诉讼代表人并非只是申请参加登记的权利人的代表人,而是同一侵害行为的全体利害关系人的代表人,包括那些未实际申请登记的潜在权利人。因此,诉讼代表人是否适格,对我国代表人诉讼的启动和进行乃至最终判决的效力扩张,同样具有至关重要的意义。只有代表人适格,其才能代表众多当事人的利益,法院的判决也才能对被代表的众多当事人发生效力。但遗憾的是,这样的精神要求并没有融入我国的立法和司法解释之中。与普通法系集团诉讼显著不同的是,在我国,诉讼代表人的认定并不属于代表人诉讼成立的要件。依据我国

---

① 张卫平:《民事诉讼法》,法律出版社2009年版,第160页。
② 张卫平:《民事诉讼法》,法律出版社2009年版,第161页。

《民事诉讼法》规定的代表人产生方式，如果多数当事人不同意以代表人诉讼方式授予他人诉讼担当权，法院一般不能强制多数当事人一方选出代表人进行诉讼，但在当事人人数较多时，法院可以建议当事人以代表人诉讼方式进行诉讼。① 而普通法系国家均把代表人作为诉讼要件对待，认为这是启动集团诉讼的一个前提条件。从代表人的产生时间来看，我国代表人诉讼中的当事人确定在先，代表人产生在后；在集团诉讼中，代表人资格问题是要先行解决的问题，在权利人起诉时，法院即要作出审查，而集团是否成立的问题，可以在判决作出时作出判断，属于法院依职权调查的事项。

我国与普通法系国家在诉讼代表人产生问题上的不同，表面上是代表人产生时间上的差异，实质上是各国基于代表人法律地位和作用的不同认识而作出的有目的的选择。我国在群体纠纷的立案中并不涉及对代表人是否适格的审查问题，因为我国法律并未赋予代表人启动代表人诉讼的权利，也不能对法院是否适用代表人诉讼方式审理案件产生任何制约作用。对于群体性案件，我国现在的做法是先以单独诉讼或者共同诉讼的方式立案，在审理过程中是否采用代表人诉讼方式进行，由法院单方依职权决定，并不需要听取群体一方当事人或者已经起诉的当事人的意见。代表人的作用仅仅是在法院审理代表人诉讼案件中代表众多当事人参加诉讼而已，代表人的地位相当于“浓缩的当事人”。鉴于代表人的法律地位和作用有限，故我国《民事诉讼法》对代表人的条件、资格、监督等事项均没有作出特别规定。但这并不符合群体诉讼程序的内在法理要求与现实情况。群体诉讼的提起和进行都离不开代表人的积极作用。在我国证券侵权赔偿的诉讼实践中，律师通过公告方式征集委托代理权的做法实际上也起到了代表人的作用，有利于群体的形成和诉讼的提起。而代表人诉讼如果只是由法院依职权决定是否适用，则难以称其为一种法律程序，因为程序需要受到利益影响的各方主体参与，是否采用该程序以及如何推进程序进行，都需要参与各方的积极行为。因此，我国现行的规定和做法，即在法院决定适用代表人诉讼方式后才产生代表人的规定，并不符合群体诉

---

① 范愉：《集团诉讼问题研究》，北京大学出版社2005年版，第279页。

讼的法理要求,也导致代表人诉讼的提起缺乏法律意义上的起诉主体。

现实中,由于代表人无权启动代表人诉讼,我国的代表人诉讼是否适用完全由法院依职权单方决定,缺乏程序上的制衡主体和力量,导致我国群体性民事纠纷虽然很多,代表人诉讼的启动却甚少。代表人诉讼的“启动难”,折射出我国代表人诉讼立法规定与实践需求之间的脱节。我国可以将代表人适格视为代表人诉讼成立的必要条件。一旦有合格的代表人起诉,并申请法院以代表人诉讼案件受理,法院即应当对此申请进行审查,决定是否对其提起的代表人诉讼予以受理;如果不予受理,应当以裁定方式说明理由。这样规定,有利于代表人诉讼的提起和受理,能够对法院在代表人诉讼的启动上形成制衡,改变我国当前群体纠纷难以适用代表人诉讼,特别是人数不确定代表人诉讼的困境。与此同时,我国应当对代表人的来源、条件、更换、监督等事项作出明确规定,改变原来产生方式下的主要由当事人监督代表人的实际做法,以适应这种新的需要和产生方式。下面对我国诉讼代表人的条件、更换及法院监督等方面的规定和问题进行具体分析。

关于代表人的条件。我国现行的《民事诉讼法》并没有对代表人的条件作出规定,学理上通常将担任代表人的条件归纳为:(1)代表人须是其所代表一方当事人中的一员,与其他成员具有共同的利害关系;(2)必须由依法定的程序登记的权利人推选或由人民法院与参加登记的权利人商定;(3)具有相应的诉讼行为能力;(4)能够正确履行代表义务,能善意地维护被代表的全体成员的合法权益。① 上述4个标准虽然比较原则、模糊,却十分严格。首先,根据第一个条件,如果利害关系人之间没有共同的利害关系或者诉讼标的不是同一种类,就不能适用诉讼代表人制度。“以推举方法为原则,以商定为例外”,表明立法上采纳了代表合意理论,即在被代表人一致同意的基础上产生代表人,解决了代表的充分性和典型性问题。② 但是,我国的群体诉讼往往是在缺乏沟通的情况下提起的,众多当事人对谁可以充当代表人往往缺乏了解,要想取得一致的意见,沟通的成本将会非常高,因此,按照目前的法律规定,合格代表人

① 王福华:《变迁社会中的群体诉讼》,上海人民出版社2011年版,第223页。
② 王福华:《变迁社会中的群体诉讼》,上海人民出版社2011年版,第223页。

的产生将是非常耗时费力的诉讼事项。

为了使诉讼代表人规则更加符合代表人诉讼制度的内在机理、提高诉讼效率,我国法律应赋予法院对代表人的审查确认权,由法院对申请作为代表人的原告是否符合代表人的条件审查,同时加大法院对代表人行使权利时的监督。因为我国人数不确定代表人诉讼的判决具有间接的扩张效力,诉讼代表人的行为不仅关系到已经登记的权利人的诉讼利益,也对未申请权利登记的潜在当事人的利益有直接影响,所以必须加强法院对诉讼代表人选任和权利行使过程中的合法监督,以保护所有群体成员的利益,包括未申请权利登记的潜在当事人。

关于更换代表人,集团诉讼的经验表明,如果集团的代表人不合格,一种可行的变通方案是拆分集团,并使各子集团或者诉讼小组都有自己的代表。通过增加或更换集团代表或将大的损害赔偿诉讼集团拆分成若干个小的集团,可以将代表人问题上存在的利益冲突予以消解。我国代表人诉讼实践中划分诉讼小组的做法,实际上也体现了这一精神。归纳起来,我国群体诉讼中分组的情形一般包括:(1)当事人的诉讼请求各不相同,在诉讼中可能会引起冲突;(2)由于存在共同的义务,部分当事人所寻求的救济可能与其他当事人的诉讼请求相抵触或相互排斥;(3)众多当事人的攻击抗辩方式不一致。分组后各部分分别推选自己的代表人。不同代表人可以合并为一个诉讼,也可以分开审理;在合并审理的情况下,可适用必要共同诉讼人之间的关系。①

从集团诉讼的运作经验来看,赋予被代表的当事人更换代表人的请求权很有必要。在被代表的当事人认为诉讼代表人没有维护好多数人利益情况下,他们应该有权申请更换诉讼代表人。对如何更换代表人,我国学者有两种不同观点:一种观点认为,应由多数当事人一方申请,由法院撤销诉讼代表人;②另一种观点认为,选任权在多数当事人一方,其撤换应由多数当事人决定,由法院告知对方当事人。③ 对此笔者认为,理论上,只有被代表的当事人才

① 肖建华:《当事人问题研析》,中国法制出版社2001年版,第378页。
② 江伟、肖建国:《关于代表人诉讼的几个问题》,载《法学家》1994年第3期。
③ 肖建华:《当事人问题研析》,中国法制出版社2001年版,第373页。

了解其与代表人是否存在利益冲突,由他们决定是否更换代表人更符合当事人程序选择权的保护要求,因此第二种观点更具有合理性。但与此同时,由于法院在集团诉讼案件中负有高度的管理责任,对代表人的诉讼行为有切实的观察,能够感知诉讼代表人的诉讼行为是否符合成员利益、是否符合诉讼目的。因此,从保护群体成员整体利益出发,在当事人提出更换代表人的申请后,法院应当同被代表人就更换代表人事项进行商议,最终确定新的诉讼代表人。

关于法院对诉讼代表人的监督问题,我国法律并没有特别规定,与普通法系国家的做法存在极大差异。其原因不难理解:我国的代表人原则上是由当事人推选,故监督主要是通过当事人的监督和约束而不是通过法院监督代表人的行为来实现。在选出代表人后他人仍为诉讼当事人,行使对诉讼代表人行为的监督权,并对上诉等诉讼行为有决定权。[①] 在普通法系国家集团诉讼中,法院会一直对案件进行管理,管理的重点就集中于代表的充分性问题上。这个问题被认为是普通法系国家在集团诉讼中所负的持续性责任之一。例如,澳大利亚联邦法院将这些管理权限归纳为:(1)将那些不能代表集团利益的代表人予以更换;(2)拆分集团并为子集团指定代表人;(3)在集团诉讼达成和解协议前裁定中止诉讼;(4)命令向集团成员进行送达;(5)作出法院认为进行适当或必需的诉讼程序的命令;等等。[②]

我国在代表人诉讼程序中对代表人诉讼行为的监督没有作出明确规定,并不符合群体诉讼的法理。虽然我国的代表人诉讼的制度构造、代表人的产生和作用均与集团诉讼规定存在较大差异,但法院对诉讼代表人行使必要限度范围内的监督权是完全必要的,也是可行的。理由在于:首先,我国的人数不确定代表人诉讼的判决具有间接扩张的效力,但那些未申请登记的权利人无法对代表人的诉讼行为进行监督,因此,对这些缺席成员的利益保护需要法院对诉讼代表人的行为予以监督。其次,在代表人诉讼中,如果登记的当事人不参加诉讼,实际很难对代表人的诉讼行为进行监督。而且群体纠纷当事人

---

① 范愉:《集团诉讼问题研究》,北京大学出版社 2005 年版,第 280 页。

② Damian Grave and Ken Adams, *Class Action in Australia*, Lawbook Co. ,2005, p. 130,149.

众多,面临集体行动困境,在代表人选出后,当事人往往没有内在动力和激励,也没有实际能力去具体监督代表人的诉讼行为,而法院在案件审理中可以发现代表人的诉讼行为是否符合当事人和群体利益的需要,监督起来相对容易,成本较小,法院因而实际条件对此加以监督。因此,为防止诉讼代表人疏于行使诉讼权利,或与相对方当事人合谋诈害多数当事人的利益,有必要赋予法院对诉讼代表人进行监督的职责。

(三)扩大我国的代表人权限并加强法院监督

"为使诉讼规则更加符合代表人诉讼机制的内在要求,我们可以从代表的充分性、共同性和典型性等角度审查其代表是否适格;同时赋予代表人在法院监督下行使处分权的权利,从而使我国的代表人诉讼制度彻底从共同诉讼的框架中走出来,成为适应现代社会需求、名副其实的大规模纠纷解决机制。"①据此,我国诉讼代表人程序规则的完善可以概括为三个方面,即严格条件、扩大权限、加强监督。具体阐述如下。

首先,关于诉讼代表人条件的完善。代表人是代表人诉讼启动和运行中的关键角色,直接关系诉讼能否顺利进行和群体成员利益的保护,因此需要严格其条件,具体包括积极条件和消极条件两个方面。积极条件包括前面提到的代表充分性问题,即寻求作为诉讼代表人的当事人必须满足以下条件:②已经提起诉讼或对相关集团诉讼的初期通知作出回应,并且在法庭裁判中拥有最大的经济利益;能够证明其能够最充分保护集团利益——包括其具备基本的诉讼行为能力和一定的经济基础和良好的品德。消极条件包括:集团代表不能与集团成员有利益冲突,包括其在实体权利义务上的冲突,也包括其寻求救济措施的冲突和证明方法的冲突,还包括其与被告关系密切或与集团律师有利害关系;③集团代表不能为追求诉讼利益以外的经济利益提起诉讼,即限制"职业原告"作为集团代表。

---

① 常怡:《比较民事诉讼法》,中国政法大学出版社2002年版,第384页。

② Private Securities Litigation Reform Act of 1995(a)(3)B.

③ 王福华:《集团诉讼代表人资格研究——基于普通法国家的比较分析》,载《中外法学》2009年第2期。

其次,代表人的权限问题。无论采用何种方式产生代表人,对代表人的权限规定都是一个难题。代表人权限过大,可能会损害群体成员的利益;但如果权限过小,相关行为都需要群体成员的同意,则会影响群体诉讼进行的效率,而且,实际上的操作成本也会很高。例如,在证券群体诉讼中,群体成员往往成千上万,就相关诉讼行为,要征求每个成员的同意将相当耗时费力,几乎不可能。因此,对代表人权限的规定,要在群体诉讼的效率与群体成员权利的保护之间寻求一个平衡。以此衡量,我国《民事诉讼法》关于代表人权限的规定显然难以满足群体诉讼的效率要求,需要做适当调整。当初立法是建立在法律对诉讼代表人资格未作出明确规定,而且法院对代表人的监督机制也未确立的基础上,其初衷是防止诉讼代表人的恶意行为给被代表当事人造成损失,但是这不符合群体诉讼制度的内在机理与宗旨。① 因此,原则上代表人有权变更、放弃诉讼请求或者承认对方当事人的请求,进行和解,除非该群体成员参加群体诉讼时已经对代表人的权限作出了明确的限制。在此过程中加强法院对代表人诉讼行为的监督,发现明显有损群体成员实体利益的情形时,可以要求诉讼代表人具体说明理由和有关情况,必要时询问相关群体成员。这样就免除了代表人在诉讼开始后逐个征求当事人对实体问题方面的意见而带来的程序拖延。在我国,群体成员参加人数不确定的代表人诉讼必须向法院申请登记,递交申请文书,因此,群体成员如果不愿意授予代表人实体问题方面的处分权,可以在申请文书中予以特别注明。这样既可以提高代表人诉讼的运转效率,又兼顾了对个别群体成员权利的保障。

再次,法院对诉讼代表人的监督问题。我国代表人诉讼制度设计中代表人权限过小,由当事人推选产生,当事人并没有完全脱离诉讼,仍然可以参加诉讼。这些特点决定法院对诉讼代表人的监督并不重要。但如前所述,如果适当扩大代表人的权限,赋予代表人实体问题的处分权,那么加强法院对代表人的监督就是必然要求,也符合群体诉讼的原理。群体诉讼并非多个单独诉讼的简单叠加,对未参加诉讼的当事人及未申请登记的权利人的保护,都需要

---

① 王福华:《变迁社会中的群体诉讼》,上海人民出版社 2011 年版,第 363 页。

法院履行不同于单独诉讼或者共同诉讼中的高度管理和监督责任,其中重点就是对代表人所实施诉讼行为的监督,以实现群体诉讼的目的,保护全体成员的利益。我国现有法律缺乏对法院监督的有关规定,是没有充分认识到群体诉讼不同于传统诉讼的特点所致。因此,要使我国法院提高处理群体诉讼的积极性,在法律上明确赋予其对案件进程的程序管理权和对诉讼代表人有效监督的权利是充分必要的。群体诉讼是接近司法的有效诉讼方式,法院不能按照传统民事诉讼的要求处于超脱中立的消极地位。因此,接近司法的手段历史地演变为法院程序管理权的强化。"法官权力的扩张并不一定与当事人的保障相冲突……相反,它将强化程序公正和判决的准确性。"①

按照我国现有法律规定,对代表人行为的监督主要依靠被代表人,而在人数众多的证券侵权纠纷中,作为被代表人的中小股东往往没有动力,也没有能力监督代表人的诉讼行为。证券欺诈侵权诉讼所涉及的不仅是投资者个人的私益,还需要注意对证券市场秩序的维护,法院需要发挥更加积极的作用。因此,完善我国法院对代表人诉讼的管理职权和对代表人诉讼行为的监督职权是完全必要的。

最后,代表人产生方法的改进。现行法律规定的通过选任推选产生代表人的方法在实践中难以操作。由于证券侵权等群体纠纷涉及的当事人人数众多,如果就代表人的选任按此方式进行,在意见不能统一的情况下,必然使代表人不能顺利产生,最终还是需要法院指定,这样必然影响诉讼效率。实践中,选任推选方式的作用也有流于形式的危险,因为当事人实际亦很难对代表人的行为进行有效监督。如果将我国代表人的作用从代表众多当事人进行诉讼扩大到可以代表众多当事人向法院申请代表人诉讼,然后由法院审查是否准许,并由法院对代表人的一切诉讼行为进行监督,那么在代表人的产生上,现行的方式就可以改变。即允许代表人资格在原告申请代表人诉讼时通过默示授权的形式获得,同时由法院对其是否适格进行审查,并设立代表人诉讼提起的确认程序,对代表人不适格或者不符合确认程序要求的,直接驳回其代表

① [意]莫诺·卡佩蒂莱等:《当事人基本程序保障权与未来的民事诉讼》,徐昕译,法律出版社2000年版,第52页。

人诉讼申请。但为了保护被代表人的利益,在代表人的申请得到同意后,应当允许登记参加诉讼的权利人对代表人的适格性提出异议,法院应当对权利人的异议进行审查,异议理由成立的,应当更换代表人或者增加代表人,分组进行代表人诉讼。在权利人的异议未能得到法院同意,而又不适合通过分组方式增加代表人进行诉讼的情况下,权利人可以申请退出诉讼。

(四)被代表人权利保障与代表人利益的限制

虽然不同国家有不同的群体诉讼方式专门解决群体性纠纷,但是,"因为主体众多与诉讼空间之间存在尖锐矛盾,无论哪种方式实质都是一种代表诉讼,真实的诉讼权利都只能是由少数诉讼代表人或者其他适格主体代为行使,其余成员是脱离诉讼的"。[①] 证券侵权救济的复杂性以及众多权利人不能实际到庭行使诉讼权利的事实,使我国的人数不确定代表人诉讼也存在一些待完善之处。这就要求我们在人数不确定的代表人诉讼制度设计中,解决好被代表人(权利人)的权利保障问题,防止诉讼代表人和被告损害被代表人的合法利益。

首先,关于被代表人的上诉权问题。我国的《民事诉讼法》及其司法解释均没有规定被代表人对人数不确定代表人诉讼判决是否享有上诉权。根据《民事诉讼法》第54条第3款中"代表人的诉讼行为对其所代表的当事人发生效力",以及第4款中"人民法院作出的判决、裁定,对参加登记的全体权利人发生效力"的规定,被代表人似乎没有上诉权。最高人民法院在《规定》中也未明确规定,在原告人数众多的诉讼中,如部分人提起上诉,另一部分人如何处理。我国学者认为,在证券侵权救济的人数不确定代表人诉讼中,应当给予该诉讼中的全体群体成员上诉权,无论是诉讼代表人还是被代表人。一旦人数不确定的代表人诉讼中的代表人或者被代表人提起上诉,就应当视为全体成员提起上诉;同样,二审判决应当对全体成员有约束力。这符合其他国家集团诉讼的一般规则。美国《联邦民事诉讼规则》虽然没有明确规定上诉权是诉讼代表人的特别权利还是所有集团成员的权利,但依据法无禁止即为权利的原

① 耿利航:《群体诉讼与司法局限性》,载《法学研究》2006年第3期。

则,集团成员应享有该权利。《联邦民事诉讼规则》规定法官有裁定集团成员参加诉讼的权利。所以,集团成员有裁定性而非法定性的上诉权。澳大利亚法律实际上赋予集团成员上诉权:如果诉讼代表未在法定上诉期间提起上诉,其他集团成员可在法定上诉期间结束后的21日内代表集团成员提起上诉。[①]韩国《证券集团诉讼法》也规定,诉讼代表在一定期间内没有提起上诉时,上诉期间终了之时起的30天以内,集团成员经法院许可,可以成为诉讼代表提起上诉,成为诉讼代表的人的上诉应当在经法院许可之日起的2周内提起。[②]

其次,关于被代表人在和解和撤诉中的权利保障问题。对于我国人数不确定代表人诉讼的和解和撤诉,如按照我国《民事诉讼法》的现行规定,代表人变更、放弃诉讼请求或承认对方当事人的诉讼请求,进行和解,必须经被代表的当事人的同意,将使代表人诉讼陷入僵局,不但增加诉讼成本,而且会导致代表人诉讼的进程冗长,效率低下。因为在人数众多的证券侵权救济诉讼中,和解和撤诉要取得全体成员的同意几乎是不可能的。因此,笔者认为,代表人诉讼中的被代表人已经将诉讼实施权委托给代表人行使,代表人应当具有包括和解与撤诉在内的诉权,而不必事事取得全体成员的同意。在美国,集体诉讼规则中的一个政策考虑是,为了节约当事人和法院的时间和费用,法律不追求尽善尽美,而只是要求相称即可。[③] 这是不得已的方法,但也是比较实际的做法。在人数不确定代表人诉讼中,投资者行使诉讼权利的方式也应当与单独诉讼和共同诉讼中的有所区别,对投资者个人诉讼实施权的合理限制并无不妥,其目的是促进整体救济效率的提升,保障人数不确定代表诉讼的正常进行和目的实现。当然,为了防止诉讼代表人作出有损群体成员利益的和解与撤诉行为,我国也应当采取相应措施。第一,代表人须将拟议中的和解或撤诉方案依法院指示的方式通知所有被代表人,接受被代表人的监督。第二,法院要为被代表人提供法庭听证的机会,听取对撤诉或和解方案的质疑。第三,法

---

① Federal Court of Australia Act s33ZC(6);Supreme Court Act(Vic)s33ZC(5).

② 张国平:《证券群体诉讼:路径与模式》,载《江苏社会科学》2013年第4期。

③ Rachael Mulheron, *The Class Action Common Law Legal Systerms: A Comparative Perspective*, 2004, p. 50.

院应当对和解与撤诉进行审查,对于代表人过失为诉讼行为以及与他人合谋损害被代表人利益的,法院可宣布其行为无效。在确认撤诉或和解符合全体成员最大利益的情况下,法院才可批准撤诉与和解方案。

最后,对诉讼代表人利益进行限制,并且允许被代表人退出人数不确定代表人诉讼。从实际运行情况来看,不同国家在对被代表人(权利人)诉讼实施权限制上的差别,往往直接关系权利人参与诉讼的程度和集团诉讼的威力。在我国证券侵权救济的群体诉讼中,应当不允许以牟利为目的的原告申请成为证券群体诉讼的代表人,也不应当给予诉讼代表人赔偿金额以外的额外奖励,但对其以诉讼代表人身份参加诉讼所支出的合理费用可以给予合理补偿,以防止"职业代表人"的出现。同时,权利人参加人数不确定代表人诉讼后,因对诉讼代表人的行为不满,或者认为诉讼代表人的行为会损害其利益时,可以在人数不确定代表人诉讼的判决或者和解作出之前申请退出,并可以另行主张权利救济。

三、群体成员加入方式的选择——论我国不宜引进"选择退出"规则

在美国,证券集团诉讼在整个集团诉讼实践中可谓独领风骚,其重要地位是其他类型的集团诉讼难以企及的。证券集团诉讼案件平均可以占到全部集团诉讼案件的47% ~48%。[①] 鉴于美国集团诉讼的广泛影响力以及集团诉讼机制在美国证券市场中所发挥的重要作用,且集团诉讼的优势似乎刚好能够实现对我国证券市场违法行为的惩戒,救济受损害的投资者,于是有学者呼吁引入美国的集团诉讼模式以完善我国证券市场的民事诉讼赔偿机制。即使在不赞成全面引入美国集团诉讼模式的文章和观点中,也有人主张,在改革我国现有的代表人诉讼制度时,要引进该模式中的"选择退出"规则。因此,针对我国证券领域群体诉讼模式的选择,无论是引入美国集团诉讼模式的观点,还是对我国现有代表人诉讼制度予以改造的观点,都会涉及应否采用美国集团诉

---

① [美]约翰·C.科菲:《改革证券集团诉讼制度——试论证券集团诉讼的威慑作用及其功能发挥》,何一男译,载汤欣主编:《公共利益与私人诉讼》,北京大学出版社2009年版。

讼“选择退出”规则的争论。笔者认为，“选择退出”规则作为美国集团诉讼的核心规则之一，在集团诉讼规则体系中处于“牵一发而动全身”的位置，能否为其他国家所借鉴，必须首先考察该规则在美国集团诉讼运行中所承载的功能及发挥该功能所需要的条件和可能带来的负面影响。如果仅仅着眼于“选择退出”在美国证券集团诉讼中所发挥的作用和规则本身所具有的优点，认为该规则引入我国后就能发挥出同样的作用，则不是出于对理想化法制的一味追求，就是对该规则的作用与生成机理了解不深所致。鉴于此，为了廓清认识，为我国证券群体诉讼模式和规则的完善凝聚更多共识，本书将在对美国“选择退出”规则的作用与生成机理进行分析的基础上，阐述我国证券群体诉讼中不应引进“选择退出”规则的理由。

(一)美国集团诉讼的“选择退出”规则

“选择退出”规则是指在集团诉讼中，法院为了维护集团成员的诉讼权利，通知集团原告准许其在一定时间内向法院明确表示自己不愿意被包括在集团诉讼中，而被排除在集团诉讼之外，使集团诉讼的法律后果对其不具有拘束力。① 根据该定义，选择退出规则的内涵包括：(1)集团成员有自愿选择权，其可以选择退出集团诉讼而单独起诉或放弃诉讼；(2)选择退出的当事人将不是集团诉讼的原告；(3)集团诉讼的法律后果不能直接对选择退出的当事人产生法律拘束力；(4)未选择退出的集团成员将自动视为集团成员，并有权获得集团诉讼所得的利益且丧失对该法律问题的另行起诉权。

在1938年的美国《联邦民事诉讼规则》中，并没有关于集团诉讼“选择退出”规则的规定。1966年修改时增加了该规定。在1966年美国《联邦民事诉讼规则》第23条修改之前，所有以集团诉讼方式寻求金钱赔偿的个人投资者必须明确选择加入原告集团，诉讼结果对其才有约束力；而修改之后，第23条(c)款确立了原告集团成员中的选择退出规则，即除非潜在的原告集团以书面方式声明退出诉讼，他们将自动被作为原告集团的成员，并受到当前诉讼的拘束。

“选择退出”规则是美国证券集团诉讼成功实践的关键因素之一。② “选择

---

① 杜要忠：《美国证券集团诉讼规则及借鉴》，载《证券市场导报》2002年第7期。

② 任自力：《证券集团诉讼：国际经验&中国道路》，法律出版社2008年版，第256页。

退出"规则的意义在于:第一,传统的民事诉讼理论坚持"不告不理""当事人行使诉权"原则,在当事人的确定上,法院属于被动、消极地行使权利。在"选择退出"规则下,法院要求集团成员主动行使选择退出权,不退出即视为集团成员。这样,集团诉讼与共同诉讼真正区别开来,便捷了集团成员参加诉讼,能有效保护集团成员的利益。第二,赋予了集团诉讼令现代商业组织望而生畏的力量。"选择退出"规则使证券集团诉讼包容空前规模的当事人成为可能,足以使证券集团诉讼之被告感到惧怕,有利于证券市场环境的净化。但与此同时,"选择退出"规则在美国的适用亦引起了法学界相当激烈的争论。首先,"选择退出"规则干预了公民的诉权,牺牲了集团成员对诉讼的支配权,有违诉讼自治理念。其次,"选择退出"规则的魔力可能使一个公司被迅速吞噬,巨额的诉讼费用及赔偿可能使公司一蹶不振甚至破产,将造成重大的社会问题。

鉴于集团诉讼在美国司法实践中给社会带来的负面作用及引发的激烈争论,在美国集团诉讼的改革方案中,也有人要求对"选择退出"规则予以改革。《集团诉讼的困境》(*Class Action Dilemmas*)是美国兰德民事司法研究所于1996年开始的关于损害赔偿集团诉讼的一项实证研究的最终成果。[①] 在该项研究中,研究者对近年来关于集团诉讼改革的主要观点和改革方案进行了总结,其中包括"要求集团诉讼的成员做出加入集团诉讼的明确表示":某些损害赔偿集团诉讼的批评者主张对第23条进行修改,要求希望参加集团诉讼的人作出主动加入的表示。这是对1966年修改前的民事诉讼规则的回归。1996年的民事诉讼咨询委员会的修改建议中就有这一条(但没有正式提交审查和评议),即使在该修改程序搁浅后,还有一些商业组织的发言人继续坚持这一主张。

(二)"选择退出"规则的作用及其影响

毋庸置疑,在群体诉讼的制度设计中,决定集团成员资格的方法以及谁将受到集团判决的约束,是最重要的、也最有可能引起争议的问题。这个问题的实质是,在集团成员没有表示同意或参加诉讼的情况下,该成员应否受到集团

① 范愉:《集团诉讼问题研究》,北京大学出版社2005年版,第175页。

诉讼判决约束的问题。对此,从各国群体诉讼制度的规定来看,主要表现为"选择加入"和"选择退出"两种方法。选择加入,是指那些意欲进入特定集团诉讼成为集团成员的人,必须在规定的时间里通过法律规定的方式,明确、肯定地作出进入集团诉讼程序的选择。只有适时地作出这样的意思表示,最终才会受到集团诉讼判决的约束。这种方法的优点是:符合处分原则且简便易行。选择退出则是指将特定的个人预设为集团成员的模式,除非集团成员明确表示退出诉讼并将自己排除在集团诉讼和判决效力以外,其仍为集团成员。

选择加入和选择退出之间并非截然对立的关系,在两者之间作何选择是一个价值衡量和目标选择的问题。"选择退出"规则为美国创设,在加拿大、澳大利亚、韩国等国家得到了采用,但在大陆法系国家,除了韩国之外,鲜有在群体诉讼机制中采用"选择退出"规则确定集团成员的。而且,迄今为止,欧洲国家几乎不存在美国式的集团诉讼,因为,美国集团诉讼中的私人执法体制的交易成本问题,以及给经济造成的负面效应也给制度移植带来了阻力。就欧洲国家群体诉讼而言,外来模式(如美国集团诉讼)的运作显然违背了自己的目标。① "选择退出"规则避免了重复诉讼并提高了集团诉讼的使用效率,有利于权利主体接近司法和提高集团诉讼的包容性,但极易造成个体利益的保护不周,并引发滥诉,导致司法资源浪费。而包括我国在内的大陆法系国家,普遍恪守诉讼自治理念,更加注重对个体权利的周全保护,而并未将诉讼效率的提高放在首要位置。

在群体诉讼机制中,"选择退出"规则的作用主要表现在:首先,有利于实现权利救济目的,对被告形成强大的威慑。一方面,当事人无须作出参加诉讼的明确意思表示即被纳入法院界定的集团范围,极大便利了众多的受害人,对受害人权利的救济无疑具有重要意义;另一方面,"选择退出"规则使集团诉讼能够容纳大规模的当事人,将众多成员的赔偿数额累积达到足以吞并被告违法收益的程度,进而对被告形成强大的威慑。② 其次,"选择退出"规则对律师提供了强大的激励,鼓励了集团诉讼的提起。"选择退出"规则表现为"默示加

① 王福华:《变迁社会中的群体诉讼》,上海人民出版社2011年版,第91页。
② 王福华:《变迁社会中的群体诉讼》,上海人民出版社2011年版,第153页。

入,明示退出”,不需要权利人积极的加入行为,就能够将众多个体的诉讼请求合并为一个容纳几千人或几万人的诉讼,对律师产生了巨大的“吸引力”,它驱使着律师提起集团诉讼,甚至引发了如何平衡集团律师的私人利益和社会公共利益的难题。而在“选择加入”规则下,集团诉讼的规模将大大缩小,这不仅仅是因为加入手续比较麻烦,而且是因为,当对于参加诉讼的后果所知寥寥时,愿意参加该诉讼的人会远远少于对被告的行为以及诉讼结果有了更多了解后。由于集团规模的缩小,集团律师的个人酬金也会相应减少,从而律师提起集团诉讼的积极性也大为降低。①

与此同时,“选择退出”规则的负面影响在于:首先,“选择退出”规则增加了诉讼的复杂性以及法官的管理责任。集团人数越多,利益冲突规模越大、越尖锐。随着群体人数的不断增加,无论是法院、当事人还是其他类型的诉讼监督设计,实际上都难以辨明、平衡不同利益团体成员之间的利益冲突。② 在这样复杂的形势下,如何确定应否启动集团诉讼,对法院来说是个很大的挑战。另外,由于众多集团成员并不参加庭审,也无法对代表人和律师的诉讼行为进行监督,法院要承担起保护这些未具名集团成员利益的责任,法官的司法管理责任由此加重。其次,“选择退出”规则导致投机性诉讼盛行,被告的利益未得到足够保护。“选择退出”规则在诉讼开始阶段就拟制出一个难以控制的大集团,这一方面对被告并不公平,另一方面亦为集团律师滥用集团诉讼机制提供了可能。“选择退出”规则导致虚拟集团的庞大性,激起了律师提起集团诉讼牟利动机,如果集团律师不能通过集团诉讼模式获取高额利益,其就不会有滥诉的动机;如果被告不是迫于集团的庞大性所形成的强大威慑功能,被告也不会有和解的强大压力。可以说,“选择退出”规则是导致集团诉讼被滥用的根源之一。群体诉讼机制虽然为被告提供了一次性解决数量众多同类纠纷的机会,具有了类似于破产制度的作用,但滥用群体诉讼会对被告造成更大的伤害。因此,鉴于“选择退出”规则在集团规模形成上的便利作用及负面影响,在决定启动集团诉讼时必须慎重对待被告的权利。为了防止代表人滥用集团诉

---

① 范愉:《集团诉讼问题研究》,北京大学出版社2005年版,第218页。

② 耿利航:《群体诉讼与司法局限性》,载《法学研究》2006年第3期。

讼,法院在集团诉讼资格的确认和集团的界定上不得不耗费很多精力,尽管如此,集团诉讼的滥用在美国实践中仍然难以杜绝,并使民众对美国司法体系的公正性产生了怀疑。

(三)"选择退出"规则的运行机理分析

集团诉讼是一个异常复杂的制度存在。① 由于其改变了传统诉讼的程序结构、运作方式和功能追求,为了满足正当程序的要求,以及平衡集团诉讼的公益追求与私益保护的关系,美国《联邦民事诉讼规则》对集团诉讼作出详细规定,并在实践中不断完善其程序和规则。因此,包括"选择退出"规则在内的美国集团诉讼规则是一个有机的整体,是由多个程序与规则组成,在集团诉讼制度目的的统领下,各个规则之间相互依存,互为条件,共同保障集团诉讼在符合目的的轨道上运行。"选择退出"规则的作用发挥同样离不开其他程序的配合。下面择其要者简述。

1. 选择退出规则与通知程序的关系

在"选择退出"规则下,"为了谋求一次性救济,在承认代表当事人拥有提起诉讼权利的同时,为了实质性地保障其他权利者接受审判的机会,在考察原告诉讼适格性的同时,以通知的形式给予其他权利者意志决定的机会,这是集团诉讼最核心的事项"。② 美国《联邦民事诉讼规则》规定,对于任何根据第23条(b)款(3)项所确认的集团诉讼,法院应根据情况向集团成员进行通知,包括向经过合理努力可以确认其身份的所有成员进行个别通知。在美国,虽然法律和案例都表明了通知的范围,但对于通知的方式没有明确,而"在实际的集团诉讼中,重要的事项是通知的方法。通知是在诉讼尚未确定胜败时进行的,通知所需费用对代表当事人来说,是压力最大的一件事。如果集团诉讼的成员多,所需费用就多,因此,通知的费用经常危及集团诉讼的进行。"③因此,如果法院对集团成员进行个别通知,则所产生的费用可能让代表人无法承受,从

① 吴泽勇:《论荷兰的群体性纠纷解决机制》,载《河南大学学报(社会科学版)》2010年第5期。

② 李响、陆文婷:《美国集团诉讼制度与文化》,武汉大学出版社2005年版,第108页。

③ [日]小岛武司:《诉讼制度改革的法律与实证》,陈刚、郭美松译,法律出版社2001年版,第6页。

而放弃诉讼。另一个结果是只有那些资金雄厚、甘冒风险的律师会代理案件，这种规定反而间接起着促使这些一流律师频频提起各类集团诉讼的作用。[①]这些律师并不会出于公益来打官司，在他们最终的收益中将包含这部分费用，这就隐藏着律师为了自己的一人私利，可能出卖其他集团成员利益的可能性。因而，这可能会将集团诉讼扭曲为一种"盈利手段"。[②]

因此，在"选择退出"规则下，为了满足美国法律关于正当程序的要求，保护集团成员的个体权利，法院需要根据案件情况关注集团的每个成员是否得到了合理的通知。通知程序会产生大量费用。事实上，通知的费用问题成为证券集团诉讼中非常棘手、严重影响集团确认的关键问题。[③] 艾森诉卡莱尔和杰奎琳案（Eisen v. Carlisle & Jacquelin）是一个典型的例证。在该案中，原告集团有 600 万人之巨，地区法院认定有 225 万人可以确定。鉴于被告败诉的可能性很大，该法院裁定由被告承担 90% 的通知费用。被告提起上诉，巡回法院裁定通知费用由原告集团承担。原告向联邦最高法院上诉称：22.5 万美元的巨额通知费用足以挫伤集团诉讼的积极性，也违反了证券法的精神，而且本案中原告的小额请求不足以使其提起单独的诉讼。联邦最高法院则认为：《联邦民事诉讼规则》第 23 条（c）款（2）项规定毫无疑问地表明，对那些经过合理努力能够确定的集团成员，必须提供个别通知，对本案中 225 万名可以确定姓名、地址的集团成员，没有任何理由不对其进行单独的邮寄通知、联邦最高法院最后维持上诉法院的意见，将案件发回地区法院，并指示如果被告不缴纳通知费用，便驳回起诉。[④]

为了解决通知费用的来源与承担问题，律师的风险代理成为必要，而在风险代理下，由于集团成员无法对集团诉讼实施有效监督，律师可能为了满足自己的私利而损害集团成员的利益。在美国证券集团诉讼的实践中，律师腰包鼓鼓，而受害者所得寥寥的事实并不鲜见，使人们对证券集团诉讼的公正性与

---

① 范愉：《集团诉讼问题研究》，北京大学出版社 2005 年版，第 181 页。

② 王福华：《变迁社会中的群体诉讼》，上海人民出版社 2011 年版，第 304 页。

③ 罗斌：《证券集团诉讼研究》，法律出版社 2011 年版，第 118 页。

④ Eisen v. Carlisle&Jacquelin，417U. S. 156 S. Ct 2140，40L. Ed. 2d 732（1974）.

合理性产生极大质疑。通知程序的存在，无疑是对“选择退出”规则的一种平衡，但仍然无法弥补该规则对成员利益保障不足的先天缺陷，并会产生巨大的通知费用。虽然“选择退出”规则作为一个技术规则，本身并不足以导致更多的集团诉讼被提起，但为了解决通知费用的来源与承担问题，需要胜诉酬金机制的配合。而“选择退出”规则保障了集团诉讼的规模足够大，因此，“选择退出”规则和胜诉酬金机制的配合，会明显放大集团诉讼的“赚钱效应”，吸引更多的律师参与集团诉讼，甚至为了满足一己私利而策划提起集团诉讼。

2.“选择退出”规则与索赔程序的关系

“选择退出”规则虽然使集团成员参加诉讼变得非常便利，被告难以逃避其应承担的赔偿责任，但集团成员仍然需要通过索赔程序才能实际得到赔偿，并且仍然需要接受一定的审查，并不能完全“坐享其成”。①在美国，当最终确定赔偿金或者和解金后，需要通过索赔程序(claims procedure)确定提出申请的集团成员的权利。也就是说，虽然集团成员在起诉和审理阶段可以不作出任何积极参加诉讼的行为，但在被告的赔偿责任确定后，成员要积极参加到索赔程序中来，才能实际得到赔偿款项。索赔程序主要由索赔通知、权利申请与权利确认构成。美国法律并没有规定集团诉讼的索赔程序，但是，其丰富的证券集团诉讼的司法实践提供了生动的说明。②当和解协议达成或判决生效后，首先要产生赔偿金管理人。赔偿金管理人的首要工作是对集团成员进行索赔通知，通知的原则性要求是：对可以确认身份及联系方式的集团成员，应进行直接的邮政通知；对不能确认身份的集团成员，进行公告通知。在进行通知之前，管理人需要根据集团成员的类型进行细致的确定集团成员及查明其联系方式与地址的工作。索赔申请一般是一份表格，此表格通常在由管理人主办的该集团诉讼的专门网站上下载，集团成员按要求填写和亲笔签名后，需要与相关交易证据一同通过邮寄方式寄往管理人处。对于权利申请的确认，需要

---

① 我国很多学者在介绍美国集团诉讼时并没有将注意力放到索赔程序上，有的观点甚至认为：美国的集团诉讼奉行“默示参加，明示退出”的原则，集团诉讼的原告资格由法院确认，代理律师一般由招标的方式确定，受害投资者不需要任何主动的作为就可以获得赔偿。参见郭锋：《从大庆联谊股东诉讼案谈中国证券民事赔偿制度的构建》，载《法学杂志》2006年第1期。

② 罗斌：《证券集团诉讼研究》，法律出版社2011年版，第232页。

分申请赔偿额的大小来进行：对于数额很小的请求，经常只根据被证明过的索赔表格就会确认；对于中等数额请求，可能会进行电话审计调查与证据核对；对于数额很大的请求，可能要有专业审计人员进行核对。如果有不被确认的赔偿请求，应该向法庭报告，法庭可以根据情况进行裁定。

美国证券集团诉讼索赔程序中最大的一个问题是：索赔率非常低。研究发现，在集团成员成千上万的情况下，美国集团诉讼索赔率在20%左右。低索赔率导致美国证券集团诉讼中投资者的最终获得赔偿率很低，据统计，1996年至2009年，美国投资者获得的平均和解金与其平均损失之比不足5%。证券集团诉讼的索赔程序，使愿意和可能得到赔偿的集团成员履行了一次"加入"程序。这表明，默示加入（选择退出）并不能完全揭示出集团诉讼的要旨，默示虽然可以使相关受害者具体集团成员的资格，但想得到赔偿，还需要明示的（权利申请）表示，并提供证据。退出制集团诉讼中，成为真正的、实体意义上的集团成员，需要分两步走：第一步是沉默，成为虚拟集团中名义上的集团成员；第二步是明示加入即提出索赔申请，成为有实际意义的集团成员。因此，从集团成员得到赔偿的最终结果上衡量，退出制并不比加入制的程序环节少。而且，如前所述，在"选择退出"规则下，成员得到的赔偿额与其实际损失相比是极不相称的。因此，虽然"选择退出"规则使集团诉讼的启动和运行变得更有效率，对被告形成了足够的威慑，但该种功能的实现是以牺牲成员个体权利的充分保护为代价的。索赔程序的存在也不能改变这一现实，因为该程序的真正目的只是解决集团成员内部对赔偿款项的分配问题，而非精确地计算集团成员应得的赔偿数额。对于美国的证券集团诉讼而言，索赔程序虽然是必需的，是与"选择退出"规则相伴而生的一个程序，但在价值上"选择退出"规则体现在它使被告赔偿责任的确定变得高效，解决了集团一方与被告之间的争议；索赔程序只是为了解决集团成员内部如何"分享""选择退出"规则适用下获得的"诉讼成果"。两相比较，美国集团诉讼显然更重视和关注前一价值的实现，即将对被告赔偿责任的整体确定放在首位，而对集团成员最终得到的赔偿款项是否能够弥补其遭受的损失并不怎么关心。可见，虽然有索赔程序的配合，"选择退出"规则下的集团诉讼对成员权利保护，与"选择加入"规则下集团诉讼对成员权利的保护并不是在同一个层面和水平上。在加入制集团诉讼中,从诉讼开始起,就需要集团成员以积极的行为参加到诉讼中来,在集团诉讼的各个环节,成员均有机会表达自己的意思和主张,对成员的个体权利予以有效救济是诉讼的主要目的。因此,"选择退出"规则下的集团诉讼,虽然有索赔程序的配合,但与加入制集团诉讼相比,不仅环节没有减少,在成员个体权利的充分保护上,还远不及加入制集团诉讼。

(四)"选择退出"规则与集团诉讼目的

对"选择退出"规则与通知程序和索赔程序相互依存关系的分析,使我们对"选择退出"规则的作用机理有了比较清晰的认识,也认识到该规则在美国集团诉讼规则体系中处于核心位置,与其他程序与规则相互关联,不能脱离其他规则而存在。为什么美国的集团诉讼机制采用该种"组合方式"而不是传统的"选择加入"方式,与美国对集团诉讼目的的认识有直接关系。前文的分析已经揭示,"选择退出"与"选择加入",虽然表现为确定集团成员的两种不同方法,但也体现了对成员权利保障的两种不同态度。有学者指出,我国代表人诉讼与美国集团诉讼在保护集团成员权利方面,最终归结点是两种制度的立法目的不同。① 因此,也可以说,作为集团成员的诉讼参加机制,采用"选择加入"还是"选择退出",起决定作用的是集团诉讼目的。具体而言,我国代表人诉讼虽然是解决群体纠纷的诉讼方式,但更多的是立足保障个体权利进行相关制度设计,个体权利的救济被放在第一位,并适当考虑诉讼经济与效益问题,而集团诉讼能够起到的社会功能并没有被充分考虑。所以,在《民事诉讼法》中规定了登记程序,从而方便法院督促和保障集团成员行使他们的权利。② 而美国集团诉讼是通过对众多小额请求的集合救济,实现对企业不法行为的惩戒,以达到矫正被告行为,规范市场秩序的社会功效。在制度设置上,美国把社会功效放在首位,通过私人提起的集团诉讼来达到公共执法目的,公共利益被放在了个体权利之前。正是基于该种制度目的,美国集团诉讼的"选择退出"规则才得以确立,并在集团诉讼的运行引发很多争议的情况下还得以坚持的真

---

① 王福华:《变迁社会中的群体诉讼》,上海人民出版社 2011 年版,第 142 页。

② 王福华:《变迁社会中的群体诉讼》,上海人民出版社 2011 年版,第 142 页。

正原因。可以说,美国的“选择退出”规则是实现美国集团诉讼目的的重要技术手段。美国证券集团诉讼在现实中被提起的频率,以及对侵权人所产生的强大威慑效果,与其鼓励集团诉讼的程序设计,特别是“选择退出”规则的适用,有很大关系。

正是因为美国证券集团诉讼的立法目的与绝大多数采用群体诉讼机制的国家不同,美国证券集团诉讼的运作呈现与众不同的特点,并导致其赔偿功能不足,违背了救济受害者的初衷。笔者认为,美国证券集团诉讼制度之所以会在实践中导致对受害股东个体利益保护的不足,不是制度设计本身存在缺陷的问题,实质上是该制度的目的定位导致。简言之,在美国证券集团诉讼制度的目的追求与功能定位中,对违法者的威慑是放在对受害者的救济前面的。由于威慑功能与救济功能在同一程序中存在冲突,难以兼顾,为了实现威慑功能的最大化,必然要求最大可能扩大集团的规模,而“不明示退出,即视为加入”的选择退出制无疑最能实现该效果,但也必然伴随对集团成员个人权利的忽视,并导致损害赔偿功能的萎缩。因此,美国证券集团诉讼制度所反映出的对股东个人利益保护不足的“缺陷”,正是其实现威慑功能的必然代价和必要条件,也是“选择退出”规则所固有的弊端。消除上述“缺陷”,意味着对证券集团诉讼的目的与功能要重新定位,也意味着“选择退出”规则的改变。从实践来看,美国近年来为了在证券集团诉讼中平衡上述两种功能,在细节问题上做了些修改并不断要求法院加强对集团诉讼案件的监督和管理,但在“选择退出”规则和风险取酬机制上始终予以坚持,这就反映了美国证券集团诉讼制度的功能定位没有发生根本变化。

(五)“选择加入”方式在我国的合理性

关于“选择退出”规则在美国证券集团诉讼中的正面作用与负面影响,正如有学者所指出的那样,“长期围绕着损害赔偿集团所形成的争论的核心问题归结为一个悖论:引发并能够为集团诉讼带来好处的东西也恰恰是能够给其带来损害的东西”。[①] 因此,“选择退出”规则并非尽善尽美,其强大的功能与突

---

① 范愉:《集团诉讼问题研究》,北京大学出版社2005年版,第215页。

出的弊端共存,是否应当采用该规则,关键要看我们建立集团诉讼制度的目的是什么。而确立制度目的时,既要考虑社会纠纷解决的迫切需求和该规则的积极作用,同样需要考虑能不能承受“选择退出”规则给社会和经济生活所带来的负面影响。

面对我国证券市场侵权行为频发的现状,以及我国群体诉讼制度不完善的现实,很多学者对我国代表人诉讼制度有着不同的批评意见,认为正是这些制度缺陷的存在导致证券市场侵权行为没有得到遏制,当事人的权利得不到有效救济。其中就包括对我国人数不确定的代表人诉讼采用“公告加登记”方式确定群体成员的批评。从有关的批评意见来看,理由大致是:登记手续烦琐、增加当事人起诉成本;公告方式不一定能使所有受害人都知道诉讼已经进行;加大了诉讼的复杂性,特别是在小额多数损害的情形下。① 对此,笔者认为,我国的“公告加登记”方式,实际就是“选择加入”,其固然存在批评意见中所指出的弊端,但这些弊端一方面可以通过技术手段或者制度改进加以消除或者减少,另一方面,如前文所述,即使在“选择退出”规则下,成员要得到赔偿仍然需要履行一次加入手续,递交有关资料,只是在时间节点上往后推移,加入时被告的赔偿责任已经确定,集团成员的加入手续比较简便而已,但在赔偿的实效方面没办法与加入制集团诉讼相比。所以,两种方式实际上各有利弊,并不存在绝对优劣。因此,在群体成员确定方式上,我国以“选择加入”方法确定集团成员自有其合理性,也与特定的当事人制度一脉相承,②我国在证券群体纠纷诉讼中适用人数不确定的代表人诉讼审理时,应坚持“选择加入”的方法。

从实践需求来看,我国人数不确定的代表人诉讼未能在证券侵权群体纠纷处理中得到适用,并不是因为该制度在原告资格的确定上采取的是“选择加入”方法,并由此导致证券群体纠纷的处理不够高效的缘故,而是最高人民法院从维护证券市场发展与社会稳定的角度出发,实施了限制证券群体诉讼的司法政策,不想让诉讼的规模过于庞大,以致被告难以承受、法院难以管理的

---

① 王福华:《变迁社会中的群体诉讼》,上海人民出版社2011年版,第186页。

② 王福华:《变迁社会中的群体诉讼》,上海人民出版社2011年版,第246页。

局面出现。我国的这一司法政策反过来说明,我国现有的人数不确定的代表人诉讼制度如果得到实施,在理论上是能够较好解决证券市场发生的大规模群体纠纷的,并且会对侵权者产生较大的威慑作用。虽然有学者指出,登记程序增加了诉讼的复杂性,降低了诉讼效率,登记制的适用一定程度上抵消了代表人诉讼制度的效率优势,甚至会使案件的审理难以为继。① 但如前所述,“选择退出”并不能完全揭示出美国集团诉讼的要旨,“默示登记”虽然可以使相关受害者具有集团成员的资格,但想得到赔偿,还需要明示的(权利申请)表示,并提供证据。从集团成员得到赔偿的最终结果上衡量,退出制集团诉讼并不比加入制集团诉讼的程序环节少。而且,登记既可将不适格的当事人排除在代表人诉讼之外,防止没有受到损害的投资者“浑水摸鱼”,有利于客观确定被告的赔偿责任,抑制滥诉行为的发生,也没有损害未及时进行登记的受害者的另行起诉的权利。因此,认为登记制的适用一定程度上抵消了代表人诉讼制度的效率优势,甚至会使案件的审理难以为继的观点并没有实际依据,也不能解释美国证券集团诉讼为何在索赔程序中要求当事人书面申请权利确认。当然,如何完善我国代表人诉讼的登记程序,使代表人诉讼的启动与集团形成更加容易,也是我国代表人诉讼制度应当予以完善的方向。

我国之所以采用“选择加入”的方法,而没有借鉴美国的“选择退出”规则,并非随意之举,不会没有对美国业已实施多年的“选择退出”规则的优缺点作过分析,也不会没有对我国是否应采用该规则作过利弊权衡。有学者指出,在制度设计上,《民事诉讼法》第 54 条人数不确定的代表人诉讼由于登记、代表人选定和权限等几个技术环节的改变,使这一制度实际上与美国集团诉讼拉开了距离。这种用心良苦的制度设计,也反映出立法者对于美国集团诉讼运行中的某些难以克服的问题保持了足够的警惕,并采用了相对稳妥的限制措施,特别是登记加入等规定,使法院有可能对这一制度的操作进行有效调控,避免其失控或滥用。立法者的谨慎既适当吸收了法学家的理想,也给司法实务界的司法政策和操作变动留下了相当大的空间。这一点是值得庆幸的。②

① 王福华:《变迁社会中的群体诉讼》,上海人民出版社 2011 年版,第 184 页。
② 范愉:《集团诉讼问题研究》,北京大学出版社 2005 年版,第 275 页。

实际上,世界各国在群体诉讼制度的立法中,对美国集团诉讼的“选择退出”规则多有关注,但真正借鉴该规则的国家并不多。因为“选择退出”规则是美国集团诉讼的核心规则,该规则反映了集团诉讼在美国的特有目的,依赖于美国的司法制度与文化,需要一系列程序与规则的配合,并不能被单独借鉴。瑞典是欧洲第一个对群体诉讼制度进行集中立法的国家,在群体成员的确定方式上同样存在较大的争论,但最终的立法还是放弃了草案建议中的“选择退出”的群体成员确定方式。[①] 意大利在其颁布的集体诉讼新法案中,在诉讼成员的确定上,仍然采用“选择加入”程序,只是新增了可以在判决确定被告的责任之后选择加入的规定,以增强集体诉讼制度适用的效果。[②] 我国代表人诉讼制度的立法目的是“便利众多当事人进行诉讼,便利人民法院审理这类案件”,[③]从“选择加入”方法的作用机理来看,对群体纠纷,通过当事人申请登记,既能够扩大诉讼规模,有利于诉讼经济,又能确定当事人人数,准确界定被告的责任,不会使诉讼变得过于复杂,便于法院审理,符合我国群体诉讼立法目的需要。

正如有的学者所言,接近司法和司法效率是集团诉讼的根本目的,行为矫正或者对被告的震慑则是次要的目标。这样定位有利于在立法和实践中不超出实体法的界限去惩罚或者威慑被告,在实现纠纷解决的根本目的同时,兼顾对被告利益的保护。可以看到的情况是,近几年来有集团诉讼之誉的美国也开始对这个制度的行为矫正功能产生动摇。[④] 因此,在我国代表人诉讼制度的立法目的还没有被证明脱离了现实需求与理论共识的情况下,在没有实践经验证明“选择加入”方法不适合我国代表人诉讼实际需要的情况下,仅仅以美国集团诉讼的“选择退出”规则在美国实践中所起的作用为依据,建议引进美国的“选择退出”规则,既没有充分的实证依据,也不具有紧迫性与必要性,更与制度移植中应秉持的谨慎、务实态度不相符合。针对我国证券市场欺诈行

---

① 钱颖萍:《瑞典群体诉讼制度研究》,中国政法大学出版社 2013 年版,第 176 页。
② 晋博艳:《意大利颁布集体诉讼新法案》,载《中国审判》2019 年第 15 期。
③ 王福华:《变迁社会中的群体诉讼》,上海人民出版社 2011 年版,第 168 页。
④ 王福华:《变迁社会中的群体诉讼》,上海人民出版社 2011 年版,第 162 页。

为频发,广大受害投资者难以得到有效诉讼救济的现实,当前迫切需要学界与实务界推动的工作是:通过加深理论与实务研究,促进立法的完善与司法政策的改变,出台具体的适用规则,使人数不确定的代表人诉讼能够在处理大规模证券侵权纠纷中得到正常适用,以发挥出该制度的实际作用,并在实践中完善该制度的相关规则。

第六章　我国证券纠纷代表人诉讼制度述评

一、证券纠纷代表人诉讼制度的立法引入

(一)证券纠纷代表人诉讼制度的立法背景

我国1991年修改后的《民事诉讼法》用两个条文规定了代表人诉讼制度,第53条规定了起诉时人数确定的代表人诉讼,第54条规定了起诉时人数不确定的代表人诉讼。但由于立法规定过于粗疏、可操作性不强等原因,代表人诉讼制度未能发挥出应有的制度价值,证券领域的代表人诉讼也基本上处于空白状态。[①]与此同时,虚假陈述、内幕交易、操纵市场等违法犯罪行为是资本市场的毒瘤。近年来连续发生上市公司财务造假案件,严重损害了投资者的合法权益,危及资本市场的健康稳定发展,影响极为恶劣。2015年监管部门对虚假陈述、内幕交易、操纵市场行为作出的行政处罚共计103件,2016年142件,2017年156件,2018年221件,2019年219件,基本上呈现逐年递增的态势。而集体诉讼制度为权利受损的中小投资者提供了便

---

① 汤维建:《中国特色的证券代表人诉讼》,载《人民司法》2020年第28期。

利、低成本的维权渠道，其聚沙成塔、集腋成裘的赔偿效应能够对证券违法犯罪行为形成强大的威慑力。① 鉴于上述现状，社会各界要求创新我国证券民事赔偿诉讼方式的呼声日益高涨。

在中央提出加强资本市场基础制度建设，对资本市场违法违规行为零容忍的背景下，我国《证券法》的修订也在加快推进。2019 年 4 月 26 日至 5 月 25 日，《证券法》修订草案（三审稿）公布，公开征求社会意见。其间，共收到社会公众提出的 4000 多条意见，其中一些就是要求加大对投资者的保护力度，加大对违法行为的处罚力度，希望把集体诉讼的"声明退出"这个最核心的要素写进《证券法》。与单独诉讼、共同诉讼或代表人诉讼不同，集体诉讼的核心在于"声明退出"机制，投资者不明确表示退出就视为集体成员，不用具体参与诉讼活动，承担诉讼成本，就能获得相应赔偿，有利于解决受害者人数众多、维权不便的问题。②

2019 年 11 月 14 日，最高人民法院发布《全国法院民商事审判工作会议纪要》。该会议纪要第六部分第 80 条"关于证券纠纷案件的审理"明确规定："在认真总结审判实践经验的基础上，有条件的地方可以选择个案以《民事诉讼法》第 54 条规定的代表人诉讼方式进行审理，逐步开展试点工作。就案件审理中涉及的适格原告范围认定、公告通知方式、投资者权利登记、代表人推选、执行款项的发放等具体工作，积极协调相关部门和有关方面，推动信息技术审判辅助平台和常态化、可持续的工作机制建设，保障投资者能够便捷、高效、透明和低成本地维护自身合法权益，为构建符合中国国情的证券民事诉讼制度积累审判经验，培养审判队伍。"

（二）证券纠纷代表人诉讼制度的立法规定

2019 年 12 月 28 日，我国《证券法》修订通过，其第 95 条规定："投资者提起虚假陈述等民事赔偿诉讼时，诉讼标的是同一种类，且当事人一方人数众多的，可以依法推选代表人进行诉讼。对按照前款规定提起的诉讼，可能存在有

---

① 林文学等：《〈关于证券纠纷代表人诉讼若干问题的规定〉的理解与适用》，载《人民司法》2020 年第 28 期。

② 《中国特色的证券集体诉讼制度势在必行》，载《经济日报》2019 年 11 月 15 日。

相同诉讼请求额的其他众多投资者的，人民法院可以发出公告，说明该诉讼请求的案件情况，通知投资者在一定期间向人民法院登记。人民法院作出的判决、裁定，对参加登记的投资发生效力。投资者保护机构受50名以上投资者委托，可以作为代表人参加诉讼，并为经证券登记结算机构确认的权利人依照前款规定向人民法院登记，但投资者明确表示不愿意参加该诉讼的除外。”我国《证券法》用一个条文的3款规定，专门对证券纠纷代表人诉讼作出明确规定，并且在《民事诉讼法》第53条、第54条关于普通代表人诉讼规定的基础上，通过《证券法》第95条第3款引入了“默示加入、明示退出”的特别代表人诉讼，这不仅是对我国民事诉讼法关于代表人诉讼制度的创新和发展，也表明建立起了具有中国特色的证券集体诉讼制度。

在《证券法》于2020年3月1日起施行后不久，2020年7月30日，最高人民法院就发布了《关于证券纠纷代表人诉讼若干问题的规定》（以下简称《证券纠纷代表人诉讼规定》），用42个条文就证券纠纷代表人诉讼的类型、管辖、代表人选任、通知公告等问题做了细化规定，系统确立了我国证券纠纷代表人诉讼制度的具体运行规范。《证券纠纷代表人诉讼规定》的主要创新有两个：一是建立了我国代表人诉讼的确认程序，体现为规定了代表人诉讼的启动条件及确定权利人范围的先行审查程序，实现了诉权与审判权的相互制约。二是将《民事诉讼法》规定的对代表人的明示特别授权规则，改为默示特别授权规则，同时明确规定了权利人对代表人实施重要诉讼行为的知情权、异议权、监督权和退出权，更加符合人数不确定代表人诉讼的法理，有利于代表人诉讼的高效运行。由此，一个具有中国特色的证券纠纷代表人诉讼制度已经基本构筑就绪。[①] 学者指出，颇具中国特色的证券纠纷集体诉讼制度是我国《证券法》的一大亮点，不仅有利于促进我国资本市场基础性法律制度的完善，同时也为全球证券集体诉讼理论与实践的发展贡献了中国经验和智慧。[②]

---

① 汤维建：《中国特色的证券代表人诉讼》，载《人民司法》2020年第28期。

② 陈洁：《证券纠纷代表人诉讼制度的立法理念与制度创新》，载《人民司法》2020年第28期。

(三)证券纠纷代表人诉讼制度的重要意义

笔者认为,《证券法》第 95 条规定的重要意义体现在:(1)对接了《民事诉讼法》第 54 条之规定,明确了在证券侵权赔偿领域适用人数不确定代表人诉讼方式的法律依据,激活《民事诉讼法》第 54 条规定的意图明显。(2)明确规定投资者保护机构可以担任人数不确定代表人诉讼的代表人,并赋予了投资者保护机构代为向法院登记的法定权利,创设了一种新类型的代表人诉讼形态,突破了我国《民事诉讼法》关于代表人必须具有原告身份的规定,属于重大的制度创新。(3)为我国代表人诉讼特别是人数不确定代表人诉讼方式在证券侵权救济领域的适用铺平了道路,亦为在其他民事领域适用代表人诉讼提供了立法样本。(4)体现了更加注重发挥司法在投资者合法权益保护以及证券市场治理中的重要作用的立法意图。(5)作为制度创新的产物,由投资者保护机构的特殊地位所决定,特别代表人诉讼方式作为证券侵权救济领域的一种特殊的人数不确定代表人诉讼方式,虽然地位重要,但不能成为证券侵权救济群体诉讼方式的常态。(6)从《证券纠纷代表人诉讼规定》的内容来看,其主要是规范普通代表人诉讼的运行,增强人数不确定代表人诉讼方式在司法实践中的可操作性。同时,由于我国人数不确定代表人诉讼实践经验的缺乏,无论是《证券法》第 95 条之规定,还是最高人民法院出台的《证券纠纷代表人诉讼规定》,由此建立的我国证券纠纷代表人诉讼制度的科学性和实效性如何,都有待实践的检验。因此,不能一开始就对特别代表人诉讼抱有过高的期待或者主要寄希望于特别代表人诉讼方式的实施,而是应从强化普通代表人诉讼的适用着手,不断积累经验,进而为特别代表人诉讼的适用提供借鉴,扫清障碍。

《证券法》第 95 条第 3 款所规定的特别代表人诉讼,实质上是我国人数不确定代表人诉讼方式的一种特殊形式或者特殊形态。其“特别”之处在于:一是代表人只能是由法律规定的投资者保护机构担任,而不能是具有原告身份的权利人;二是申请权利登记的主体是作为代表人的投资者保护机构,而不是各个权利人;三是特别代表人诉讼是新《证券法》创设的新制度,是对《民事诉讼法》第 54 条的新发展,其只能适用于证券侵权救济领域,而不能扩展至其他民事领域。引入特别代表人诉讼的重要作用在于：一是有利于扩大诉讼规模；二是便利投资者参加诉讼；三是省却了代表人的选任程序，有利于提高诉讼效率；四是有利于加强对诉讼代理律师的监督；五是受理费可申请减免，免除了原告的后顾之忧。

二、证券纠纷代表人诉讼制度的主要内容

（一）证券纠纷代表人诉讼的制度创新

随着我国新《证券法》于2020年3月1日起施行，以及最高人民法院于2020年7月30日发布《证券纠纷代表人诉讼规定》，我国《民事诉讼法》确立多年的代表人诉讼方式终于从文本走入实践，我国证券纠纷代表人诉讼制度的整体框架已经搭建。2020年《证券法》的创新之处在于：一是在我国《民事诉讼法》确立的人数不确定代表人诉讼方式的基础上，增设了特别代表人诉讼这种新的代表人诉讼形态，丰富了我国人数不确定代表人诉讼制度的内涵。二是明确赋予了投资者保护机构在不具有原告身份的情形下，可以担任人数不确定代表人诉讼的代表人启动特别代表人诉讼。三是明确赋予了投资者保护机构作为代表人参加人数不确定的代表人诉讼时，有权为全体权利人向人民法院申请权利登记。《证券纠纷代表人诉讼规定》的亮点在于，规定了代表人诉讼提起的先行审查程序，取消了提起诉讼的前置程序；规定了默示特别授权规则；规定了各种情形下权利人的加入和退出机制；规定了担任代表人的条件及代表人推选、指定、更换程序；强化重大诉讼事项的审查，充分发挥法院的监督管理职能；完善了权利登记程序和通知、公告程序等。

需要指出的是，《证券纠纷代表人诉讼规定》将证券纠纷代表人诉讼分为普通代表人诉讼和特别代表人诉讼。普通代表人诉讼是依据《民事诉讼法》第53条、第54条，《证券法》第95条第1款、第2款规定提起的诉讼；特别代表人诉讼是依据《证券法》第95条第3款规定提起的诉讼。该种划分与《民事诉讼法》的划分并不一致。《民事诉讼法》将代表人诉讼分为人数确定的代表人诉讼和人数不确定的代表人诉讼，其法理标准是清晰的：以起诉时原告人数是否确定、法院是否发出权利登记公告为区分标准。普通代表人诉讼和特别代表

人诉讼的划分以是否由投资者保护机构担任诉讼代表人作为划分标准。由投资者保护机构担任代表人的人数不确定代表人诉讼就是特别代表人诉讼,不是由投保机构担任代表人的人数不确定代表人诉讼就是普通代表人诉讼,可见特别代表人诉讼其实就是人数不确定代表人诉讼方式的一种特殊形态。需要注意的是,根据规定的具体内容,普通代表人诉讼虽然包括人数确定的代表人诉讼,也包括人数不确定的代表人诉讼,但《证券纠纷代表人诉讼规定》在其"普通代表人诉讼"部分,主要规范的也是人数不确定的代表人诉讼。我国《民事诉讼法》确立的人数确定的代表人诉讼和人数不确定的代表人诉讼虽然可以统称为代表人诉讼,或者普通代表人诉讼,但其性质完全不一样,功能也不同,对于证券赔偿诉讼,我国需要重点完善和推行的也是人数不确定代表人诉讼方式。

(二)证券纠纷代表人诉讼的制度构成

对于我国已经整体搭建的证券纠纷代表人诉讼制度,其主要内容可以概括为十二个方面,下面分别阐述。

1. 规定了证券纠纷代表人诉讼的具体管辖

首先,《证券纠纷代表人诉讼规定》第 2 条确立了证券纠纷代表人诉讼案件的集中管辖原则。根据该条规定,证券纠纷代表人诉讼案件,由省、自治区、直辖市人民政府所在地的市、计划单列市和经济特区中级人民法院或者专门人民法院管辖。对多个被告提起的诉讼,由发行人住所地有管辖权的中级人民法院或者专门人民法院管辖;对发行人以外的主体提起的诉讼,由被告住所地有管辖权的中级人民法院或者专门人民法院管辖。特别代表人诉讼案件,由涉诉证券集中交易的证券交易所、国务院批准的其他全国性证券交易场所所在地中级人民法院或者专门人民法院管辖。其次,根据《证券纠纷代表人诉讼规定》第 32 条的规定,投资者保护机构在公告期间受 50 名以上权利人的特别授权,并决定作为代表人参加人民法院已经受理的人数不确定的代表人诉讼的情形下,先受理的人民法院如果不具有特别代表人诉讼管辖权的,应当将案件及时移送有管辖权的人民法院。对专业性较强的证券纠纷案件实行由特定法院集中管辖的好处,是可以充分发挥专业审判优势,提高审判质量;同时可以减少地方保护,促进司法公正,统一裁判标准,从而全面提升我国证券纠纷法律适用的专业性与统一性。①

2. 规定了证券纠纷代表人诉讼的启动条件及先行审查程序

《证券纠纷代表人诉讼规定》第5条、第6条,分别规定了证券纠纷代表人诉讼的启动条件及先行审查程序。规定代表人诉讼的启动条件,一方面是明确代表人诉讼适用的条件,防止该程序被滥用,影响审判效率和社会稳定;另一方面是规定了当事人的起诉符合代表人诉讼适用的条件时,法院必须适用代表人诉讼程序进行审理,防止该程序被空置,以激活代表人诉讼程序,积极推动该程序的适用。启动条件的明确和先行审查程序的建立,体现了当事人诉权和法院审判权的相互制约,为代表人诉讼在良性的轨道上健康运行奠定了基础。

具体意义在于:第一,划定可进行登记的权利人范围及登记标准,便于投资人申请登记及法院的审查,做到公开透明、标准统一,也便于后续的法院审理。第二,划定了判决、裁定扩张的效力范围。后续起诉的投资者,只有属于权利人范围内的,才能申请适用代表人诉讼的判决或者裁定。根据上述规定,证券纠纷代表人诉讼的启动条件包括四个方面:一是原告一方人数10人以上;二是起诉符合《民事诉讼法》第119条规定;三是起诉书中确定2~5名拟任代表人且符合本规定第12条规定的代表人条件;四是原告提交有关行政处罚决定、刑事裁判文书、被告自认材料等证明侵权事实的初步证据。如果原告的起诉不符合上述启动条件,人民法院应当适用非代表人诉讼程序进行审理。启动条件的设置,实质上取消了之前通过司法解释方式为证券民事赔偿诉讼规定的前置程序。先行审查程序解决的是代表人诉讼中如何确定适格原告范围的问题。根据《证券纠纷代表人诉讼规定》第6条规定,为防止不适格的投资者进入权利登记程序,在法院发出权利登记公告前,人民法院应当通过阅卷等合适的方式对被诉侵权行为的性质、侵权事实等进行审查,并在受理后30日以内以裁定的方式确定具有相同诉讼请求的原告范围。同时,根据该条规定,如果

① 陈洁:《证券纠纷代表人诉讼制度的立法理念与制度创新》,载《人民司法》2020年第28期。

当事人对权利人范围有异议的,可以自裁定送达之日起10日内向上一级人民法院申请复议,上一级人民法院应当在15日内作出复议裁定。设置该复议程序,可以尽量确保权利人范围认定的准确性。此外,根据《证券纠纷代表人诉讼规定》第29条的规定,只有"符合权利人范围但未参加登记的投资者",才能在后续提起的诉讼中主张适用代表人诉讼裁判效力的扩张。

3. 规定了投资者参加诉讼的权利登记程序及原告审核程序

《证券纠纷代表人诉讼规定》第7~11条对普通代表人诉讼中的投资者参加诉讼的权利登记程序及人民法院对原告资格的审核程序进行了详细规定。《证券纠纷代表人诉讼规定》第32~35条对特别代表人诉讼中的投资者参加诉讼的权利登记程序进行了规定。对于前者,登记程序的主要内容包括:(1)人民法院在权利人范围确定后5日内发出权利登记公告,通知相关权利人在指定期间登记,参加登记视为对权利人进行特别授权。(2)权利人有两次登记机会,一次是在登记公告确定的期间内申请登记,另一次是权利人未按期登记的,还可以在一审开庭前申请补充登记。权利人进行登记时,应当填写诉讼请求金额、电子送达地址等事项,并提供身份证明文件、交易记录及投资损失等证据材料。(3)登记期间届满后10日内,人民法院对登记的权利人进行审核,确认其是否具有原告资格。不符合权利人范围的投资者,不确认原告资格。(4)权利登记公告发出前,已就同一证券违法事实提起诉讼且符合权利人范围的投资者,可以申请撤诉并加入代表人诉讼。(5)登记期间届满后,人民法院应当将审核通过的权利人列入代表人诉讼原告名单,并通知全体原告。对于后者,登记程序的主要内容包括:(1)对于人民法院已经受理的人数不确定代表人诉讼,投资者保护机构受50名以上权利人的特别授权,作为代表人参加诉讼的,人民法院应当发出权利登记公告,权利登记公告的内容应当包括投资者保护机构基本情况、对投资者保护机构的特别授权、投资者声明退出的权利及期间、未声明退出的法律后果等。(2)投资者明确表示不愿意参加诉讼的,应当在公告期间届满后15日内向人民法院声明退出。未声明退出的,视为同意参加该代表人诉讼。(3)投资者保护机构依据公告确定的权利人范围向证券登记结算机构调取权利人名单,并向人民法院申请登记。人民法院应当予以登记,将其列入代表人诉讼原告名单,并通知全体原告。(4)在特别代表人诉讼程序中,权利人参加诉讼的意思是通过默示行为推定,但其仍然需要进行权利登记,只是其权利登记手续是由投资者保护机构代为完成。总体而言,权利登记的基本意义在于,投资者只有依法完成了权利登记,才能成为证券纠纷代表人诉讼的原告,才受最终裁判结果或者调解结果的拘束。即便在特别代表人诉讼中,权利登记都是必需的,就特别代表人诉讼而言,其权利登记由投资者保护机构代为操作,对投资者更加便利。

权利登记程序的创新与完善体现在以下几个方面:一是先通过裁定方式划定权利人范围,使得权利登记有据可依。二是扩大了登记主体,权利人自己可以申请登记,投资者保护机构担任代表人时,投资者保护机构有权代裁定范围内的全体权利人进行登记,不需要权利人亲自申请登记,极大地便利了权利人参加诉讼。三是规定权利人未在公告确定的期间按期登记的,可以在一审开庭前向法院申请补充登记,加入已经进行的代表人诉讼,为权利人参加代表人诉讼提供更多机会。

4. 规定了诉讼代表人的选任程序与监督机制

《证券纠纷代表人诉讼规定》第 12 ~ 17 条对诉讼代表人的条件、选任、监督等问题进行了详细规定。其中,第 12 条规定了担任代表人应当具备的四个条件:一是自愿担任代表人;二是拥有相当比例的利益诉求份额;三是本人或者其委托诉讼代理人具备一定的诉讼能力和专业经验;四是能忠实、勤勉地履行维护全体原告利益的职能。同时,该条规定明确了不能申请担任代表人的情形,即申请担任代表人的原告存在与被告有关联关系等可能影响其履行职责情形的,人民法院对其申请不予准许。上述规定的内容均是比较抽象,在实践操作中还有待进一步明确。第 13 条规定的是自行协商一致推选代表人以及法院的审查认定权。第 14 条规定的是权利人对拟任代表人不能达成一致意见时,人民法院在自愿担任代表人的原告中组织推选代表人的程序。第 15 条规定的是在未能按照前条规定推选出代表人的情形下,由人民法院指定代表人的程序。第 16 条规定的是代表人确定后,应当进行公告,接受全体原告的监督。该条规定:“原告可以自公告之日起十日内向人民法院申请撤回权利登记,并可以另行起诉。"据此,原告对确定的代表人不满意的,有权申请退出该代表人诉讼,从而构成对代表人的监督制约。第 17 条规定的是代表人确定后的事后监督,即在代表人诉讼案件的审理中,人民法院有权根据原告的申请,在代表人因丧失诉讼行为能力或者其他事由影响案件审理或者可能损害原告利益时,决定撤销代表人资格,并可以在代表人不足 2 人时,补充指定代表人。

5. 规定了原告对诉讼代表人的特别授权方式及范围

根据《证券纠纷代表人诉讼规定》第 7 条规定,在人民法院发出的权利登记公告中,应当以醒目的方式提示,代表人的诉讼权限包括代表原告参加开庭审理,变更、放弃诉讼请求或者承认对方当事人的诉讼请求,与被告达成调解协议,提起或者放弃上诉,申请执行,委托诉讼代理人等,参加登记视为对代表人进行特别授权。该规定与我国《民事诉讼法》及其司法解释的相关规定相比,有以下不同:(1)代表人的诉讼权限范围得到了扩大,包括了提起或者放弃上诉,申请执行,委托诉讼代理人等权限。(2)在授权方式上,将《民事诉讼法》规定的明示特别授权规则改为默示特别授权规则。即由"必须经被代表的当事人同意"变更为"参加登记视为对代表人进行特别授权"。(3)根据《证券纠纷代表人诉讼规定》第 33 条、第 35 条之规定,投资者保护机构作为特别代表人,其享有的特别授权除了上述特别授权外,还包括从证券登记结算机构调取权利人名单,并向人民法院申请权利登记的权利。(4)在特别代表人诉讼程序中,代表人所享有的特别授权是法律所直接赋予的。只要投资者未声明退出,就视为同意参加该代表人诉讼,代表人就依法享有了权利登记公告中所载明的"对投资者保护机构的特别授权"。根据《证券纠纷代表人诉讼规定》第 7 条的规定,代表人的诉讼权限包括"委托诉讼代理人等",因此,代表人可以代表全体原告委托律师作为诉讼代理人参加诉讼,也可以代表全体原告与律师签订委托代理合同约定律师费。但律师费的支付关系到每个原告的切身利益,该种律师费约定是否要设定合理的范围,是否能够约定风险代理,是否要接受法院的审查,均无明确的规定。

6. 规定了对调解协议及重大诉讼事项的法院审查程序

《证券纠纷代表人诉讼规定》第 3 条明确规定:"当事人通过诉讼方式解决

纠纷的,人民法院应当及时立案。案件审理过程中应当着重调解。”为了贯彻“着重调解”的原则,《证券纠纷代表人诉讼规定》第 18 ~ 21 条对代表人诉讼案件的调解问题做了具体规定。其主要内容包括:(1)代表人与被告达成调解协议草案的,应当向人民法院提交制作调解书的申请书及调解协议草案。(2)人民法院经初步审查,认为调解协议草案不存在违反法律、行政法规的强制性规定、违背公序良俗以及损害他人合法权益等情形的,应当自收到申请书后 10 日内向全体原告发出通知。(3)对调解协议草案有异议的原告,有权出席听证会或者以书面方式向人民法院提交异议的具体内容及理由。(4)代表人和被告可以根据听证会的情况,对调解协议草案进行修改,人民法院应当将修改后的调解协议草案通知所有原告,并对修改内容作出重点提示。(5)人民法院应当综合考虑当事人赞成和反对意见、本案所涉法律和事实情况、调解协议草案的合法性、适当性和可行性等因素,决定是否制作调解书。(6)人民法院决定制作调解书的,应当通知提出异议的原告,告知其可以在收到通知后 10 日内向人民法院提交退出调解的申请。未在上述期间提交退出申请的原告,视为接受。(7)人民法院应当在申请退出的期间届满后 10 日内制作调解书。调解书经代表人和被告签收后,对被代表的原告发生效力。此外,对于上述第一点所涉申请书以及第二点所涉通知应当包括的具体内容,规定也做了明确要求。根据《证券纠纷代表人诉讼规定》第 22 条规定,代表人变更或者放弃诉讼请求、承认对方当事人诉讼请求、决定撤诉的,应当向人民法院提交书面申请,并通知全体原告。人民法院应当根据原告所提异议的情况,依法裁定是否准许。该条同时规定,原告自收到通知之日起 10 日内未提出异议的,对上述申请,人民法院可以裁定准许。

从上述规定可以看出,无论是对调解协议还是重大诉讼事项的审查,首先都需要代表人向人民法院提交书面申请,其次都需要通知全体原告,之后,原告都有权提出异议,人民法院要根据所提异议的情况,决定是否制作调解书或裁定准许相关申请。所不同的是,在调解协议的审查程序中,通知原告的主体是人民法院,而在重大诉讼事项的审查中,通知原告的主体是代表人。

7. 规定了原告享有退出代表人诉讼的权利

为了充分保障原告的救济权利和诉讼权利,《证券纠纷代表人诉讼规定》建立了多层次的申请退出机制,填补了《民事诉讼法》和2020年《证券法》的空白。在普通代表人诉讼中:(1)代表人确定后,应当进行公告,原告对确定的代表人有异议的,可以申请撤回权利登记,并可以另行起诉。(2)对调解协议草案有异议的原告,在接到法院决定制作调解书的通知后10日内,可以提交退出调解的申请,对申请退出原告的诉讼继续审理,并依法作出判决。在特别代表人诉讼中:(1)在普通代表人诉讼转换成特别代表人诉讼过程中,已经登记的权利人,可以提交退出特别代表人诉讼的声明,原诉讼继续进行。(2)特别代表人诉讼的权利登记公告发布后,投资者明确表示不愿意参加诉讼的,可以在公告期间届满后15日内声明退出。(3)对调解协议草案有异议的原告,在接到法院决定制作调解书的通知后10日内,可以提交退出调解的申请。

"选择加入"模式下的"退出权",也是我国证券代表人诉讼制度的创新。在美国,其实行的是"选择退出"模式,赋予集团成员退出权,是为了缓和"选择退出"模式与正当程序的矛盾。而我国不仅在"默示加入"的特别代表人诉讼中规定代表人诉讼的原告享有两次退出权,在"选择加入"模式下的普通代表人诉讼中,也规定作为诉讼成员的原告享有两次"退出权",充分体现了保障投资者实体权利的价值取向。集体救济是在尊重每个投资者意愿的基础上,为了更好地实现投资者的赔偿权利,而不能为了实现集体赔偿的目的,牺牲投资者的自主决定权或者不合理地减损投资者的赔偿权利。可见,一方面,我国证券集体诉讼以强化投资者赔偿权利的实现为主要目的或功能;另一方面,也注意对投资者个人选择赔偿权利实现方式的有效保障。其可能存在的弊端是诉讼的效率可能因此受到影响。

8. 规定了原告享有决定是否上诉的单独权利

《证券纠纷代表人诉讼规定》第27条及第28条对代表人放弃上诉或者决定上诉时,原告的程序权利保障问题做了明确规定。代表人决定放弃上诉的,相关规定的内容包括:(1)代表人应当在上诉期间届满前通知全体原告。(2)原告自收到通知之日起15日内未上诉,被告在上诉期内亦未上诉的,一审判决在全体原告与被告之间生效。(3)原告自收到通知之日起15日内上诉的,对上诉的原告按上诉处理。被告在上诉期内未上诉的,一审判决在未上诉的原告与被告之间生效,二审裁判的效力不及于未上诉原告。代表人决定上诉的,相关规定的内容包括:(1)代表人应当在上诉期间届满前通知全体原告。(2)原告自收到通知之日起15日决定放弃上诉的,应当通知一审法院。被告在上诉期内为上诉的,一审判决在放弃上诉的原告与被告之间生效,二审裁判的效力不及于放弃上诉的原告。

笔者认为,赋予代表人诉讼原告享有决定是否上诉的单独权利,是正当程序的内在要求,也是原告所享有的"退出权"的逻辑延伸。赋予原告单独的上诉权,也是对代表人实施诉讼行为的有力监督,督促其更加勤勉忠实地履职。

9. 规定了通知和公告程序

《证券纠纷代表人诉讼规定》关于通知和公告的要求,分散在不同条文之中。证券纠纷代表人诉讼的成员人数众多且分散广泛,为了充分保障原告的诉讼权利,通知和公告机制显得格外重要。证券代表人诉讼中的通知是指由法院、诉讼代表人作为通知主体,将代表人诉讼中的重要事项,通过一定方式告知诉讼成员的诉讼行为。归纳起来,代表人需要通知全体原告的情形有:(1)代表人变更或放弃诉讼请求、承认对方当事人诉讼请求、决定撤诉的。(2)一审判决送达后,代表人决定放弃上诉的;一审判决送达后,代表人决定上诉的。关于通知的形式,目前没有明确要求。但根据《中证中小投资者服务中心特别代表人诉讼业务规则(试行)》的规定,凡是需要通知全体原告的,投资者保护机构都是选取公告等形式。也就是说,不需要采取个别通知的形式。人民法院需要通知全体原告的情形有:(1)将审核通过的权利人列入代表人诉讼原告名单,并通知全体原告。(2)人民法院经初步审查,认为调解协议草案不存在违反法律、行政法规的强制性规定、违背公序良俗以及损害他人合法权益等情形的,应当自收到申请书后10日内向全体原告发出通知。(3)人民法院应当将修改后的调解协议草案通知所有原告,并对修改内容作出重点提示。(4)人民法院应当编制分配方案并通知全体原告。人民法院需要发出公告的情形有:(1)人民法院应当在权利人范围确定后5日内发出权利登记公告。

(2)代表人确定后,人民法院应当进行公告。(3)在普通代表人诉讼程序转换为特别代表人诉讼程序后,人民法院应当发出权利登记公告。

目前的通知和公告程序存在以下几个需要完善的问题。一是代表人履行通知义务的具体形式,个别通知还是集体通知,以及通知的具体内容是否需要经过人民法院审查,没有规定。二是人民法院需要通知全体原告的,采取何种通知形式也不明确。三是通知的费用由谁最终承担没有规定。四是未按规定通知或者公告的法律后果是什么没有规定。有观点认为,通知的目的在于让诉讼成员知晓诉讼发生的事实,以充分保障诉讼成员的诉讼权利。应当通知而未通知,应当公告而未公告,则视具体事项和情形,该代表人诉讼程序将被认定为整体违法或者局部违法,可以补救的进行补救,不可以补救的,法院应当宣告程序无效,相应的程序重新进行。①

10. 规定了投资者保护机构可以为作为诉讼代表人

根据2020年《证券法》第95条第3款规定,投资者保护机构受50名以上投资者委托,可以作为代表人参加诉讼,并为权利人向人民法院登记。这是对我国《民事诉讼法》关于代表人诉讼制度的创新,突破了代表人诉讼中的代表人只能是具有原告资格的直接利害关系人的传统认识和规定,并赋予了投资者保护机构在证券代表人诉讼中的代表人地位。有观点认为,投保机构作为代表人的引入,对构建中国特色证券集体诉讼制度具有基础性、开创性的意义。②

根据《证券纠纷代表人诉讼规定》第12条第2款规定,投保机构作为原告参与诉讼,人民法院可以指定该机构为代表人。此时,该代表人诉讼并非特别代表人诉讼,而是普通代表人诉讼。因为,在特别代表人诉讼中,投保机构本身不具有原告身份,仅仅是作为代表人参加诉讼。同时,根据该款规定,投保机构不具有原告身份时,还可以接受投资者的委托指派工作人员或委派诉讼代理人参与案件审理活动。此时,投保机构是以诉讼代理人的身份参与代表人诉讼。同时,在投保机构以诉讼代理人身份参与代表人诉讼的情形下,根据

① 汤维建:《中国特色的证券代表人诉讼》,载《人民司法》2020年第28期。

② 陈洁:《证券纠纷代表人诉讼制度的立法理念与制度创新》,载《人民司法》2020年第28期。

该款规定，人民法院可以在其被代理的当事人指定代表人。由此可见，在投保机构参加诉讼或者参与诉讼的情形下，其本身或者其被代理的当事人具有优先担任代表人的资格。

特别代表人诉讼中的代表人，与普通代表人诉讼中的代表人，虽然存在根本不同(一个是只能由投保机构担任，而投保机构是不具有原告身份的，一个是由其中的诉讼成员，即原告担任。)但在代表人所具有的诉讼处分权上，从目前的规定来看，两者并没有不同，其特别诉讼权利的行使，都要通知原告，接受法院监督。该种制度设计，势必严重影响诉讼效率，同时也是对投保机构特殊定位以及功能属性的忽略甚至漠视。①

11. 规定了代表人诉讼裁判的效力扩张和赔偿金的分配程序

《证券纠纷代表人诉讼规定》在《民事诉讼法》第 54 条第 4 款以及最高人民法院《关于适用〈中华人民共和国民事诉讼法〉的解释》第 80 条规定的基础上，对证券纠纷代表人诉讼生效裁判既判力扩张的问题进行了细化规定，其内容包括：(1)符合权利人范围但未参加登记的投资者提起诉讼的，且主张的事实和理由与代表人诉讼生效判决、裁定所认定的案件基本事实和法律适用相同的，人民法院审查具体请求后，裁定适用已经生效的判决、裁定。(2)适用已经生效裁判的裁定中应当明确被告赔偿的金额，裁定一经作出立即生效。(3)代表人诉讼调解结案的，人民法院对后续涉及同一证券违法事实的案件可以引导当事人先行调解。也就是说，代表人诉讼的调解书不具有扩张的效力。

对在代表人诉讼案件的审理中申请退出的原告，如果其后续起诉，代表人诉讼的裁判效力是否及于其，目前有两种不同的观点。一种观点认为，代表人诉讼裁判的既判力扩张存在例外，不适用于明示退出或者明示不加入代表人诉讼的投资者，具体包括《证券纠纷代表人诉讼规定》第 10 条、第 16 条、第 32 条、第 34 条中所列的情形。② 另一种观点认为，既判力扩张仅仅适用于未登记的

---

① 陈洁：《证券纠纷代表人诉讼制度的立法理念与制度创新》，载《人民司法》2020 年第 28 期。

② 林文学等：《〈关于证券纠纷代表人诉讼若干问题的规定〉的理解与适用》，载《人民司法》2020 年第 28 期。

权利人或声明退出诉讼的权利人，之所以对未登记的或声明退出的权利人仍要裁定适用证券代表人诉讼的裁判结果，其原因主要在于防止矛盾裁判的作出。[①]

集体行动理论认为，只有一种独立的和“选择性”的激励会驱使潜在集团中的理性个体采取有利于集团的行动。激励必须是“选择性”的，这样那些不参加为实现集团利益而建立的组织，或者没有以别的方式为实现集团利益作出贡献的人所受到的待遇与那些参加的人才会有所不同。这些“选择性的激励”既可以是积极的，也可以是消极的，也就是说，它们既可以惩罚那些没有承担集团行动成本的人来进行强制，也可以通过奖励那些为集体利益出力的人来进行诱导。这样，大集团被称作“潜在”集团，因为它们有采取行动的潜在力量或能力，但这一潜在的力量只有通过“选择性激励”才能实现或“被动员起来”[②]。鉴于在代表诉讼中也存在“选择性激励”的需要，为体现“不鼓励退出”的立法和司法政策，笔者赞同第一种观点。

严格来说，赔偿金的分配是代表人诉讼裁判生效或者调解结案后的执行程序。由于代表人诉讼涉及众多的权利人，故该程序与普通民事诉讼案件的执行程序又存在不同，为此，《证券纠纷代表人诉讼规定》作出了以下规定：(1)履行或者执行生效法律文书所得财产，人民法院在进行分配时，可以通知证券登记结算机构等协助执行义务人依法协助执行。(2)人民法院应当编制分配分案并通知全体原告，分配分案应当包括原告范围、债权总额、扣除项目及金额、分配的基准及方法、分配金额的受领期间等内容。(3)原告对分配分案有异议的，可以依据《民事诉讼法》第225条的规定提出执行异议。

12. 规定了公告费、通知费、律师费等合理费用的具体承担

《证券纠纷代表人诉讼规定》第25条规定，代表人请求败诉的被告赔偿合理的公告费、通知费、律师费等费用的额，人民法院应当予以支持。该条规定是对代表人诉讼提起的激励措施。根据我国法律规定，对人数不确定代表人诉讼的激励措施有两项：一是原告不需要预交案件受理费。最高人民法院《关

---

① 汤维建：《中国特色的证券代表人诉讼》，载《人民司法》2020年第28期。

② ［美］曼瑟尔·奥尔森：《集体行动的逻辑》，陈郁等译，格致出版社、上海三联书店、上海人民出版社2011年版，第41~42页。

于适用〈中华人民共和国民事诉讼法〉的解释》第194条规定："依照民事诉讼法第五十四条审理的案件不预交案件受理费，结案后按照诉讼标的额由败诉方缴纳。"《证券纠纷代表人诉讼规定》第39条规定："特别代表人诉讼案件不预交案件受理费。败诉或者部分败诉的原告申请减交或者免交诉讼费的，人民法院应当依照《诉讼费用缴纳办法》的规定，视原告的经济状况和案件的审理情况决定是否准许。"二是原告胜诉的，可以要求被告赔偿合理的公告费、通知费、律师费等费用。

在代表人诉讼中发生的上述费用，必须先由代表人先行支付，如果费用过大，代表人能否承担该笔支出不无疑问。从我国目前的规定来看，没有明确公告费、通知费等能否由律师代为支付。如果只能由代表人来支付代表人诉讼中需要实际支出的通知费、公告费，可能会存在两个问题。一是代表人是否有能力支付；二是如果代表人诉讼败诉，已经发生的上述费用，如何在参加登记的众多原告之间进行分摊或者追偿。由于原告之间互不认识，分摊和追偿必然会是一件耗时费力的工作。因此，理想的做法是有关公告费、通知费代表人均可以通过约定的方式，由其委托的律师先行支付。如果胜诉，则由被告实际支付；如果败诉，则由律师向所有原告追偿或者按照约定由律师自行负担。

三、证券纠纷代表人诉讼制度的法理分析

（一）证券纠纷代表人诉讼制度的立法目的

《证券法》关于投资者保护的加强是中国特色集体诉讼制度建立的价值基础。没有《证券法》关于投资者保护理念的深化与相关制度安排，就不会有《证券法》关于证券侵权群体诉讼方式的重大制度创新。有观点指出，《证券法》设专章规定投资者保护制度契合市场需求、深具中国特色且颇富法理价值，突出了投资者保护在《证券法》中的重要地位，凸显了立法者对投资者保护的重视，集中表达了《证券法》保护投资者权益的立法宗旨与核心价值。①

① 陈洁：《新〈证券法〉投资者保护制度的三大"中国特色"》，载《中国证券报》2020年3月14日。

对组织进行系统研究的逻辑起点是它们的目的。实际上所有侧重于经济的组织都以此为目的,那就是增进其成员的利益。[①] 建立证券集体诉讼制度,弥补证券民事赔偿救济乏力的基础制度短板,是注册制下补充行政执法的客观要求,能够有效抑制违法违规冲动,显著提升违法违规成本,也是实施股票发行注册制和全面深化资本市场改革开放的有力法律保障。因此,我国证券集体诉讼的首要功能就是填补投资者损失,这也是证券行政责任和刑事责任制度所不具有的功能。证券集体诉讼中的原告集团作为一种组织,其存在的目的正是使受到同一损害的全体投资者能够得到有效赔偿救济。

鉴于此,《证券纠纷代表人诉讼规定》开宗明义地指出:"为进一步完善证券集体诉讼制度,便利投资者提起和参加诉讼,降低投资者维权成本,保护投资者合法权益,有效惩治资本市场违法违规行为,维护资本市场健康稳定发展,根据《中华人民共和国民事诉讼法》《中华人民共和国证券法》等法律的规定,结合证券市场实际和审判实践,制定本规定。"据此,"保护投资者合法权益"是被置于"有效惩治资本市场违法违规行为,维护资本市场健康稳定发展"之前,该司法解释的首要目的是通过强化对投资者的赔偿救济,实现对投资者合法权益的保护。

韩国《证券集团诉讼法》第 1 条开宗明义地规定:"作为民事诉讼法的特别法,该法的目的在于为证券交易过程中发生的集团(团体)损害提供有效的救济,并通过该法提高企业的经营透明性。"显然,该法将填补损失的目的置于公司治理之前。[②] 统计表明,在加拿大,从统计的 1997 ~ 2008 年的 20 个证券集团诉讼和解案来看,赔偿率为 16% ——所以,就这个角度而言,有人认为集团诉讼的功能主要并不是对私益的填补,而是对公益的维护。[③] 但在我国,证券集体诉讼的主要功能显然是对私益的填补,对公益的维护只是一个间接而非直接的功能。

---

① [美]曼瑟尔·奥尔森:《集体行动的逻辑》,陈郁等译,格致出版社、上海三联书店、上海人民出版社 2011 年版,第 5 页。

② 罗斌:《证券集团诉讼研究》,法律出版社 2011 年版,第 64 页。

③ 罗斌:《证券集团诉讼研究》,法律出版社 2011 年版,第 64 页。

围绕“保护投资者合法权益”的立法目的,《证券纠纷代表人诉讼规定》除具体规定了投资者享有知情权、异议权、退出权、上诉等诉讼权利外,还专门规定:“判决被告承担民事赔偿责任的,可以在判决主文中确定赔偿总额和损害赔偿计算方法,并将每个原告的姓名、应获赔偿金额等以列表方式作为民事判决书的附件。当事人对计算方法、赔偿金额等有异议的,可以向人民法院申请复核。确有错误的,人民法院裁定补正。”“原告对分配方案有异议的,可以依据民事诉讼法第二百二十五条的规定提出执行异议。”因此,我国的证券集体诉讼将赔偿功能的有效实现置于首位,其具体规则设计也是为了充分实现对众多投资者的赔偿救济,且注重对每个投资者实现公平、公正保护。

(二)特别代表人诉讼方式的制度定位

特别代表人诉讼仍然属于人数不确定代表人诉讼的范畴,符合人数不确定代表人诉讼的三个基本特征:一是由代表人代表所有原告进行诉讼;二是起诉时原告人数尚不确定,需要通过权利登记程序确定原告范围;三是判决、裁定对所有参加登记的原告发生法律效力。与一般的人数不确定代表人诉讼所不同的是,特别代表人诉讼的特别之处有两处:一是代表人的来源和权限不同,特别代表人诉讼的代表人是由《证券法》所明确规定的投资者保护机构担任,其他任何机构或者个人都不具有担任特别代表人诉讼之代表人的资格,该代表人享有的权限包括代所有权利人向法院申请权利登记;二是申请权利登记的主体不同,权利人参加特别代表人诉讼,不需要其本人去法院申请权利登记,也不需要其作出参加代表人诉讼的明确表示,只要权利人不明确表示不参加特别代表人诉讼,则作为代表人的投资者保护机构,就依法有权代表权利人向法院申请权利登记,权利人因此自动成为特别代表人诉讼的原告。上述不同或者改变的积极意义在于,其中代表人由投资者保护机构来担任,更加能够保证代表人公正代表全体原告行使诉讼权利、履行义务,有利于代表人诉讼的高效推进;在权利登记方面,由投资者保护机构代表权利人向法院登记,本身属于技术层面的改变,既便利了权利人参加诉讼,又极大地提高了登记效率,同时有利于扩大诉讼规模,保障代表人诉讼的功能得以最大限度地发挥。根据《证券纠纷代表人诉讼规定》第41条规定,人民法院审理特别代表人诉讼案件,本部分没有规定的,适用普通代表人诉讼中关于起诉时当事人人数尚未确定的代表人诉讼的相关规定。该规定也揭示了特别代表人诉讼与人数不确定代表人诉讼属于特殊与一般的关系,特别代表人诉讼是人数不确定代表人诉讼的一种特殊形态,其性质是相同的。

有观点认为,鉴于特别代表人诉讼制度的诸多优越性,特别代表人诉讼制度无疑会成为我国证券纠纷集体诉讼制度的主流,同时也是中国版集体诉讼制度之特色所在。理性权衡两者的关系,特别代表人诉讼与普通代表人诉讼即便不是主次关系,至少应该是并列的关系,而不是如《证券纠纷代表人诉讼规定》所设置的,特别代表人诉讼是在普通代表人诉讼框架下为了满足默示加入、声明退出这样一个规则而作出的非常复杂化的制度安排。[①]

但也有观点认为,中国特色集体诉讼制度仍有许多问题需要权衡。"是大范围保护消极投资者,还是对积极的投资者提高更有力的保障,这是一道选择题。"[②]在上市公司偿付能力存在"天花板"的情况下,新制度固然可以最大范围地保护所有消极投资者,但是,由于数量庞大、"默示加入"投资者的存在,原本就积极参与诉讼的投资者,其最终拿到的赔偿金会比之前少很多。因此,《证券法》是"增加"了一种新的诉讼制度,而不是对原诉讼制度的替代,原诉讼制度仍将长期存在。[③]

总体而言,关于人数不确定代表人诉讼与特别代表人诉讼的适用关系,有两种观点:一种观点认为是递进说;另一种观点认为是并行说。[④] 对两者关系认识,实质上关系到对特别代表人诉讼是采取鼓励还是限制的态度。从《证券纠纷代表人诉讼规定》的规定来看,目前还是以鼓励人数不确定代表人诉讼的提起为主,以特别代表人诉讼的适用为辅。这主要是考虑到我国人数不确定

---

① 陈洁:《证券纠纷代表人诉讼制度的立法理念与制度创新》,载《人民司法》2020 年第 28 期。

② 钟强编:《新证券法生效后带来新变化,中国版集体诉讼实践仍存难点》,载《第一财经》2020 年 2 月 27 日。

③ 钟强编:《新证券法生效后带来新变化,中国版集体诉讼实践仍存难点》,载《第一财经》2020 年 2 月 27 日。

④ 林文学等:《〈关于证券纠纷代表人诉讼若干问题的规定〉的理解与适用》,载《人民司法》2020 年第 28 期。

代表诉讼的司法实践还刚刚开始，司法经验不足，同时也考虑到投保机构依法选择参与法院已经发布权利登记公告的案件，在案件选择、权利人范围划定，权利人征集等方面更容易开展工作，同时也更有利于加强司法与行政监管部门的沟通，并降低可能带来的负面影响。①

从法律规定来看，对于当事人授权投资者保护机构提起的特别代表人诉讼，由于2020年《证券法》仅规定投资者保护机构接受投资者授权可以作为代表人参加诉讼，“可以”而非“应当”意味着作为代表人起诉并非投资者保护机构必须履行的法定义务。投资者保护机构限于人力、财力有限等原因，更倾向于选择一些有代表性的案件提起诉讼，这也意味着大量投资者的案件并非通过授权投资者保护机构提起特别代表人诉讼。②

关于特别代表人诉讼方式的完善建议。一方面，允许投资者保护机构在接受50名以上投资者的明确委托授权后，可以向法院直接提起人数不确定的代表人诉讼，而不是如目前的规定那样，必须以普通代表人诉讼的提起为前提，投资者保护机构才能作为代表人加入该诉讼，并将其转换成特别代表人诉讼，以避免程序的重叠和资源的浪费；这样设置目的还在于能够解决可能存在的人数不确定代表人诉讼难以提起的问题。另一方面，从我国证券市场和投资者保护机构的实际状况出发，按照循序渐进的原则，对启动特别代表人诉讼的条件以及适用的案件范围予以进一步明确，以增强其可操作性和针对性，既防止其“大包大揽”所有证券代表人诉讼，也防止其在证券代表人诉讼面前“不作为”；同时对特别代表人诉讼程序与普通代表人诉讼程序在具体操作层面的差异予以明确规定，以更好实现各自预设的功能。

根据集体行动理论，实际上，除非一个集团中人数很少，或者存在强制或者其他某些特殊手段以使个人按照他们的共同利益行事，有理性的、寻求自我利益的个人不会采取行动以实现他们共同的或集团的利益。③ 除非在集团成

① 林文学等：《〈关于证券纠纷代表人诉讼若干问题的规定〉的理解与适用》，载《人民司法》2020年第28期。

② 昝秀丽：《证券集体诉讼步入实操阶段》，载《中国证券报》2020年8月3日。

③ [美]曼瑟尔·奥尔森：《集体行动的逻辑》，陈郁等译，格致出版社、上海三联书店、上海人民出版社2011年版，第2页。

员同意分担实现集团目标所需的成本的情况下给予他们不同于共同的或集团利益的独立的激励,或者除非强迫他们这么做,否则,如果一个大集团中的成员理性地寻求使他们的自我利益最大化,他们不会采取行动以增进他们的共同目标或集团目标。在缺乏强制或缺乏上述的独立激励时,这样的大集团也不会建立组织以追求他们的共同目标。即使在一个集团中对共同利益和实现共同利益的方式意见一致,这些观点仍然正确。①

按照上述理论,目前的证券集体诉讼制度为集体赔偿的实现提供了一种好的诉讼方式,但在受损投资者众多的情况下,没有解决谁来首先发起证券集体诉讼的问题。实践中,我国投资者提起诉讼赔偿的意识十分淡薄。2003～2015年,证监会共查处欺诈发行和信息披露违法案件400余起,同期查处的内幕交易和操纵市场的案件700余起,理论上,对这些违法行为投资者都可以提起民事诉讼,但实际提起民事赔偿诉讼的情况并不如市场想象的多,甚至非常少。② 因此,解决好谁来首先发起证券集体诉讼的问题,具有重要的现实意义。

因此,目前通过《证券纠纷代表人诉讼规定》设置出来的特别代表人诉讼启动方式,其的实际效果如何还有待实践的检验。笔者认为,《证券法》增设特别代表人诉讼方式,其很大一部分意义也正是在于能够解决在受损投资者众多的情况下,无人首先提起代表人诉讼的问题。但从《证券纠纷代表人诉讼规定》对特别代表人诉讼方式启动的规定来看,并没有赋予投资者保护机构独立提起人数不确定代表人诉讼的权限,而是仅允许投资者保护机构在人数不确定代表人诉讼已经启动的前提下,作为代表人加入该诉讼,并将该诉讼转换成特别代表人诉讼。因此,特别代表人诉讼方式的积极意义难以得到充分发挥。与此同时,针对投资者保护方面,《证券法》对于市场力量的使用和鼓励有所欠缺,投资者保护应该更多地发挥市场的力量,出台措施鼓励市场力量积极参与

---

① [美]曼瑟尔·奥尔森:《集体行动的逻辑》,陈郁等译,格致出版社、上海三联书店、上海人民出版社2011年版,第3页。

② 谷枫:《证券集体诉讼机制破冰正当时:降低中小投资者维权门槛》,载《新浪财经》2019年9月12日。

投资者保护的各个方面的工作。

特别代表人诉讼与人数不确定代表人诉讼之间的关系还需要进一步理顺。从《证券纠纷代表人诉讼规定》目前的内容来看,特别代表人诉讼程序实质上从属于人数不确定代表人诉讼程序,只有在法院决定采用人数不确定代表人诉讼程序审理证券纠纷后,投资者保护机构才会择机作为代表人参加到该程序中来,并开启特别代表人诉讼程序。由此可见,特别代表人诉讼与人数不确定代表人诉讼并非并列关系。既然普通的人数不确定代表人诉讼与特别代表人诉讼在代表人的来源和投资者加入代表人诉讼的程序上有完全不同的制度设计,那么让两者处于并列地位,并为各自设定独立的启动程序,既有利于各自程序的顺畅运行,也符合构建多元纠纷解决机制的理念,并不存在法理上的障碍。而现有的制度安排,不但显得复杂,使程序的效率会有所降低,而且在两个程序转换时会产生一些不好解决的具体问题。① 这种规定,其主要目的显然是控制特别代表人诉讼程序的适用,不希望让其成为投资者诉讼维权的首选或者基本的诉讼方式。鉴于人数不确定代表人诉讼方式对证券纠纷的适用我国才刚刚开始,而投资者保护机构作为代表人参加证券纠纷代表人诉讼,更是一种全新的制度安排,尚无任何实践经验,这种规定,有一定的现实合理性。但从长远来看,提供给投资者更多的程序选择权,赋予特别代表人诉讼与人数不确定代表人诉讼在法律上的并列地位,更有利于实现证券集体诉讼制度的预设功能,加强对投资者合法权益的保护。

(三)证券纠纷代表人诉讼制度的完善路径

在最高人民法院于2020年7月30日发布《证券纠纷代表人诉讼规定》的同时,我国证监会发出《关于做好投资者保护机构参加证券纠纷特别代表人诉讼相关工作的通知》,对证监会系统相关单位参加证券纠纷特别代表人诉讼相关活动提出了具体要求,并明确证券法所称投资者保护机构是指中证中小投资者服务中心有限责任公司、中国证券投资者保护基金有限责任公司。中证中小投资者服务中心有限责任公司也同时出台了《中证中小投资者服务中心

① 陈洁:《证券纠纷代表人诉讼制度的立法理念与制度创新》,载《人民司法》2020年第28期。

特别代表人诉讼业务规则（试行）》对特别代表人诉讼的案件选定、投资者特别授权获取、代为登记、参与诉讼活动等事项进行了具体规定。上述通知规则，为我国证券纠纷特别代表人诉讼的顺利启动和推进提供了制度保障。

根据公开报道，在《证券法》2019 年修订后，《证券纠纷代表人诉讼规定》出台前，就陆续有法院受理了证券纠纷代表人诉讼案。2020 年 3 月 13 日，杭州市中级人民法院发布《"15 五洋债""15 五洋 2"债券自然人投资者诉五洋建设集团股份有限公司等人证券虚假陈述责任纠纷系列案件公告》，通知适格投资者参加登记。2020 年 5 月 8 日，南京市中级人民法院发布 4 则公告，就辉丰股份等 4 家上市公司虚假陈述引发的民事赔偿案件，告知符合条件的投资者在指定的时间内向人民法院登记起诉，并在公告中特别说明，投资者保护机构经 50 名以上投资者委托可以作为代表人参加诉讼。

在《证券纠纷代表人诉讼规定》出台后，2020 年 8 月 18 日，上海金融法院受理了一起多名投资者共同申请适用普通代表人诉讼程序的证券虚假陈述责任纠纷案件。该案中，原告魏某等 34 人依据最高人民法院发布的《证券纠纷代表人诉讼规定》，在起诉状中共同推选其中 4 人为诉讼代表人，申请启动代表人诉讼。法院经审理后认为，该案符合《证券纠纷代表人诉讼规定》第 5 条规定中关于应当适用普通代表人诉讼程序进行审理的条件，决定立案受理。

客观来看，《证券纠纷代表人诉讼规定》及证监会发布的通知等政策文件虽然对《民事诉讼法》和《证券法》搭建的证券民事赔偿代表人诉讼制度给出了可操作的指引，司法实践中已有法院在尝试启动证券纠纷代表人诉讼，但实践效果如何，还有待探索和观察。从文本分析，《证券纠纷代表人诉讼规定》，似乎还存在以下不足：(1) 目前的制度重点规范了原告、代表人、法院三方的权利配置及行使，对被告和委托诉讼代理人的行为规范相对缺乏，尤其是对接受委托参加代表人诉讼的律师的地位和作用没有作出任何特别规定，这似乎表明律师在证券集体诉讼中的作用与其在普通民事诉讼中的作用没有什么不同。但从我国证券诉讼实践以及其他国家证券集体诉讼的经验来看，律师的参加对该类诉讼的顺利进行是不可或缺的。而且，在证券纠纷代表人诉讼中，律师的作用更加重要，其地位也更加突出，更加需要法律对其行为予以规范。因此,应当对律师参与证券代表人诉讼的相关问题进行明确规定。(2)对担任代表人的积极条件规定得不够具体,对不能担任代表人的消极条件也没有明确规定。(3)对法院如何审查调解协议草案的可行性、适当性,没有明确的标准,法院的自由裁量范围不明确,对原告方权益的充分保障不利。(4)在代表人诉讼已经提起,法院已经受理的情况下,推选不出合适的代表人,或者没有人愿意担任诉讼代表人的情况下,已经受理的代表人诉讼如何处理,是否应当予以驳回,没有明确规定。(5)《证券纠纷代表人诉讼规定》规定权利人享有两次退出代表人诉讼的权利,并同时规定原告享有单独决定是否上诉的权利。这些规定一方面体现了对投资者诉讼权利予以充分保障的理念,有效解决了信息不充分的情况下,投资者无法及时作出正确选择的难题;另一方面,规定权利人享有多次退出诉讼的权利,既会影响代表人诉讼的效率,也一定程度上不利于代表人诉讼制度目的的实现。

从有关国家的规定来,集团成员有两次退出权,增强了集团成员掌控相关诉讼权利的能力。但是,在包括证券集团诉讼在内的集团诉讼案件审理过程中,法院很少准许行使二次退出权,因为二次选择退出制是裁量的而非应然的,而不少法官则担心二次选择退出机会可能妨碍集团诉讼和解。很多评论者认为,再次选择退出的机会可能会破坏妥善的和解(good settlements)。[①]

同时,根据美国学者的调查报告,在证券集团诉讼中,集团成员的平均退出率只有0.7%,[②]这充分说明:在美国,绝大多数中小投资者愿意将其诉讼权利"委托"给诉讼代表人和集团律师,至少对程序上的诉讼是如此。此外,与美国、澳大利亚、加拿大的退出制有所不同的是,韩国证券集团诉讼立法没有规定集团成员的二次退出权。[③] 因此,笔者认为,在已经赋予原告单独上诉权的情况下,另行赋予权利人多次退出诉讼的权利,其必要性、合理性值得商榷。

鉴于存在上述不足,从充分实现证券纠纷代表人诉讼制度的立法目的出

---

① 罗健豪:《美国集团诉讼退出制研究》,法律出版社2011年版,第115页。

② Theodore Eisenberg, Geoffrey Miller: *The Role of Opt-outs and Objectors In Class Action Litigation: Theoretical and Empirical Issues*, 57 Vand. L. Rev. 1529(2004).

③ 罗斌:《证券集团诉讼研究》,法律出版社2011年版,第64页。

发,在代表人诉讼制度具体规则的完善过程中,要处理好以下几个关系:一是原告实体权利救济与其诉讼权利保障的关系;二是全体原告的集体赔偿与对具体原告的个别赔偿的关系;三是在诉讼代表人的监督上,权利人监督与法院监督的关系问题。

关于第一个关系。诉讼权利的保障是服务于实体权利救济的,在由诉讼代表人实施具体诉讼行为的情形下,诉讼权利的保障不能按照传统的审判方式对待。只要没有单独损害原告的实体权利救济,个别原告就不能阻碍代表人实施诉讼行为。关于第二个关系。在对全体原告的集体赔偿确定的情形下,才能确定对具体原告的个别赔偿。只要集体赔偿的数额,没有不合理地损害具体原告的个别赔偿,原告就应当接受,而不能反对,或者退出原告集团。关于第三个关系。代表人诉讼中权利人众多,由权利人监督诉讼代表人,监督成本较高,也较难操作,应当以法院监督为主。法院在代表人诉讼程序中,主动监督诉讼代表人的行为,是顺利推进代表人诉讼,保障原告实体权利得到充分救济的内在要求,不能要求法院按照传统的审判方式对待代表人诉讼中的代表人,将对代表人的监督主要交给众多的原告。那样会严重影响代表人诉讼的效率,也不符合代表人诉讼所追求的实现集体赔偿的制度目的。代表人诉讼的主要目的并不是实现对个别原告的单独赔偿,而是为了实现对所有原告的集体赔偿。因此,由单个原告对诉讼代表人的诉讼行为实施监督并不符合代表人诉讼的性质,单个原告也没有足够动力区监督代表人的行为。法院对诉讼代表人诉讼行为的监督权,实质上是源于众多分散原告的“权利让渡”,对法院监督的结果,全体原告亦应当接受。从现有规定来看,作为原告的权利人,对诉讼代表人享有广泛的监督权,但法院对诉讼代表人行为的监督权,规定得还比较少,也不够具体,难以适应代表人诉讼的实际需要。

结　语

我国证券市场发展到今天，证券侵权民事赔偿制度对证券市场发展的重要性已经获得我国社会各界的广泛认同，但我国证券侵权民事赔偿制度仍然很不完善，实施状况更是不容乐观。因此，如何完善证券侵权民事赔偿制度，保护投资者权益，推动证券市场的进一步发展和法治化，已经成为我国当前讨论的热点问题。其中，对证券侵权民事赔偿诉讼模式的研究和探讨，更是其中的焦点问题和难点问题，受到各方关注和重视。我国证券侵权赔偿诉讼实践中所反映的诸多问题，引起了研究者对当前证券侵权民事赔偿所采用的单独诉讼和共同诉讼的方式的反思。越来越多的观点认为，其不符合证券侵权纠纷本身的特点，不能适应证券侵权赔偿救济的实际需要，是造成当前证券侵权索赔难的一个重要原因，需要采用群体诉讼方式提高投资者诉讼维权的积极性，提高案件的审理效率。在此背景下，我国《民事诉讼法》规定的人数不确定代表人诉讼方式，以及其他国家解决证券群体纠纷的诉讼模式，引起了研究者的关注和重视。

与集团诉讼在美国运用得如火如荼不同，作为我国本土化的群体诉讼方式，人数不确定代表人诉讼方式虽然在民事诉讼法中已经确立多年，但几乎没有被实际适用过。在证券侵权诉讼领域，我国早在2002年即以最高人民法院司法解释的方式排除了人数不确定代表人诉讼方式适用的可能性。与此同时，在过去的10多年中，随着我国社会大量群体事件和群体纠纷的出现，学界对群体诉讼的研究也进入了"活跃期"，各种著作和论文不断涌现。① 基于这些研究成果，各种群体诉讼方式都被介绍到我国，有关群体诉讼制度的概貌和特点、功能也不断为我国学者所熟悉，各种观点呈现。通过研究，学者对我国人数不确定代表人诉讼的认识愈加深化，其立法背景和优缺点的探讨日渐清晰，也提出了不少具体规则的改进建议。所有这些，不仅丰富了我们对群体诉讼这种新型诉讼模式的认识，更为我国群体诉讼方式的完善提供了思路和理论指导，无疑具有十分重要的意义。但遗憾的是，从总体上来看，我国学者对群体诉讼的广泛讨论，并没有对立法修改（包括司法解释）产生任何实质性的促进作用，也没有推动人数不确定代表人诉讼在群体纠纷审理中的适用，包括在证券侵权领域这个被学者普遍认为最适合适用人数不确定代表人诉讼的领域。虽然包括我国证券监会有关人士在内的专家和许多学者对证券侵权纠纷应当适用人数不确定的代表人诉讼的意见已经逐渐达成共识，但至少司法解释关于证券侵权诉讼只能采用共同诉讼和单独诉讼的规定目前并没有被修改和替代。可见，我国在证券侵权赔偿诉讼模式的选择上，理论研究和司法实践明显脱节。因此，如何推动我国《民事诉讼法》中的人数不确定代表人诉讼制度在证券侵权赔偿诉讼领域的适用，仍然是一个未完成的重大任务，需要我们继续努力。

如果说美国的集团诉讼是在美国生长和成长起来的、极具本国特色的诉讼制度，并不适合我国国情，建议引进美国集团诉讼或者借鉴其主要规则对我

① 专著比如李响、陆文婷：《美国集团诉讼制度与文化》，武汉大学出版社2005年版；范愉：《集团诉讼问题研究》，北京大学出版社2006年版；汤维建：《群体性纠纷诉讼解决机制论》，北京大学出版社2008年版；任自力：《证券集团诉讼：国际经验&中国道路》，法律出版社2008年版；薛永慧：《群体纠纷与群体诉讼研究》，知识产权出版社2009年版；章武生：《中国群体诉讼理论与案例评析》，法律出版社2009年版；章武生：《外国群体诉讼理论与案例评析》，法律出版社2009年版；罗斌：《证券集团诉讼研究》，法律出版社2011年版；王福华：《变迁社会中的群体诉讼》，上海人民出版社2011年版。上述著作的作者以及钟瑞华、耿利航、肖建国、杨严炎、陈巍等人都有相关论文发表，恕不一一列出。

国人数不确定的代表人诉讼进行改造的观点属于超前、不切实际，而可以在立法和实践中暂缓考虑，不具有紧迫性。那么，人数不确定的代表人诉讼，这项已经在我国《民事诉讼法》中确立了二十几年的制度，为什么经过这么多年的研究和推动在我国证券侵权领域仍不能得到放行。这种现象确实值得我们深思。从现有研究来看，虽然认为我国人数不确定代表人诉讼立法不科学、不合理而难以在当前群体纠纷的审理中适用的观点大量存在，也有一定理由。但同时也有很多人认为，我国人数不确定代表人诉讼只是规定得不够细化，缺乏可操作性，经过完善是可以适用的。而且，我国学界确有人认为，人数不确定的代表人诉讼是真正意义上的集团诉讼，是我国代表人诉讼的精华所在，也是建立集团诉讼的理想目标。① 因此，我国的人数不确定代表人诉讼方式，虽然在内容上存在不足，在功能上相对弱小，但如果从理性和务实的立场出发，鉴于我国证券侵权纠纷的群体性特点和其发生的高频率性，在证券侵权诉讼中适用人数不确定的代表人诉讼应当是有比较充分理由的，也是有着强烈的现实需求。然而，事实并没有按照人们希望的方向发展。为什么会这样？如果我们将视野放宽点、拉远点，从我国有关证券侵权赔偿诉讼司法解释出台的经过和有关内容来看，应当能探究出我国限制证券侵权赔偿诉讼方式背后的原因，或者说真正的理由。从前置程序的设立，可以看出证券侵权领域的民事诉讼并不被鼓励，民事诉讼对证券市场发展和中小投资者保护的重要价值和意义没有得到充分重视和关注。在此逻辑下，传统的单独诉讼和共同诉讼方式，当然是证券侵权赔偿首选的诉讼方式。人数不确定的代表人诉讼方式虽然为《民事诉讼法》所规定，但在其他案件类型中并没有适用过，因此，通过明文将其排除在证券侵权领域的适用，不过是以示慎重，避免日后滋生争议。当然，这种理由是否正当，值得探讨。但从中也可以说明，诉讼方式的选择并不只是一个单纯的技术问题。笔者认为，证券侵权赔偿诉讼模式的选择并不只是一个如何救济当事人具体民事权利的微观问题，而是一个关系我国证券市场如何发展的重大法律问题。它是我国证券法立法和执法理念的体现，是我国证

---

① 范愉：《集团诉讼问题研究》，北京大学出版社2005年版，第15页。

券侵权赔偿法律制度的重要内容及不可分割的组成部分。从根本上来说,诉讼模式如何选择的"指挥棒"是证券法的立法理念。证券侵权纠纷发生后,具体选择何种诉讼模式,是由证券侵权民事赔偿制度在证券法律责任体系中的地位和位置决定的,而不是相反。因此,我们必须从我国《证券法》的理念、制度出发,探讨证券市场的纠纷应当采用何种诉讼方式,而不能局限在不同诉讼方式之间进行比较和选择。所以,对我国证券侵权纠纷诉讼方式合理性的探讨,必须回溯源头,诉讼方式的选择以及技术规则的完善,应当在梳理证券法理念、理解证券法民事责任制度立法价值的基础上进行,这样才有基础,才具有合理性,才能被广泛接受。为此,本书重点探索了以下问题。首先,分析现有诉讼方式产生的背景及当时的证券法理念及具体制度,分析他们之间的相互关系和适应性。其次,现有的证券法理念是否改变或者正在发生改变,证券侵权行为与传统侵权行为是否有什么不同,发生了哪些变化。基于这些改变或者变化,诉讼方式是否应当有所调整。按照上述思路分析,就会发现,诉讼方式及规则本身的合理性固然很重要,但能否被采用,关键取决于证券立法理念和制度本身需要何种诉讼方式和规则。当然,法律理念和制度会随着时间朝着合理的方向改进或发展,并非一成不变。因此,对诉讼方式及规则本身的合理性研究也具有重要意义,作为学术探讨,并非一定要以立即得到立法或者司法的采用为目的。而且,如果现有证券法的理念原则和具体制度不符合证券市场的现实状况,迟早是会发生变化的。因此,有关证券侵权赔偿诉讼方式的研究,只要找准问题和方向,适当超前既是必要的,也是有实际意义的。经过如此分析,我们也许能够理解为什么在多年探讨研究后,在证券侵权赔偿诉讼的方式问题上,司法与学术的互动并没有建立起来。但是,作为学术的研究者,我们不应当为之沮丧,正是因为问题复杂,不易解决,研究才有重要价值。证券侵权领域诉讼模式的合理选择与构建,即使撇开法律政策的敏感性,单纯就技术角度而言,也是一个高难度的问题。

遵循上述研究思路,本书拟揭示如下问题:(1)我国人数不确定代表人诉讼能否在证券侵权赔偿诉讼中适用,并非必然,需要具体研究,主要探究其与证券法理念及证券侵权赔偿民事责任之间是否具有逻辑上和价值上的一致性和适应性。(2)我国现有证券侵权赔偿诉讼未采用人数不确定代表人诉讼方式,并非该种诉讼方式与单独诉讼或者共同诉讼方式相比,本身存在技术上不能改进的缺陷,而致难以适用,而是基于价值判断和法律政策进行选择的结果,该种选择即使在当时具有合理性,到现在是否仍然可以维持,需要重新判断。(3)我国立法确立的人数不确定代表人诉讼方式本身的科学性、合理性问题,仍然值得探讨,但更重要的是要分析其对我国证券市场纠纷的解决是否具有适应性,法理层面和现实层面的基础何在,这些问题在我国既有的研究中并没有得到深入系统的探讨。如果法理基础坚实,技术层面具有适用性,证券市场本身又有需求,则应当努力推动我国证券法理念及民事赔偿制度进行调整,尽快明确人数不确定代表人诉讼方式在该领域的适用,并在实践中继续完善具体的程序规则。(4)对美国集团诉讼的引进和其主要规则的借鉴应当慎重。笔者认为,美国该项制度属于美国本土的产物,极具"地方特色",其他国家对借鉴该项制度都持特别慎重的态度,我国并没有合适的土壤供其生长,不应当被整体引进或者借鉴其选择退出规则来取代我国人数不确定代表人诉讼中的公告和申请加入方式。

参考文献

中文文献

(一)著作类

1. 王保树主编:《实践中的公司法》,社会科学文献出版社2008年版。

2. 陈甦:《证券法专题研究》,高等教育出版社2006年版。

3. 桂敏杰主编:《证券法苑》(第8卷),法律出版社2013年版。

4. 罗美娟:《证券市场与产业成长》,商务印书馆2001年版。

5. 王利明等:《民法学》,法律出版社2008年版。

6. 李稻葵:《重启:新改革时代的中国与世界》,中国友谊出版公司2014年版。

7. 栾天虹:《投资者法律保护的理论与实证研究》,浙江大学出版社2006年版。

8. 刘道远:《证券侵权法律制度研究》,知识产权出版社2008年版。

9. 郭锋主编:《证券法律评论》第4卷,法律出版社2005年版。

10. 王利明主编:《中国民法年刊(2008)》,法律出版社2009年版。

11. 王军:《侵权损害赔偿制度比较研究》,法律出版社2011年版。

12. 张文显:《法理学》,高等教育出版社2007年版。

13. 李波:《公共执法与私人执法的比较经济研究》,北京大学出版社2008年版。

14. 苏力主编:《法律和社会科学》(第9卷),法律出版社2012年版。

15. 梁慧星主编:《民商法论丛》(第7卷),法律出版社1997年版。

16. 宋晓燕:《证券法律制度的经济分析》,法律出版社2009年版。

17. 陈洁:《证券法的变革与走向》,法律出版社2011年版。

18. 李国光、贾纬:《证券市场虚假陈述民事赔偿制度》,法律出版社2003年版。

19. 周友苏主编:《新证券法论》,法律出版社2007年版。

20. 汤欣:《公共利益与私人诉讼》,北京大学出版社2009年版。

21. 陈洁:《证券欺诈侵权损害赔偿研究》,北京大学出版社2002年版。

22. 黄韬:《公共政策法院——中国金融法制变迁的司法维度》,法律出版社2013年版。

23. 吴弘主编:《中国证券市场发展的法律调控》,法律出版社2001年版。

24. 孙永祥:《公司治理结构:理论与实证研究》,上海三联书店、上海人民出版社2002年版。

25. 罗培新:《法律与金融丛书·随笔心情:在法律与金融之间》,法律出版社2012年版。

26. 吴敬琏、马国川:《重启改革议程——中国经济改革二十讲》,生活·读书·新知三联书店2013年版。

27. 李林、田禾等:《法治蓝皮书:中国法治发展报告NO.12(2014)》,社会科学文献出版社2014年版。

28. 王利明主编:《判解研究》(总第63辑),人民法院出版社2013年版。

29.《中共中央关于全面推进依法治国若干重大问题的决定》,人民出版社2014年版。

30. 王福华:《变迁社会中的群体诉讼》,上海人民出版社2011年版。

31. 钱颖萍:《瑞典群体诉讼制度研究》,中国政法大学出版社2013年版。

32. 任自力等:《证券集团诉讼:国际经验 & 中国道路》,法律出版社2008年版。

33. 杨峰:《证券欺诈群体诉讼制度研究》,中国社会科学出版社2007年版。

34. 罗斌:《证券集团诉讼研究》,法律出版社2011年版。

35. 王开定:《美国集体诉讼制度》,法律出版社2008年版。

36. 罗健豪:《美国集团诉讼退出制研究》,法律出版社2011年版。

37. 范愉:《集团诉讼问题研究》,北京大学出版社2005年版。

38. 蔡彦敏、洪浩:《正当程序法律分析:当代美国民事诉讼制度研究》,中国政法大学出版社2000年版。

39. 李响、陆文婷:《美国集团诉讼制度与文化》,武汉大学出版社2005年版。

40. 薛永慧:《群体纠纷与群体诉讼研究》,知识产权出版社2009年版。

41. 章武生等:《外国群体诉讼理论与案例评析》,法律出版社2009年版。

42. 徐昕:《英国民事诉讼与民事司法改革》,中国政法大学出版社2002年版。

43. 汤维建:《外国民事诉讼法学研究》,中国人民大学出版社2007年版。

44. 汤维建:《美国民事司法制度与民事诉讼程序》,中国法制出版社2001年版。

45. 汤维建等:《群体性纠纷诉讼解决机制论》,北京大学出版社2008年版。

46. 江伟:《民事诉讼法学原理》,中国人民大学出版社1999年版。

47. 江伟:《〈中华人民共和国民事诉讼法〉建议稿及立法理由》,人民法院出版社2005年版。

48. 常怡:《比较民事诉讼法》,中国政法大学出版社2002年版。

49. 肖建华:《当事人问题研析——中国民事法判解与治理》,中国法制出版社 2001 年版。

50. 宋冰:《程序、正义与现代化》,中国政法大学出版社 1998 年版。

51. 李祖军主编:《民事诉讼法 · 诉讼主体篇》,厦门大学出版社 2005 年版。

52. 张卫平:《诉讼构架与程式——民事诉讼的法理分析》,清华大学出版社 2000 年版。

53. 张卫平:《民事诉讼法》,法律出版社 2009 年版。

54. 章武生等:《中国群体诉讼理论与案例评析》,法律出版社 2009 年版。

55. 陈刚:《自律型社会与正义的综合体系——小岛武司先生七十华诞纪念文集》,中国法制出版社 2006 年版。

56. 联邦司法中心:《复杂诉讼指南》(第 3 版),郭翔等译,中国政法大学出版社 2005 年版。

57. 柴芬斯:《公司法:理论、结构和运作》,法律出版社 1999 年版。

58. [美]R. 科斯:《财产权利与制度变迁》,刘守英等译,上海三联书店 1991 年版。

59. [加拿大]梁鹤年:《西方文明的文化基因》,三联书店 2014 年版。

60. [美]杰弗里 · C. 哈泽德、米歇尔 · 塔鲁伊:《美国民事诉讼法导论》,张茂译,中国政法大学出版社 1998 年版。

61. [美]理查德 · D. 弗里尔:《美国民事诉讼法》,张利民、孙国平、赵艳敏译,商务印书馆 2013 年版。

62. [日]小岛武司:《诉讼制度改革的法律与实证》,陈刚、郭美松译,法律出版社 2001 年版。

63. [意]莫诺 · 卡佩蒂莱等:《当事人基本程序保障权与未来的民事诉讼》,徐昕译,法律出版社 2000 年版。

64. [意]莫诺 · 卡佩莱蒂编:《福利国家与接近正义》,刘俊祥等译,法律出版社 2000 年版。

65. [美]Mary Kay Kane:《美国法精要(影印本)民事程序法》,法律出版社 2001 年版。

66. [美]理查德·A. 波斯纳:《法律的经济分析》,蒋兆康译,中国大百科全书出版社1997年版。

67. [美]奥尔森:《集体行动的逻辑》,陈郁等译,三联书店1996年版。

68. [日]谷口安平:《程序的正义与诉讼》,王亚新、刘荣军译,中国政法大学出版社1996年版。

69. [德]格哈特·瓦格纳:《损害赔偿法的未来——商业化、惩罚性赔偿、集体性损害》,王程芳译,中国法制出版社2012年版。

(二)论文类

1. 刘水林:《风险社会大规模损害责任法的范式重构——从侵权赔偿到成本分析》,载《法学研究》2014年第3期。

2. 石佳友:《论侵权责任法的预防职能》,载《中州学刊》2009年第4期。

3. 许明月:《侵权救济、救济成本与法律制度的性质——兼论民法与经济法在控制侵权现象方面的功能分工》,载《法学评论》2005年第6期。

4. 缪因知:《中国证券市场法治化的道路》,载《交大法学》2013年第4期。

5. 陈甦、陈洁:《证券法的功效分析与重构思路》,载《环球法律评论》2012年第5期。

6. 孔祥俊:《全球化、创新驱动发展与知识产权法治的升级》,载《法律适用》2014年第1期。

7. 张宇润:《论证券法规则理念和制度机制》,载《法律科学》2004年第2期。

8. 宋晓明:《人民法院对证券侵权民事责任的认定及处理》,载《人民司法》2006年第1期。

9. 叶金强:《范式转换:现代私法价值与方法的变迁》,载王利明主编:《中国民法年刊(2008)》,法律出版社2009年版。

10. 许明月:《普遍性侵权、机会主义与侵权现象的法律控制——对传统侵权法的反思》,载《法商研究》2005年第4期。

11. 贾玮:《证券市场及其民事侵权纠纷案件的思考》,载《法律适用》2001年第11期。

12. 陈岱松:《WTO 与证券监管理念》,载《上市公司》2003 年第 3 期。

13. 范愉:《〈侵权责任法〉与群体性诉讼制度的完善》,载《河北学刊》2011 年第 1 期。

14. 岳彩申、王俊:《监管理论的发展与证券监管制度完善的路径选择》,载《现代法学》2006 年第 2 期。

15. 伟群、吴丹青:《论我国中小投资者对证券市场的信心构建——以证券民事赔偿诉讼方式的选择为视角》,载《政法学刊》2013 年第 3 期。

16. 冯果、李安安:《内幕交易的民事责任及其实现机制》,载《当代法学》2011 年第 5 期。

17. 顾培东:《中国法治的自主型进路》,载《法学研究》2010 年第 1 期。

18. 刘言浩:《中国商事侵权责任法的构建》,载《上海商学院学报》2013 年第 1 期。

19. 郭丹:《证券集团诉讼在中国的制度价值》,载《北方法学》2012 年第 2 期。

20. 王福华:《集团诉讼代表人资格研究——基于普通法国家的比较分析》,载《中外法学》2009 年第 2 期。

21 王福华:《法院的司法能力与代表人诉讼》,载《烟台大学学报》2006 年第 4 期。

22. 吴泽勇:《群体性纠纷解决机制的建构原理》,载《当代法学》2012 年第 3 期。

23. 吴泽勇:《瑞典的群体性纠纷解决机制分析》,载《法学》2010 年第 7 期。

24. 吴泽勇:《群体性纠纷的构成与法院司法政策的选择》,载《法律科学》2008 年第 5 期。

25. 吴泽勇:《建构中国的群体诉讼程序:评论与展望》,载《当代法学》2012 年第 3 期。

26. 吴泽勇:《论荷兰的群体性纠纷解决机制》,载《河南大学学报(社会科学版)》2010 年第 5 期。

27. 吴泽勇:《德国团体诉讼的历史考察》,载《中外法学》2009 年第 4 期。

28. 吴泽勇:《〈投资者示范诉讼法〉:一个群体性法律保护的完美方案?》,载《中国法学》2010年第1期。

29. 吴泽勇:《论德国法上的团体不作为之诉》,载《河南大学学报(社会科学版)》2010年第9期。

30. 汤鸣:《美国集团诉讼的确认与通知程序》,载《学海》2006年第5期。

31. 郭锋:《从大庆联谊股东诉讼案谈中国证券民事赔偿制度的构建》,载《法学杂志》2006年第1期。

32. 吴英姿:《代表人诉讼制度设计缺陷》,载《法学家》2009年第2期。

33. 任自力:《美国集团诉讼立法变革及其对中国的启示》,载《西部法学评论》2008年第1期。

34. 陈巍:《我国代表人诉讼若干观点评析》,载《山东大学法律评论》2007年第1期。

35. 卢文道等:《成熟市场视野下的证券法修改完善论纲》,载《证券法苑》2012年第6期。

36. 杨严炎:《群体案件的诉讼形式及其价值取向——以大庆联谊虚假陈述案为例》,载《清华法学》2011年第2期。

37. 汤欣:《论证券集团诉讼的替代性机制——比较法角度的初步考察》,载桂敏杰主编:《证券法苑》第4卷,法律出版社2011年版。

38. 肖建国等:《示范性诉讼及其类型化研究——以美国、英国、德国为对象的比较法考察》,载《中国法学》2007年第5期。

39. 汤维建、陈巍:《缝隙策略:我国集团诉讼制度的移植路径探析》,载《政治与法律》2008年第1期。

40. 章武生:《类似案件的迥异判决——银广夏虚假陈述证券民事赔偿案评析》,载《华东政法大学学报》2010年第2期。

41. 杨严炎:《论美国的和解集团诉讼》,载《环球法律评论》2006年第4期。

42. 钟瑞华:《美国消费者集体诉讼初探》,载《环球法律评论》2005年第3期。

43. 沈贵明:《证券诉讼的证券法规范》,载《法学论坛》2013年第4期。

44. 张国平:《证券群体诉讼:路径与模式》,载《江苏社会科学》2013 年第 4 期。

45. 陈巍:《欧洲群体诉讼机制介评》,载《比较法研究》2008 年第 3 期。

46. 潘剑峰、陈福勇:《论证券民事侵权赔偿案件的诉讼方式》,载《政法论坛》2004 年第 3 期。

47. 汤维建:《论团体诉讼的制度理性》,载《法学家》2008 年第 6 期。

48. 杨峰:《德国团体诉讼对完善我国证券侵权诉讼制度的借鉴》,载《求索》2007 年第 12 期。

49. 肖建国:《民事公益诉讼的基本模式研究——以中、美、德三国为中心的比较法考察》,载《中国法学》2007 年第 5 期。

50. 王福华:《代表人诉讼之替代改革》,载《上海交通大学学报(哲学社会科学版)》2006 年第 5 期。

51. 章武生、杨严炎:《我国群体诉讼的立法与司法实践》,载《法学研究》2007 年第 2 期。

52. 钟志勇:《试论我国证券民事诉讼形式之完善路径》,载《安徽大学学报(哲学社会科学版)》2006 年第 2 期。

53. 周成泓:《证券侵权赔偿民事诉讼机制若干问题研究》,载《经济与法》2006 年第 1 期。

54. 周险:《我国证券民事侵权诉讼前置程序的反思》,载《南方冶金学院学报》2005 年第 2 期。

55. 张嘉军:《多元化:两大法系群体性纠纷解决机制的当代走向——兼论我国群体性纠纷解决机制的未来趋势》,载《郑州大学学报(哲学社会科学版)》2008 年第 4 期。

56. 章武生、杨严炎:《群体诉讼的价值与功能》,载《法学评论》2007 年第 5 期。

57. 薛永慧:《代表人诉讼抑或集团诉讼——我国群体诉讼制度的选择》,载《中国政法大学学报》2009 年第 5 期。

58. 胡永庆:《证券欺诈民事赔偿案件中集团诉讼模式之构建》,载《比较法研究》2004 年第 4 期。

59. 申玲:《我国证券侵权诉讼形式的构建》,载《财经科学》2006 年第 10 期。

60. 周学峰:《证券集团诉讼的滥用与制约》,载《西部法学评论》2011 年第 2 期。

61. 郭雳:《美国证券集团诉讼的制度反思》,载《北大法律评论》第 10 卷·第 2 辑,北京大学出版社 2009 年版。

62. 黄韬:《为什么法院不那么重要——中国证券市场的一个观察》,载苏力主编:《法律和社会科学》第 9 卷,法律出版社 2012 年版。

63. 耿利航:《群体诉讼与司法局限性》,载《法学研究》2006 年第 3 期。

64. 庄淑珍、董天夫:《我国代表人诉讼制度与美国集团诉讼制度的比较研究》,载《法商研究》1996 年第 2 期。

65. 章武生:《论群体性纠纷的解决机制——美国集团诉讼制度的分析和借鉴》,载《中国法学》2007 年第 3 期。

66. 李勇:《专家支招证券法修改:证监会处罚细化　引入集体诉讼》,载《中国经济周刊》2013 年第 45 期。

67. 王利明:《我国侵权责任法的体系构建——以救济法为中心的思考》,载王利明主编:《中国民法年刊(2008)》,法律出版社 2009 年版。

68. 任自力:《美国〈2005 年集团诉讼公平法〉及其启示》,载《国家检察官学院学报》2007 年第 4 期。

69. 张卫平:《法治思维与政治思维》,载何家弘主编:《法学家茶座》第 40 辑,山东人民出版社 2013 年版。

70. 郭树清:《资本市场建设需要进一步弘扬法治精神》,载桂敏杰主编:《证券法苑》第 8 卷,法律出版社 2013 年版。

71. 陈洁:《转型时期我国证券法学研究的特点及趋势》,载桂敏杰主编:《证券法苑》第 8 卷,法律出版社 2013 年版。

72. 王利明:《证券法应完善中介机构的民事责任》,载郭锋主编:《证券法律评论》第 4 卷,法律出版社 2005 年版。

73. 江必新:《完善证券法的实现机制》,载郭锋主编:《证券法律评论》第4卷,法律出版社2005年版。

74. 刘慧敏:《投资公众保护水平的评价》,载郭锋主编:《证券法律评论》第4卷,法律出版社2005年版。

75. 梁慧星:《从近代民法到现代民法》,载梁慧星主编:《民商法论丛》第7卷,法律出版社1997年版。

76. [美]约翰·C.科菲:《改革证券集团诉讼制度——试论证券集团诉讼的威慑作用及其功能发挥》,何一男译,载汤欣主编:《公共利益与私人诉讼》,北京大学出版社2009年版。

77. [美]约翰·贝斯纳、马太·绍斯、杰西卡·戴维森·米勒:《集团诉讼中的律师:私人检察官抑或私利牟取者?》,史长青译,载《金陵法律评论》2006年春季卷。

78. [韩]权赫在:《证券集团诉讼的研究:韩国的经验》,载《河北法学》2007年第2期。

(三)报刊类

1. 高岸明:《证券侵权诉讼要走自创与借鉴相结合之路》,载《检察日报》2004年4月21日。

2. 陶源、顾存杰:《美国集团诉讼制度的特点与启示》,载《人民法院报》2006年2月6日。

3. 宋一欣:《程序法显"跛脚" 让证券集团诉讼来当拐杖》,载《证券时报》2011年7月9日,A04版。

4. 姚刚:《健全完善证券侵权民事赔偿机制》,载《中国证券报》2012年8月20日,A01版。

5. 曾献文:《证券监管应重视并培育私人诉讼——专访香港大学法学院教授张宪初》,载《检察日报》2007年11月29日,第3版。

6. 詹丽冬:《一个月竟有逾40上市公司违规》,载《信息时报》2010年12月8日。

7. 李建桥:《五粮液虚假陈述案 141原告获赔1344万元》,载《21世纪经济报道》2014 年 9 月 30 日。

8. 朱宝琛:《肖钢详解证券法修改的三大法理与逻辑》,载《证券日报》2013 年 11 月 29 日,A01 版。

9. 张炜:《证券民事赔偿制度需尽快完善》,载《中国经济时报》2013 年 10 月 23 日,A03 版。

10. 贾纬:《如何理解关于审理证券市场虚假陈述民事赔偿案件的若干规定》,载《人民法院报》2003 年 1 月 22 日。

11. 李允峰:《有了投资者保护局　请再快推集体诉讼制度》,载《上海证券报》2012 年 1 月 13 日,F08 版。

12. 李季先:《证券法修改要激发司法的能动性》,载《第一财经日报》2013 年 12 月 13 日,A07 版。

13. 周荣祥:《中国民法学研究会会长王利明:证券法应明晰证券侵权责任制度》,载《证券时报》2011 年 11 月 28 日,A02 版。

(四)博士论文

1. 吴俐:《群体诉讼制度研究》,四川大学 2005 年博士学位论文。

2. 杨严炎:《群体诉讼研究》,复旦大学 2007 年博士学位论文。

3. 刘艳军:《论证券欺诈诉讼》,西南政法大学 2007 年博士学位论文。

4. 张大海:《德国群体诉讼制度研究》,复旦大学 2008 年博士学位论文。

5. 黄俊峰:《证券欺诈民事诉讼之主导模式研究》,湖南大学 2011 年博士学位论文。

英文文献

1. Raymond Atje & Boyan Jovanovic, *Stock Markets and Development*, 37 Eur. Econ. Rev. 632(1993).

2. Asli Demirguc-Kunt & Vojislav Maksimovic, *Law, Finance and Firm Growth*, 53 J. Fin. 2107(1998).

3. Ross Levine & Sara Zervos, *Stock Markets, Banks, and Economic Growth*, 88 Am. Econ. Rev. 537(1998).

4. Maurice Obstfeld, Risk-Taking, *Global Diversification and Growth*, 84 Am. Econ. Rev. 1310(1994).

5. Bernard. S. Black, *The Legal and Institutional Precondition for Strong Securities Market*, UCLA Law Review(April, 2001).

6. JRS Prichard, *Class Action Reform: Some General Comments*, 9 Canadian Business 1. 7309(1984).

7. Richard A. Nagareda, *The Preexistence Principle and the Structure of the Class Action*, Columbia Law Review(March, 2003).

8. Jill E. Fisch, *Class Action Reform: Lessons from Securities Litigation*, 39 Ariz. L. Rev. 533(1997).

9. Roberth Nordh, *Group Actions in Sweden: Reflections on the Purpose of Civil Litigation, the Need for Reforms, and a Forthcoming Proposal*, Duke Journal of Comparative & International Law, Vol:11.

10. Per Henrik Lindblom, *National Report: Group Litigation in Sweden*, Oxford Conference(December, 2007).

11. Per Henrik Lindblom, *Group Actions in Northern Europe: Sweden*, The American Academy of Political and Social Science(March, 2009).

12. Ylva Lindquist, *Civic Consulting*, *Evaluation of the Effectiveness and Efficiency of Collective Redress Mechanisms in European U-nion—Country Report Sweden*(2008).

13. Per Henrik Lindblom, *National Report: Group Litigation in Sweden*, in: The Globalization of Class Actions, Oxford Confererence(December, 2007).

14. Neil Andrews, *Multi-Party Proceedings in England: Representative and Group Actions*, 11 Duke J. Comp. & Int'l L. 249, 258 – 262(2001).

15. Susan M. C. Gibbons, *Group Litigation, Class Actions and Lord Woolf' a Three Objectives-A Critical Analysis*, 27 C. J. Q. 211(2008).

16. *Developments in the Law: Class Actions*, Harvard Law Review, Vol. 89, No. 7(May, 1976).

17. Richard O. Faulk, *Armageddon through Aggregation? The Use and Abuse of Class Actions in International Dispute Resolution*, in Charles E. F. Rickett and Thomas G. W. Telfer (ed.), International Perspectives on Consumers' Access to Justice (2003).

18. Abraham L. Pomerantz, *New Developments in Class Actions-Has Their Death Knell Been Sounded?*, 25 Bus. Law 1259, 1970.

19. Rachael Mulheron, *The Class Action Common Law Legal Systerms: A Comparative Perspective* (2004).

20. Lord Devlin, quoted in M. Zahder (ed.), What's Wrong with the Law (London, BBC, 1970) 76.

21. B. Kaplan, *Continuing Work of the Civil Committee*: 1996 *Amendments of the Federal Rules of Civil Procedure* Ⅰ, 81 Harv. L. Rev. 356, 389 – 90 (1967).

22. M. J. Davis, *Toward the Proper Role for Mass Tort Class Actions*, 77 Oregon L. Rev. 157, 159ff (1998).

23. Damian Grave and Ken Adams, *Class Actions in Asutralia*, Lawbook Co. (2005).

24. Rachael Mulheron, *The Class Action in Common law Legal Systerms: A Com-parative Perspective*, Hart (2004).

25. Sterner v. Ideal Basic Industries Inc., 127 Federal Rules Decisions 192, 194 (1987).

26. Federal Court Rules 334. 16 (1).

27. S. Stuart Clark and C. Harris, *Multi-Plaintiff Litgation in Australia-A Comparative Perspective*, Duke Joural of Comparative and International Law, 2001.

28. Dominion Law Reports 4th, 409, 44.

29. Eisen v. Carlisle & Jacquelin, 417 U. S 156 S. Ct 2140, 40L. Ed. 2d 732 (1974).

30. Roberta S. Karmel, *When Should Investor Reliance Be Presumed in Securities Class Actions?*, Business Lawyer (November, 2007).

31. Andrew S. Gold, *Experimenting with The Lead Plaintiff Selection Process in Securities Class Action, A Suggestion for PSLRA Reform*, DePaul Law Review (Winter, 2008).

32. Dae Hwan Chung, *Introduction to South Korea's New Securities-Related Class Action*, Journal of Corporation Law (Fall, 2004).

33. Stephen J. Choi, *The Evidence on Securities Class Action*, Vanderbilt Law Review (October, 2004).

34. James D. Cox, Randall S. Thomas, *Leaving Money on The Table; Do Institutional Investors Fail to File Claims in Securities Class Action?*, Washington University Law Quarterly (Fall, 2002).

35. Sanford P. Dumain, *Class Action Suits and The Effect of The Private Securities Litigation Reform Act of* 1995, American Law Institute-American Bar Association Continuing Legal Education (February, 2003).

36. Kenneth P. Herzinger, *Defending Securities Class Actions*, American Law Institute-American Bar Association Continuing Legal Education (May, 2003).

37. Nicholas E. Chimicles and Kathleen P. Balon, *A Realistic Assessment of The Need for Securities Class Action Litigation Reform*, American Law Institute-American Bar Association Continuing Legal Education (June, 1994).

38. Fred J. Naffziger, *Those Who Aid and Abet Securities Fraud Class Action Do not Face Private Lawsuits as America Tightens up on Class Action Lawsuits*, Journal of International Banking Law and Regulation (May, 2008).

39. Months Later, *Securities Class Actions, Litigation under The Private Securities Litigation Reform Act Brave New World*, Washington University Law Quarterly (Summer, 1998).

后　记

本书是在笔者撰写的博士学位论文基础上修改而成的。2012 年 9 月，笔者考取了南京师范大学民商法专业的博士研究生，并有幸师从张国平教授。鉴于当时我国证券侵权救济方式存在的问题以及证券市场乱象得不到有效规制的情况，在张老师的指导和鼓励下，笔者决定以“证券群体诉讼”作为选题创作博士学位论文。2015 年 6 月，笔者撰写的《证券侵权救济制度研究——以群体诉讼为视角》顺利通过学校组织的博士学位论文答辩。每当忆及此事，张老师多次指导笔者选题及修改论文的情境就会浮现在眼前，仿佛就在昨天，令人难以忘怀。

我国《民事诉讼法》第 53 条和第 54 条虽然建立了我国的代表人诉讼制度，但因其配套制度的不足以及缺乏实体法上的衔接，而未能在证券群体诉讼中得到适用。2019 年 12 月 28 日，我国《证券法》第二次修订通过，其中一大亮点就是建立了具有中国特色的证券集体诉讼制度。从《证券法》第 95 条的规定以及最高人民法院于 2020 年 7 月发布的《证券纠纷代表人诉讼规定》来看，具有中国特色的证券集体诉讼制度无疑是对我国民事诉讼法所建立的代表人诉讼，尤其是其中的人数不确定代表人诉讼方式的重大完善，其中既有基本遵循，也有重大创新，其在证券诉讼中的适用，必将对我国证券市场的有效治理产生积极影响。

完成博士学位论文时，我国证券集体诉讼制度尚未建立。本书修改过程中，幸逢我国《证券法》第二次修订通过，故在保持博士学位论文基本观点和风格的基础上，本书新增设了一章，专门评述我国新建立的证券纠纷代表人诉讼制度。值得一提的是，博士学位论文中提到的三个观点，在2019年修订的《证券法》中都有所体现。观点一：证券侵权救济的诉讼方式问题，并不仅仅是一个程序法上的问题，或者只具有程序法上的意义。从根本上来说，诉讼方式如何选择的"指挥棒"是证券法的立法理念。在证券法理念转变过程中，必须通过诉讼方式的创新，加大对受害投资者诉讼救济的力度，以充分实现投资者保护优先的证券法理念。《证券法》建立证券集体诉讼制度的背景正是我国股票发行注册制改革。股票发行注册制是我国资本市场深化改革的"牛鼻子"和主要方向，牵一发而动全身。证券集体诉讼制度的建立正是其中的重要内容。观点二：我国的代表人诉讼制度是作为一般性的诉讼程序被设计出来的，没有与具体的实体法形成对应关系，也没有明确适用的案件范围。我国正处于社会转型期，群体纠纷产生的原因多种多样，对具体的纠纷类型能否适用我国的人数不确定代表人诉讼方式，还需要进一步明确，并不能一概而论。该项制度如何适用、怎样适用于具体的群体纠纷，需要法律或者司法解释作出进一步的具体规定。《证券法》正是通过引入第95条，建立了与我国《民事诉讼法》第53条及第54条的关联，并由此确立了我国的证券集体诉讼制度。这种通过实体法规定，在具体类型的纠纷中明确引入代表人诉讼方式的立法模式，在我国也是首次。观点三：我国民事诉讼法规定的人数不确定代表人诉讼的合理性体现在其符合证券侵权纠纷的特点，能够实现对投资损害的整体性救济，符合我国实际需求，对其制度内容加以充实，便能在证券侵权救济诉讼实践中得到适用，具有可操作性，遇到的改革阻力较小。《证券法》第95条用3个条款，对投资者提起证券民事赔偿诉讼时可以依法推选代表人进行诉讼作出了明确规定，既是对我国证券市场投资者权益保护制度的极大强化，也是对我国民事诉讼法规定的人数不确定代表人诉讼具有合理性的充分确认。

因学识和能力有限,本书中的观点和有关内容难免偏颇,甚或有误,还望读者海涵并不吝指正。如果没有家人以及朋友们无私而真诚的支持和帮助,笔者也不可能如期完成博士学位论文写作和本书修改,在此对他们表示内心最真挚的谢意!